Heinz-Peter Herbert

Programmierhandbuch
zu
dBASE IV

Für Umsteiger von dBASE III PLUS auf dBASE IV

Heinz-Peter Herbert

Programmierhandbuch zu dBASE IV

Für Umsteiger von dBASE III PLUS auf dBASE IV

ASHTON·TATE

Vieweg

dBASE IV ist ein Warenzeichen der Firma Ashton-Tate.

Das in diesem Buch enthaltene Programm-Material ist mit keiner Verpflichtung oder Garantie irgend-
einer Art verbunden. Der Autor und der Verlag übernehmen infolgedessen keine Verantwortung und
werden keine daraus folgende oder sonstige Haftung übernehmen, die auf irgendeine Art aus der
Benutzung dieses Programm-Materials oder Teilen davon entsteht.

Der Verlag Vieweg ist ein Unternehmen der Verlagsgruppe Bertelsmann

Umschlaggestaltung: Markgraf, Wiesbaden

ISBN-13: 978-3-528-04707-8   e-ISBN-13: 978-3-322-84018-9
DOI: 10.1007/ 978-3-322-84018-9

INHALTSVERZEICHNIS

Vorwort

Kaum eine andere Softwarelösung hat einen PC-Arbeitsbereich bisher so geprägt, wie das Datenbank- und Entwicklungssystem dBASE. Mehrere Millionen Produkte sind weltweit verkauft. Zahlreiche Clones unterstreichen zusätzlich die Bedeutung. Mindestens zehn Millionen PC-Anwender arbeiten heute mit dBASE oder einer der dBASE-Varianten. Der ersten und inzwischen im semi-professionellen Bereich sehr populären Urversion dBASE II folgte 1984, speziell für 16-Bit-PC's, dBASE III. Um wichtige Merkmale wie die Menüsteuerung und die Netzwerkfähigkeit ergänzt wurde das System in der dBASE III PLUS-Version. Das seit Ende 1986 angebotene Programm war für viele Fachleute eine deutliche Weiterentwicklung unter den PC-Datenbanklösungen. Das gilt umsomehr für dBASE IV. Laut Ashton-Tate Chef Ed Esber umfaßt die neue dBASE-Version statt bisher 100.000 Anweisungen fast 400.000 Statements. Bereits aus dieser quantitativen Erweiterung läßt sich ein Leistungszuwachs ableiten.

Gegenüber dBASE III PLUS nochmals erheblich erweitert ist die dBASE IV-Programmiersprache, der Kern des Systems. Zahlreiche Programmierhilfen sind außerdem hinzugekommen. Vollkommen verändert ist die Menüsteuerung. Alle Generatoren sind vollständig überarbeitet worden und haben mit den bisherigen Lösungen nur noch die Bezeichnung gemeinsam. Die Datensicherungsmechanismen im LAN-Betrieb wurden um die Transaktionsverarbeitung ergänzt. Außerdem besteht Zugriff auf die strukturierte Abfragesprache SQL.

Die Aufgabe dieses Buches ist es, dBASE III PLUS-Anwender und -Programmierer, Software-Entwickler und dBASE IV-Interessenten über die neuen Leistungsmerkmale des Datenbank- und Entwicklungssystems zu informieren. Im Vordergrund stehen dabei die erweiterten und neuen Befehle und Funktionen von dBASE IV. Diese werden in dem vorliegenden Buch detailliert erläutert. Zusätzlich wird mit leicht nachvollziehbaren Beispielen der optimale Einsatz von dBASE IV aufgezeigt. Alle Ausführungen basieren auf der dBASE IV Developer's Edition Version 1.0. Um eine schnelle Übersicht über die neuen Merkmale zu erhalten, wird ständig ein Vergleich zu dBASE III PLUS hergestellt.

Heinz-Peter Herbert

1 Das Datenbanksystem dBASE IV

Bei dBASE IV handelt es sich, wie bei seinen Vorgängern, um ein relationales Datenbank- und Entwicklungssystem der vierten Generation. Zu den früheren Versionen ist es aufwärtskompatibel. Das bedeutet, daß mit dBASE III PLUS erstellte Datenbank-, Index-, Programm-, Format-, Report- und Label-Dateien auch unter dBASE IV einzusetzen sind. Außerdem besteht Zugriff auf ein Konvertierungsprogramm zur Übertragung von dBASE II-Dateien in das erweiterte dBASE IV-Format.

Mehr als jemals zuvor bei einer der dBASE-Versionen, sind in der Entwicklung von dBASE IV zahlreiche Anwenderwünsche berücksichtigt worden. Viele bisher vermißten Befehle und Funktionen wurden in den Sprachumfang integriert. Das System präsentiert sich besonders bedienerfreundlich. Die Benutzeroberfläche und die Tastenbelegung ist in den einzelnen Arbeitsbereichen in der Regel identisch, was die Einarbeitungsphase in die Grundfunktionen wesentlich verkürzt. Nach dem WYSIWYG-("What you see is what you get") Prinzip arbeiten die Generatoren. Dadurch ist bereits beim Layout nachzuvollziehen, wie ein Dokument später ausgegeben wird. Wesentlich schneller als seine Vorgänger ist das System in der Befehlsausführung.

1.1 Die Komponenten

Das relationale Datenbank- und Entwicklungssystem dBASE IV setzt sich aus zahlreichen bekannten, erweiterten und neuen Komponenten zusammen. Diese lassen sich in zwölf Hauptgruppen gliedern:

- Das Konfigurationsprogramm DBSETUP zur menügesteuerten Einstellung der CONFIG.DB-Parameter und der Voreinstellung von vier Druckertreibern.

- Der erweiterte Datenbankkern mit nunmehr 255 Feldern und sechs Feldtypen sowie einem Datenkatalog zur besseren Gruppierung der Datenbankdateien.

- Der Befehlsinterpreter mit rund 400 Befehlen und Funktionen.

- Die SQL-Abfragesprache mit einem IBM-SAA-kompatiblen Befehlssatz.

- Die Benutzeroberfläche zum menügesteuerten Arbeiten und den DOS-Utilities.

- Das Abfragesystem mit dem "Query-by-Example"-Abfragemuster.

- Die WYSIWYG-Generatoren FORMS, REPORTS, LABELS und AP-PLICATIONS zur Erstellung von Eingabemasken, Auswertungsdokumenten und Programmdateien.

- Die Schablonensprache für individuelle, systemnahe Änderungen.

- Die Schnittstellen zu Binär- und DOS-Programmen sowie zum Datenaustausch.

- Das Paßwortsystem PROTECT zur Vergabe von Zugangsberechtigungen.

- Ein Editor mit allen notwendigen Textbearbeitungsfunktionen.

- Der Compiler und Linker zum Schutz des Programmcodes.

- Die Laufzeitumgebung RUNTIME zum Einsatz von dBASE-Applikationen unabhängig von dem Gesamtsystem.

- Das Konvertierungsprogramm DCONVERT zur Übernahme von dBASE II-Dateien.

1.1.1 Das Konfigurationsprogramm DBSETUP

Nicht nur die Installation von dBASE IV läßt sich mit dem Zusatzprogramm DBSETUP durchführen. Auch nachträglich sind Änderungen an der Konfiguration menügesteuert vorzunehmen (Bild 1-1). Zu den Vorteilen bei der dBASE IV-Installation gehört die automatische Anpassung der Start- und Konfigurationsdateien (AUTOEXEC.BAT und CONFIG.SYS) des Betriebssystems. So ist bei der Installation individuell festzulegen, wieviele der nunmehr maximal 99 zu öffnenden Dateien vom Anwender auch tatsächlich benötigt werden (FILES = nn). Die Installation der Verwalter-Software für den LAN-Betrieb übernimmt das Programm ebenfalls.

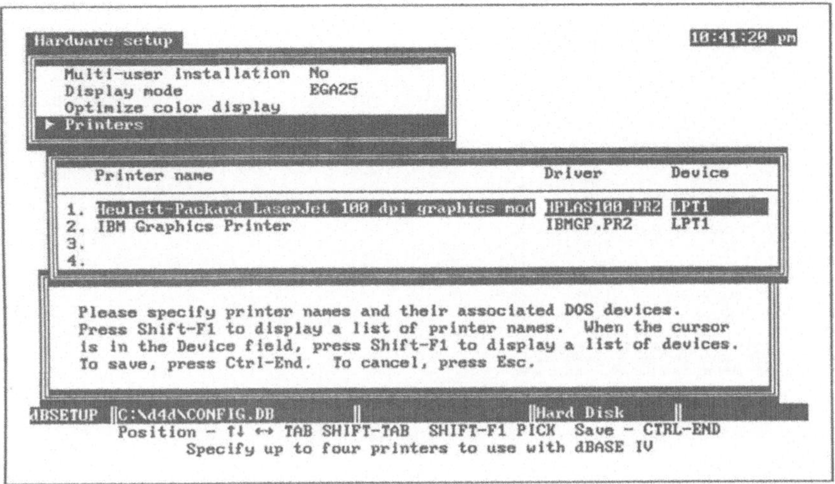

Bild 1-1

Beim Einsatz von dBASE IV besteht erstmals Zugriff auf zahlreiche individuelle Druckertreiber. Funktionen wie Fettschrift oder Kursiv müssen
nicht mehr über extra hierfür zu definierende Tabellen und Zuweisungen
erfolgen. Bis zu vier Druckertreiber lassen sich vorab auswählen, wobei
einer der Treiber als Default-Drucker zu installieren ist. Automatisch
werden die Werte in die dBASE-Konfigurationsdatei - CONFIG.DB -
übernommen. Manuelle Eintragungen in die CONFIG.DB mittels DBSET-
UP gehören der Vergangenheit an. Mittels eines komplexen Pull-Down-
Menüs (Bild 1-2) sind alle nur denkbaren Einstellungen vorzunehmen und
jederzeit wieder zu ändern. Da die über 100 Voreinstellungen im dBASE
IV-Handbuch ausführlich beschrieben sind und auf einige an verschiedenen Stellen dieses Buches näher eingegangen wird, sollen sie hier nicht
weiter erläutert werden.

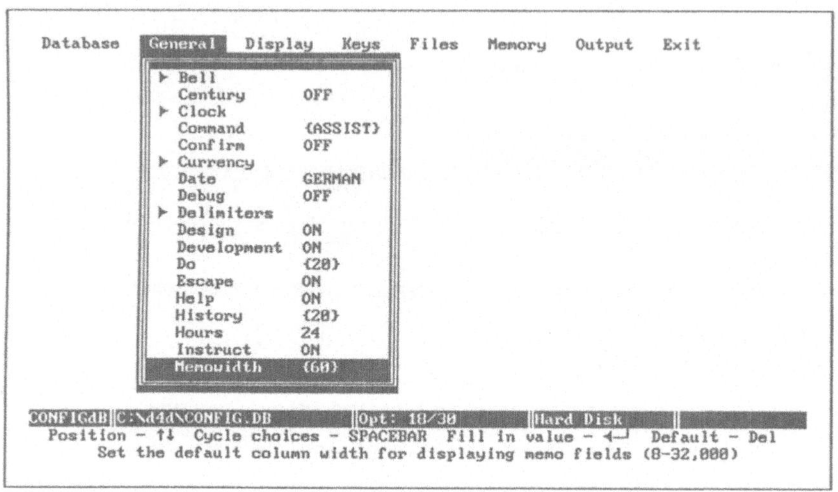

Bild 1-2

In Verbindung mit der [CTRL]- und [SHIFT]-Taste lassen sich Funktionstasten dreifach mit Kommandos hinterlegen (Keys-Option). Ausge-
nommen ist weiterhin die [F1]-Taste (= Standard Hilfe-Funktion) und
außerdem die Tastenkombination [SHIFT] + [F10]. Weitere Funktionen des
Hilfsprogramms geben Auskunft über die Plattenbelegung, die Perfor-
mance der Festplatte und die Hardware-Konfiguration. Es ist das Stan-
dard-Verzeichnis mit DBSETUP zu bestimmen. Letztendlich besteht Zugang zur MS-DOS-Befehlsebene.

1.1.2 Der Datenbankkern

Auch dBASE IV basiert auf dem relationalen Datenbankmodell. Das hat
den Vorteil, daß jederzeit beliebige Verknüpfungen unter den einzelnen
Datenbanken herzustellen sind. Die Verbindung geschieht über gemeinsa-
me Felder in den einzelnen Datenbankdateien. Bei Datenbanksystemen
nach diesem mathematischen Modell werden die Informationen in einer
zweidimensionalen Tabelle gespeichert. Die eine Dimension ist die Zeile
und die andere die Spalte. Die Spalten repräsentieren die einzelnen Felder
einer Datenbank. Wiederum der gesamte Inhalt dieser Felder (Datensatz)
wird in der Zeile zusammengefaßt. Entsprechend den vorgegebenen Attri-
buten (Feldgröße und -typ) sind die Informationen einzutragen.

Eine dBASE IV-Datenbankdatei (Erweiterung .DBF) kann mit bis zu 255
Feldern aus fast doppelt so vielen Feldern wie eine dBASE III PLUS-Da-
tenbankdatei (128 Felder) bestehen. Auch die Feldtypen wurden gegen-

über dem Vorgänger ergänzt. Es besteht nunmehr Zugriff auf folgende Feldtypen:

- Character

In diesem Feld sind weiterhin sowohl Buchstaben, Ziffern und verschiedene Sonderzeichen einzutragen. Auch die maximale Feldlänge von 254 Zeichen hat sich nicht verändert.

- Numeric

Ein numerisches Feld von dBASE IV kann 20 Stellen lang sein. Die Rechengenauigkeit ist mit 15,9 Stellen gleich der von dBASE III PLUS. Es wird sinnvollerweise nur für die Eintragung von Rechenwerten und nicht grundsätzlich für numerische Informationen verwendet.

- Float

Dieses Feld ergänzt die Funktion des traditionellen numerischen Feldes um die Fließkommafunktion (Floating-Point). Dieser Feldtyp kann ebenfalls maximal 20 Stellen umfassen. Wie beim numerischen Feld ist eine Stelle für das Komma reserviert und eine weitere für die benötigte Vorkommastelle. Wesentlich verbessert ist die Rechengenauigkeit von 18 Nachkommastellen. Berechnungen mit diesem Feldtyp sind wesentlich schneller und unterstützen mathematische Co-Prozessoren.

- Date

Das Datumsfeld ist standardmäßig 8 Zeichen lang. Das bedeutet, daß die Darstellung ausschließlich in Ziffern erfolgt und nur das Jahrzehnt gespeichert wird (z.B. TT.MM.JJ). Eintragungen können sowohl direkt, mittels des REPLACE-Kommandos oder durch direkte Übernahme des Systemdatums erfolgen.

- Logical

Ein logisches Feld ist eine Stelle groß und kennt nur die "Zustände" - zutreffend (True) oder nicht zutreffend (False). In der Datenbank gespeichert wird dementsprechend ein .T. oder ein .F.. Außer einem "T, t" oder "F, f" lassen sich Eintragungen auch mittels "Y, y" (= Yes) und "N, n" (= No) vornehmen. Ein logisches Feld kann nicht als Schlüsselfeld verwendet werden.

- Memo

Eine ganz besondere Funktion hat das dBASE-Memo-Feld. Jedes Feld vom Typ Memo belegt zehn Zeichen im Datensatz. Diese zehn Zeichen dienen zur Verwaltung von Headerinformationen und stellen die Verbindung zu der Eintragung in einer zweiten Datenbankdatei (Erweiterung .DBT = dBASE-Textdatei) her. Im Gegensatz zu dBASE III PLUS (5.000 Zeichen) können nunmehr 64.000 Zeichen in einem Memo-Feld gespei-

chert werden. Außerdem lassen sich Eintragungen in einem Memofeld selektieren (siehe Kapitel 2.3.7). Auch dieser Feldtyp kann nicht als Schlüsselfeld definiert werden.

```
  Layout   Organize   Append   Go To   Exit                    22:08:36
                                                 Bytes remaining:   3330
  ┌──────┬─────────────┬─────────────┬───────┬──────┬─────────┐
  │ Num  │ Field Name  │ Field Type  │ Width │ Dec  │ Index   │
  ├──────┼─────────────┼─────────────┼───────┼──────┼─────────┤
  │   1  │ ART         │ Character   │    1  │      │    Y    │
  │   2  │ ERDA        │ Date        │    8  │      │    N    │
  │   3  │ AGRU        │ Character   │    2  │      │    N    │
  │   4  │ ADSL        │ Character   │    6  │      │    N    │
  │   5  │ TXKZ        │ Character   │    6  │      │    N    │
  │   6  │ BTEX        │ Memo        │   10  │      │    N    │
  │   7  │ BETR        │ Character   │   45  │      │    N    │
  │   8  │ RENR        │ Numeric     │    4  │  0   │    N    │
  │   9  │ RT11        │ Character   │   40  │      │    N    │
  │  10  │ RT12        │ Character   │   40  │      │    N    │
  │  11  │ RT13        │ Character   │   40  │      │    N    │
  │  12  │ FKT1        │ Numeric     │    7  │  2   │    N    │
  │  13  │ MUL1        │ Numeric     │    6  │  2   │    N    │
  │  14  │ SUM1        │ Numeric     │    8  │  2   │    N    │
  │  15  │ RT21        │ Character   │   40  │      │    N    │
  │  16  │ RT22        │ Character   │   40  │      │    N    │
  └──────┴─────────────┴─────────────┴───────┴──────┴─────────┘
  Database  C:\d4d\ZSVR                   Field 1/35
              Enter the field name. Insert/Delete field:Ctrl-N/Ctrl-U
  Field names begin with a letter and may contain letters, digits and underscores
```

Bild 1-3

Gleich geblieben ist in dBASE IV die maximale Länge eines Datensatzes
von 4000 Zeichen. Auch das Speichervolumen von einer Milliarde Datensätzen je Datei ist unverändert. Im Gegensatz zu dBASE III PLUS ist jedem Datenbanknamen eine ausführliche Beschreibung zum schnelleren
Wiederauffinden zuzuordnen. Gleichzeitig zu öffnen sind auch weiterhin
nur zehn Datenbankdateien. Die Definition einer dBASE IV-Datenbank-
datei erfolgt wie bisher menügesteuert. Aufgerufen wird die Funktion
entweder vom Regie-Zentrum aus oder über das Kommando CREATE
<Datenbankname>. Das Datenbank-Strukturmenü hat sich gegenüber
dBASE III PLUS wesentlich verändert (Bild 1-3). Bereits bei der Feldde-
finition kann nunmehr festgelegt werden, welche Felder zu indizieren
sind. Bis zu 47 Datenfelder lassen sich auf diese Weise als Schlüsselfelder
definieren. Verwaltet werden die Eintragungen in einer neu geschaffenen
Multi-Index-Datei (Erweiterung .MDX). Allerdings ist bei Kapazitätspro-
blemen darauf zu achten, daß diese Datei bei voller Ausnutzung von 47
Indizes das zwölffache des Speicherplatzes der Datenbankdatei benötigt.
Maximal zehn Multi-Index-Dateien sind gleichzeitig zu öffnen. Schon aus
Kompatibilitätsgründen unterstützt dBASE IV auch weiterhin den alten
Index-Typ (Erweiterung .NDX) mit maximal sieben Einträgen und sieben
gleichzeitig für eine Datenbankdatei zu öffnenden Index-Dateien.

Zur besseren Identifizierung ist nunmehr jeder Datenbankbezeichnung eine ausführliche Beschreibung hinzuzufügen. Alle Datenbankdateien werden beim Arbeiten mit dem Regie-Zentrum automatisch einem Datenkatalog zugeordnet. Mit dBASE IV lassen sich beliebig viele solcher Kataloge verwalten. Nur auf die jeweils in einem Datenkatalog eingetragenen Datenbankdateien besteht beim Arbeiten mit dem dBASE IV-Regie-Zentrum Zugriff. Beim Aufruf von dBASE IV wird automatisch der Datenkatalog, der bei der vorhergehenden Sitzung zuletzt aktiviert war, geöffnet. Im Gegensatz zum dBASE III PLUS-Assistenten erfolgt die Auswahl und Eintragung in einen Datenkatalog menügesteuert.

1.1.3 Der Befehlsinterpreter

Die Kommunikation zwischen dem Benutzer und den gespeicherten Informationen vollzieht sich mittels Kommandos. Der dBASE IV-Sprachumfang umfaßt hierfür rund 400 Befehle und Funktionen. Die Aufgabe des Befehlsinterpreters (Language Prozessor) ist es, die Kommandos in eine maschinenverständliche Form zu übersetzen. Anzuwenden sind die Kommandos entweder direkt über die dBASE-Befehlsebene (dBASE-Prompt), mit der Menüsteuerung (Regie-Zentrum) oder über vordefinierte Programme (Siehe auch Kapitel 2).

1.1.4 Die SQL-Abfragesprache

Neben der dBASE-eigenen Programmiersprache beinhaltet dBASE IV erstmals auch Kommandos einer anderen Abfragesprache. Es handelt sich um die SQL- (Structered Query Language) Abfragesprache, die sich im Großrechnerbereich als Standard etabliert hat. Implementiert wurde in dBASE IV der Sprachumfang entsprechend den IBM-SAA- (System Applikation Architecture) Spezifikationen. Beim interaktiven Arbeiten besteht somit erstmals alternativ Zugriff auf dBASE- oder SQL-Kommandos. Um in den SQL-Modus zu gelangen ist der SQL-SET-Parameter auf ON zu schalten (= SET SQL ON) und zum Verlassen wieder auf OFF (= SET SQL OFF) zu setzen. Ist in der CONFIG.DB-Datei die Voreinstellung SQL = ON, so wird beim Aufruf von dBASE IV sofort der SQL-Modus aktiviert. Für den Einsatz von SQL ist ein Unterverzeichnis anzulegen und mit der Eintragung SQLHOME = <Pfad> (z.B. D:\DBASE\SQL) in der CONFIG.DB-Datei zu kennzeichnen. Durch eine entsprechende Markierung am dBASE-Prompt (= SQL.) ist dann ersichtlich, ob man sich im SQL- oder dBASE-Modus befindet.

Mit den SQL-Statements lassen sich eigene Datenbankdateien mit zusätzlichen Feldtypen anlegen. Unterstützt wird allerdings nicht der Feldtyp MEMO von dBASE IV. Die Feldtypen CHAR (= Character), NUMERIC, FLOAT, LOGICAL und DATE sind gleich denen von dBASE IV. Zusätzlich unterstützt SQL die Feldtypen

- SMALLINT

Dieser Feldtyp erlaubt die Speicherung von maximal sechsstelligen Zahlen (-99999 bis 999999).

- INTEGER

Wiederum konstant 11-Stellen groß ist dieser Feldtyp.

- DECIMAL

In diesem Feld werden Werte immer entsprechend der vordefinierten Anzahl Dezimalstellen gespeichert. Ist das Feld mit 10 Stellen vor und 3 Stellen nach dem Komma angelegt, wird die Eingabe des Wertes 123456 als 123,456 interpretiert.

Anders als bei dBASE IV-Datenbankdateien ist die Strukturierung einer SQL-Datenbank und -Tabelle durch direkte Befehlseingabe vorzunehmen. Um eine Adressdatei mit vier Feldern (Name, Vorname, Strasse, Ort) unter SQL anzulegen, sind folgende Schritte vorzunehmen:

```
CREATE DATABASE ADRESSEN;


CREATE TABLE ADRE
        (NAME     CHAR(25),
         VORNAME CHAR(25),
         STRASSE CHAR(25),
         ORT      CHAR(30));
```

Im Gegensatz zu den dBASE IV-Kommandos, zu deren Definition die Eingabe der ersten vier Zeichen reicht, sind SQL-Kommandos vollkommen auszuschreiben. Wichtig ist auch, daß alle SQL-Statements mit einem Semikolon (;) abgeschlossen werden. Die Übernahme von dBASE IV-Datenbankdateien (.DBF) geschieht mittels DBDEFINE. Allerdings ignoriert dieser Befehl Memo-Felder, da diese von SQL nicht unterstützt werden.

Alle Eingaben im SQL-Modus sind ohne Menüsteuerung vorzunehmen. Auf das Regie-Zentrum besteht erst nach dem Verlassen des SQL-Modus wieder Zugriff. Neben den SQL-Kommandos zur Datenabfrage und -manipulation können im interaktiven Modus auch verschiedene dBASE IV-Kommandos und -SET-Parameter verwendet werden. Innerhalb von dBASE IV-Applikationen lassen sich sowohl dBASE IV- als auch SQL-Kommandos verwenden. Programmdateien mit gemischten Kommandos sind durch die Dateierweiterung .PRS statt .PRG gekennzeichnet.

1.1.5   Die Benutzeroberfläche

Vollkommen verändert gegenüber dem dBASE III PLUS-Assistenten präsentiert sich die dBASE IV-Benutzeroberfläche, das Regie-Zentrum (Bild 1-4). Die Benutzeroberfläche bietet menügesteuert Zugriff auf die dBASE-Generatoren und auf elementare Funktionen zur Dateneingabe und -selektion. Weiterhin läßt sich über die Benutzeroberfläche der aktivierte Datenkatalog modifizieren oder ein neuer anlegen. Eine weitere Funktion erlaubt, unterstützt von Pull-Down-Menüs und Menüfenstern, den Datenaustausch mit anderen Systemen. Auch die Makro-Funktion läßt sich zur Aufzeichnung von Tastaturanschlägen über die Benutzeroberfläche aktivieren.

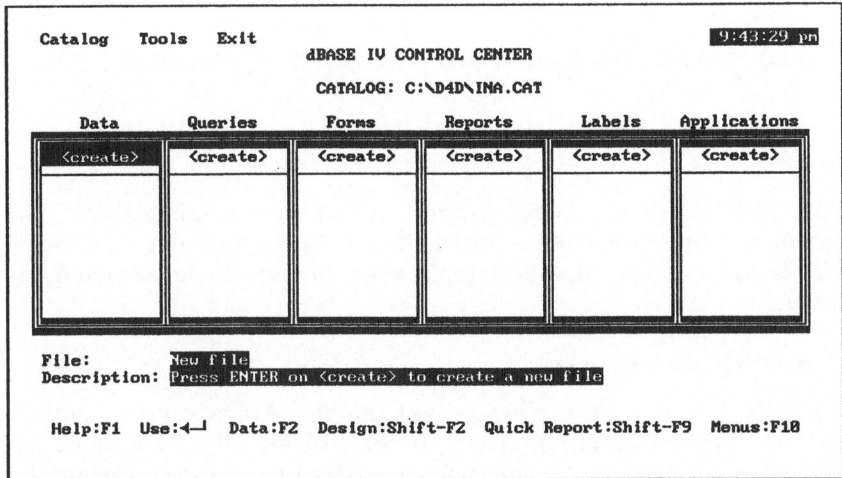

Bild 1-4

Ausschließlich vom Regie-Zentrum aus besteht Zugriff auf die dBASE DOS-Utilities. Diese in dBASE IV neu integrierte Funktion erlaubt den Zugang zur DOS-Befehlsebene ohne dBASE IV verlassen zu müssen. Außerdem können damit DOS-Befehle direkt, ohne die Eingabe von RUN oder "!", ausgeführt werden. Auch die Verzeichnis-Voreinstellung (Default-Directory) ist damit jederzeit komfortabel zu ändern. Weiterhin lassen sich systemnahe Operationen (Löschen, Kopieren, Verlagern, Umbenennen, Anzeigen, Editieren) an nicht dBASE-Dateien vornehmen. Über ein Fenster (Bild 1-5) sind Verzeichniseinträge sortiert nach Name, Dateierweiterung, Größe oder Datum und Zeit der Erstellung zu listen.

```
 DOS   Files  Sort   Mark   Operations  Exit                        22:13:24
                                   C:\D4D
     Name/E        Name         ON   te & Time        Attrs    Space Used
               Extension
     <paren      Date & Time        c  8,1988 12:55p  ++++
     DTL         Size               c  8,1988  9:08a  ++++
     SAM                            c  8,1988  9:11a  ++++
     SQL              <DIR>        Dec  8,1988  8:58a  ++++
     01817600 $VM          24     Jan 12,1989 11:14a  a+++         2.048
     04617210 TMP          34     Dec 18,1988  7:28a  a+++         2.048
     26172700 $ED           0     Jan  3,1989 11:05a  a+++         2.048
     29435310 $VM          24     Dec 19,1988  8:40a  a+++         2.048
     36692410 TMP          34     Jan  1,1989  9:49a  a+++         2.048
     38411210 TMP          34     Dec 31,1988  6:29a  a+++         2.048
     40507800 $ED           0     Jan  4,1988  1:16p  a+++         2.048

     Total  <marked>              0 (    0 files)                      0
     Total  <displayed> 4.835.981 ( 335 files)               5.279.744

     Files:             .                          Sorted by: Name
 DOS util C:\D4D
            Position selection bar:↑↓  Select:↵   Leave menu:ESC
                      Display files sorted by filename
```

Bild 1-5

Das Regie-Zentrum kann jederzeit zum Aufruf von Applikationen oder
interaktiven Arbeiten verlassen werden. Durch Betätigung der Funktionstaste [F2] wird von der dBASE-Befehlsebene in das Regie-Zentrum zurückgekehrt.

1.1.6 Das QBE-Abfragesystem

Das in dBASE IV integrierte "Query-by-Example" Abfragesystem entbin-
det von der Eingabe umfangreicher Befehlsfolgen zur Datenselektion.
Mittels der QBE-Funktion ist nur noch ein Beispiel für das gewünschte
Ergebnis zu formulieren. Alle QBE-Abfragen sind über Tabellen (Bild 1-
6), die die Felder eines Datensatzes repräsentieren, vorzunehmen. Die für
die Auswertung benötigten Datenfelder sind durch Pfeile zu markieren.
Das Ergebnis einer QBE-Abfrage ist eine temporäre Datenbank, die im
Speicher, jedoch nicht auf dem Datenträger, existiert. Wahlweise lassen
sich Ergebnisse jedoch permanent in einer Datenbank für den
Wiederaufruf speichern. Mehrere Dateien sind für Abfragen zu
verknüpfen. In Verbindung mit dem REPLACE-Kommando können
sogenannte "Update-Queries", zum Ersetzen von Dateieintragungen,
angelegt werden. Weiterhin lassen sich mit dem Abfragesystem
Informationen sortieren. Alle Operationen sind menüunterstützt im Dialog
vorzunehmen. Aktiviert wird der Generator über das Regie-Zentrum oder
von der Befehlsebene mit der CREATE QUERY <Dateibezeichnung>,
beziehungsweise CREATE VIEW <Dateibezeichnung> Anweisung.

Abfragedefinitionen werden im editierbarem dBASE-Befehlscode gespeichert und sind jederzeit manuell zu ergänzen beziehungsweise zu verändern. Die mit dem Generator erzeugten Abfragedateien sind durch die Erweiterung .QBE gekennzeichnet. Wiederum die Update-Query-Dateien mit der Erweiterung .UPD. Wird eine Datei erstmals mit dem SET VIEW-Parameter aufgerufen, erstellt dBASE IV automatisch eine Query-Object"-Datei (Erweiterung .QBO).

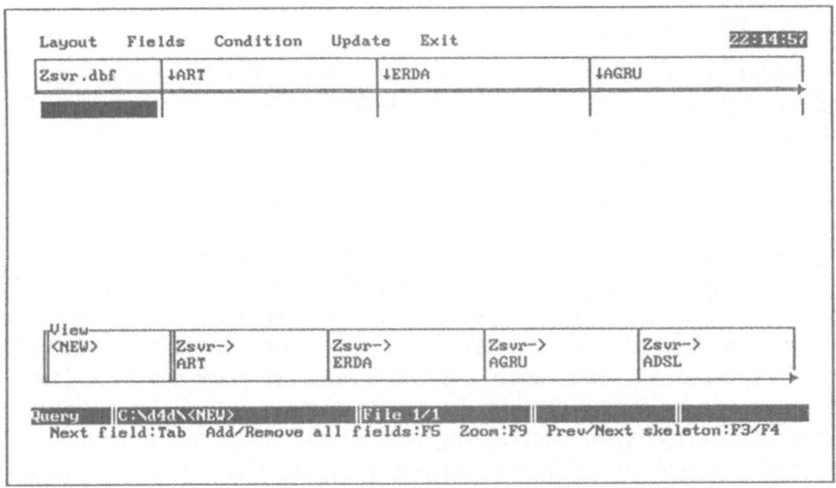

Bild 1-6

1.1.7 Die Generatoren

Auch dBASE IV beinhaltet zahlreiche Werkzeuge zur Generierung von Bildschirmmasken, Ausgabedokumenten und Applikationen. Alle dBASE IV-Generatoren wurden gegenüber ihren Vorgängern in der III PLUS-Version vollkommen überarbeitet. Entsprechend dem "What you see is what you get"-Prinzip ist das am Bildschirm vorgenommene Layout identisch zum Ausgabeformat. Ein komplexes Menüsystem, daß in den einzelnen Arbeitsbereichen weitgehenst identisch ist, unterstützt beim Einsatz der Werkzeuge. Der mit den einzelnen Generatoren erzeugte Programmcode ist nachträglich manuell zu editieren. Außerdem lassen sich mittels der Schablonensprache individuelle Anpassungen an den Generatoren vornehmen. Aktiviert werden die Generatoren entweder vom Regie-Zentrum aus oder

-    der Maskengenerator mit CREATE SCREEN <Dateibezeichnung>

-    der Berichtsgenerator mit CREATE REPORT <Dateibezeichnung>

-    der Etikettengenerator mit CREATE LABEL <Dateibezeichnung>

-    der Anwendungsgenerator mit CREATE APPLIKATION <Dateibe-
     zeichnung>

von der Befehlsebene aus. Folgt der Anweisung statt der Dateibezeichnung ein Fragezeichen (z.B. CREATE SCREEN ?) wird am Bildschirm
eine Liste der bereits vorhandenen Dateien angezeigt. Um Änderungen an
den vorgenommenen Definitionen durchführen zu können, ist das CREA-
TE-Kommando durch den MODIFY-Befehl zu ersetzen.

1.1.7.1 Der Maskengenerator FORMS

Sowohl Felder einer Datenbank als auch Variablen lassen sich in der mit
FORMS erzeugten Bildschirmmaske darstellen. Die Übernahme der Datenbankfelder erfolgt mittels der "Quick-Layout"-Funktion (Bild 1-7).
Diese ordnet alle Felder fortlaufend am Bildschirm an. Im Gegensatz zum
dBASE III PLUS-Generator sind die benötigten Datenfelder vorab nicht
mehr einzeln auszuwählen. Um bei umfangreichen Dateien nicht zu oft
die Löschfunktion betätigen zu müssen, bietet es sich an, vorab eine
zweite Datei mit den benötigten Feldern anzulegen. Am schnellsten geht'
das mittels der QUERY/VIEW-Funktion. Nach dem Aufruf des Masken-
generators ist zuerst die "neue" Datei zu aktivieren und die Datenfelder
auf den Bildschirm zu übertragen. Anschließend ist über die "Use diffe-
rent database file or view"-Option die tatsächlich benötigte Datenbank zu
aktivieren. Allerdings geht dieser Weg nur dann, wenn die mittels VIEW
erstellte Datei keine zusätzlichen Felder enthält, die wiederum in der
"echten" Datenbankdatei nicht vorhanden sind.

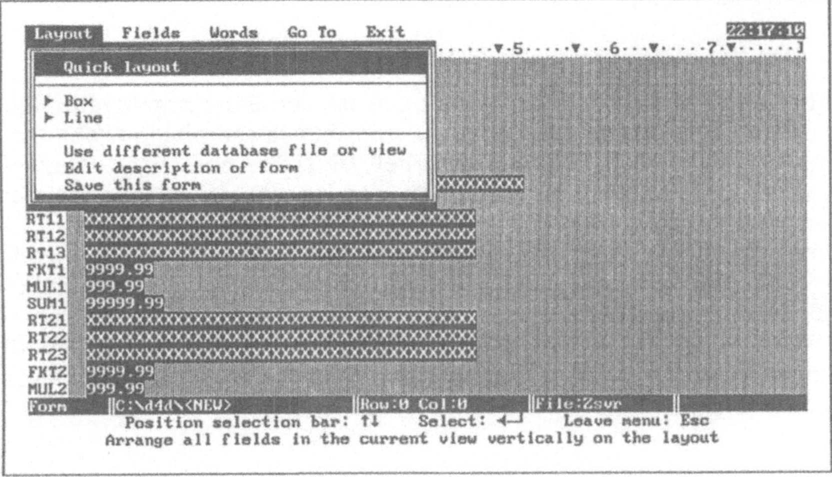

Bild 1-7

Im Gegensatz zum dBASE III PLUS-Maskengenerator ist eine neue Datenbank über den Maskengenerator nicht anzulegen. Auch physikalische Änderungen an der Datenbankstruktur lassen sich nicht vornehmen. Jedoch können Variablen in das Maskenlayout einbezogen und Felder mit Formeln hinterlegt werden. Wesentlich umfangreicher ist auch die Vergabe von Feldattributen. Außerdem lassen sich Texte aus ASCII-Dateien in die Masken übernehmen.

Ein alternativ einzublendenes Zeilenlineal hilft bei der Positionierung der Texte und Datenfelder ebenso wie die permanente Anzeige der aktuellen Zeilen- und Spaltenposition. Feld- oder blockweise sind bereits getätigte Eintragungen in einer Maske zu verschieben.

Zur übersichtlicheren Gestaltung der Eintragungen umfaßt FORMS gegenüber seinem Vorgänger zahlreiche ergänzte und zusätzliche Funktionen. So lassen sich, entsprechende Hardware vorausgesetzt, Informationen in bis zu 16 verschiedenen Farben darstellen. Über ein Popup-Window sind die einzelnen Farbtöne hierfür auszuwählen. Neben einfachen und doppelten Linien, beziehungsweise Boxen, ist jedes beliebige ASCII-Zeichen in die Darstellung einzubeziehen. Außerdem lassen sich Linien und Boxen frei am Bildschirm zeichnen.

Nach Beendigung des Layouts und aller Definitionen generiert FORMS automatisch zwei Dateien. Die .SCR-Datei enthält interne, nicht editierbare Steuerinformationen. Wiederum die .FMT-Datei beinhaltet den Source-Code der Bildschirmmaske. Dieser ist in Applikationen zu übernehmen und zu editieren. Beim ersten Aufruf der Bildschirmmaske wird außerdem eine Object-Datei des Befehlscodes vom System angelegt. Diese ist durch die Erweiterung .FMO gekennzeichnet.

1.1.7.2 Der Berichtsgenerator REPORTS

Gegenüber den früheren dBASE-Versionen ist der Berichtsgenerator REPORTS nicht mehr wiederzuerkennen . Mit ihm lassen sich sowohl spaltenorientierte als auch individuell gestaltete Berichte anfertigen. Desweiteren umfaßt er eine Mailmerge-Option zur Ausgabe von Serienbriefen. Der Berichtsgenerator basiert auf dem Bänderkonzept (Bild 1-8). Ein Band kann sowohl eine Zusammenfassung von Sätzen, ein Text- oder Wertebereich sein. Unterschieden wird zwischen dem Kopf- und Fußteil sowie dem Informations-, Detail- und Summenbereich. Über die "Quick Layout"-Option ist die benötigte Darstellungsform auszuwählen und die Eintragung beziehungsweise Einteilung der Felder durch das System vorzunehmen.

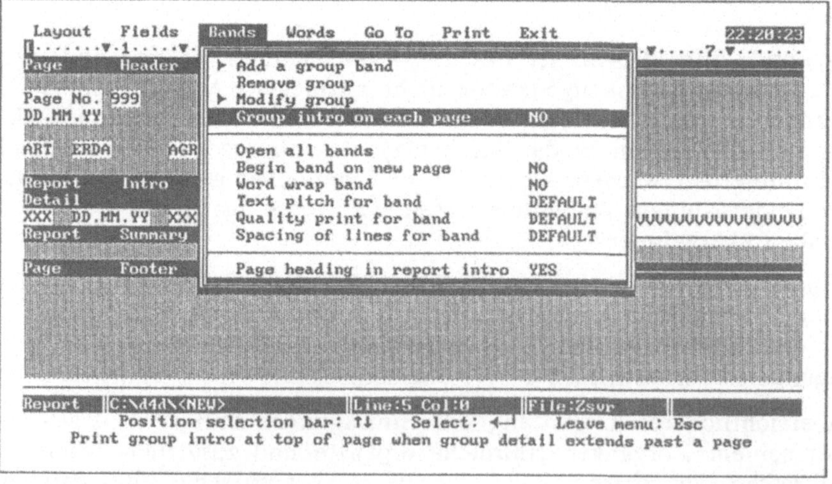

Bild 1-8

In einem Bericht lassen sich berechnete Felder einfügen. Alle im dBASE IV-Sprachumfang hierfür enthaltenen Funktionen und Operatoren sind über ein Hilfsmenü komfortabel auszuwählen. Aus zahlreichen Optionen ist die Darstellung des Feldinhaltes zu bestimmen. Innerhalb eines Datenfeldes sind Feldinhalte außerdem zentriert, rechts- oder linksbündig zu positionieren. Datenfelder lassen sich in einem Bericht verschieben, verkleinern und auch vergrößern. Bei einem frei gestalteten Bericht sind Li-

nien und Rahmen, wie bei einer Bildschirmmaske, einzufügen. Auch der
Schrifttyp ist, wie bei einem Textsystem - Normal, Fett, Unterstrichen,
Kursiv, Hoch- und Tiefgestellt - verfügbar. Die Bildung von Summenfel-
dern ist nicht limitiert. Sowohl Zwischen-, Gruppen- und Endsummen
sind zu bilden. Es ist für numerische Eintragungen der minimale und maximale Wert, der Durchschnitt, die Varianz und Standardabweichung zu
berechnen. Letztendlich kann auch die Häufigkeit einer Eintragung bestimmt werden.

Die Mailmerge-Funktion des Reportgenerators erlaubt nicht nur die Eintragung von Datenfeldern auf einem Formular, sondern auch das Erfassen
von Texten. Dadurch wird weder für die Anfertigung von Werbebriefen
noch für das Ausstellen von Mahnungen ein zusätzliches Textsystem benötigt.

Berichte lassen sich sowohl in eine Textdatei (Erweiterung .FRG), auf
dem Bildschirm oder einem Drucker (Kennzeichnung .FRO) ausgeben.
Ein Dokument kann bis zu 254 Zeichen breit sein. Auch die Blattlänge ist
individuell zu bestimmen und kann theoretisch bis zu 9999 Zeilen umfassen. Alternativ ist auch eine bereits vordefinierte Druckschablone zu verwenden (Dateikennzeichnung .PRF). Überhaupt sind die Druckoptionen
besonders umfangreich. Sowohl ein-, zwei- oder dreizeilig ist ein Bericht
auszugeben. Für die Start- und Endeseite ist ein Wert zwischen 1 und
32767 zu wählen. Jeder Seite kann eine fortlaufende Seitennummer zugeordnet werden, und bis zu maximal 9999 Kopien sind in einem Durchlauf
zu erstellen. Letztendlich ist auch unter den bereits installierten Druckertreibern die Wahl zu treffen. Die Berichtsdefinition wird in einer Datei
mit der Kennung .FRM gespeichert und ist jederzeit zu modifizieren.

1.1.7.3 Der Etikettengenerator LABELS

Nicht nur Etiketten sondern auch Kurzberichte lassen sich mit Unterstützung des Labelgenerators anfertigen. Die Layout- und Ausgabe-Funktio-
nen sind bis auf die "Quick-Layout"-Option identisch zu denen des Reportgenerators. Die selektierten Datenbankfelder lassen sich durch Variablen ergänzen. Die Gestaltung eines Labels ist am Bildschirm exakt vorzunehmen und nachzuvollziehen. Alle Felder und Texte in einem Label
lassen sich bereits am Bildschirm so anordnen, wie später die Ausgabe erfolgt (Bild 1-9).

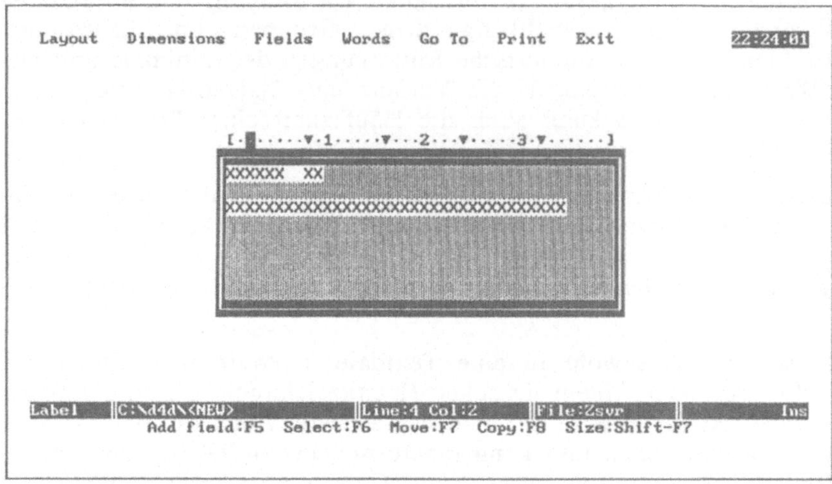

Bild 1-9

Maximal 15 Etiketten sind theoretisch nebeneinander zu bedrucken. Maximal 255 Zeichen breit kann die Ausgabe erfolgen. Zeilen- und spaltengenau ist das Etikettenformat und die Zwischenräume zwischen den einzelnen Labels zu bestimmen. Bereits vordefinierte Standardformate verkürzen die Layoutphase.

Die Definition eines Label-Formats wird einer mit .LBG gekennzeichneten Datei gespeichert. Die vom System generierte Object-Datei trägt die Bezeichnung .LBO und ist im Gegensatz zur .LBG-Datei nicht zu editieren. Systeminterne Steuerinformationen enthält wiederum die mit .LBL gekennzeichnete Datei.

1.1.7.4 Der Anwendungsgenerator APPLICATIONS

Um den wohl komplexesten dBASE-Generator, den es jemals gab, handelt es sich bei APPLICATIONS. Mit diesem Programmgenerator sind nicht nur einzelne Programme, sondern komplette Anwendungen zu erstellen. Für den Software-Entwickler hat er den Vorteil Routinecodierungen abzunehmen, denn alle mit dem Generator erzeugten Programme lassen sich in andere, manuell erstellte dBASE-Applikationen, einbinden. Wiederum der weniger geübte dBASE-Programmierer kann damit nicht nur erste Lösungen erstellen, auch anhand des generierten Programmcodes ist die Programmierung zu erlernen. Erstellen lassen sich Applikationen unter Einbeziehung fast aller dBASE IV-Kommandos.

Mit dem Anwendungsgenerator werden Applikationen im Top-Down-Design kreiert. Über die Definition der einzelnen Arbeitsbereiche erfolgt die Zuordnung der Menüs, Listen und Stapelprozesse. Alle Dateien eines Programms verwaltet der Anwendungsgenerator als Objekte. Mittels der entsprechenden dBASE-Befehle werden diese Objekte miteinander verbunden. Sämtliche vom Generator unterstützten dBASE IV-Befehle und Funktionen stehen über Pull-Down-Menüs zur Verfügung. Für jede mit dem Anwendungsgenerator erstellte Applikation ist vorab eine Beschreibung, zur besseren Identifizierung, anzulegen (Bild 1-10). An dieser Stelle wird auch bereits der Typ des Hauptmenüs, die benötigte Datenbank- oder View-Datei sowie Index-Datei bestimmt. Entsprechend den neuen dBASE-Kommandos ist zwischen Lichtbalken-, Popup- und konventionellen Menüs für die Menüdarstellung zu wählen. Anschließend ist eine maximal acht Stellen lange Bezeichnung für die Menüüberschrift hinzuzufügen. Erst nach Beendigung der Definition kann in den Anwendungsgenerator verzweigt werden.

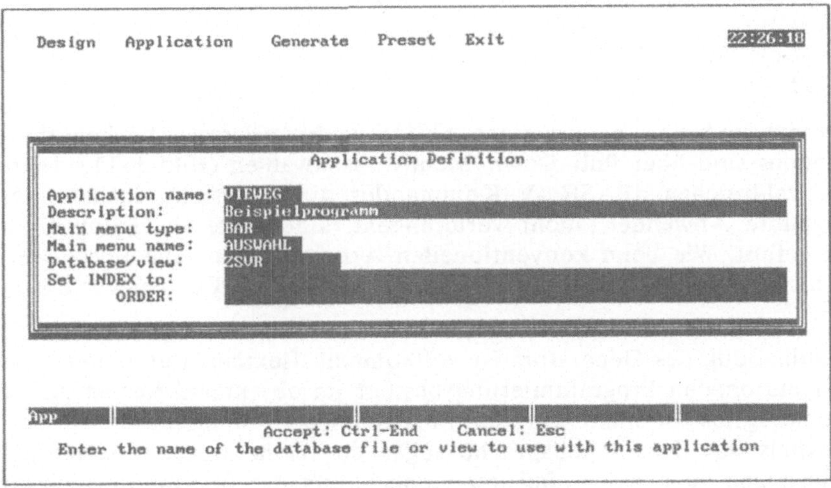

Bild 1-10

Menüs lassen sich am Bildschirm so gestalten, wie sie später angezeigt werden. Ein Menüfenster ist frei am Bildschirm zu positionieren. Ein alternativ einzublendendes Raster unterstützt bei der Anordnung. Der Rahmen von Pull-Down-Menüs ist ebenfalls individuell in der Größe zu verändern und durch Menüoptionen zu ergänzen. Nach sieben verschiedenen Kriterien ist getrennt die farbliche Darstellung zu bestimmen. Letztendlich ist auch unter vier verschiedenen Rahmentypen für die Fenster zu wählen. Weiterhin kann den Menüoptionen ein erklärender Text zugeordnet werden.

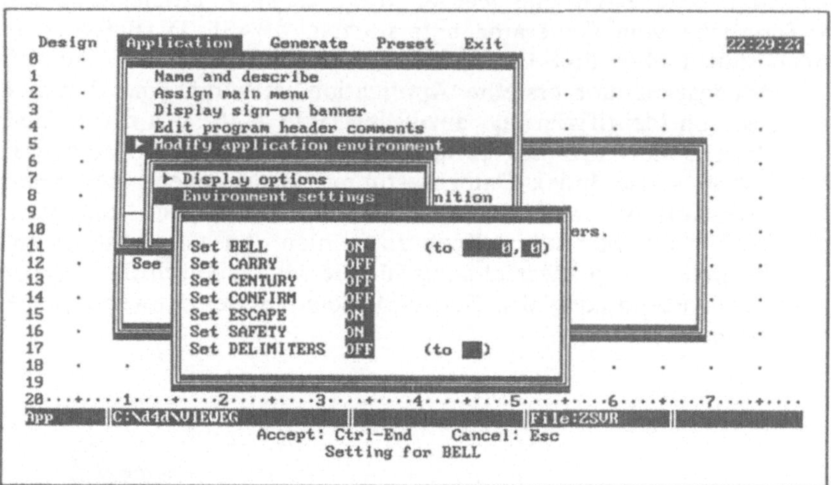

Bild 1-11

Jede Programmoption ist mit einer Aktion zu hinterlegen. Die benötigten Kommandos sind über Pull-Down-Menüs auszuwählen (Bild 1-11). Damit bei den zahlreichen dBASE IV-Kommandos die Übersicht, insbesondere für ungeübte Anwender, nicht verlorengeht, sind diese in Gruppen zusammengefaßt. Wie beim konventionellen Arbeiten kann eine Befehlszeile 1024 Zeichen umfassen und ein Programm in mehrere Ebenen verschachtelt sein.

Die Handhabung des Generators ist vollkommen flexibel. Der Unterschied zur konventionellen Programmierung besteht im objektorientierten Arbeiten. Nachträglich ist nicht nur der Programmcode zu modifizieren, sondern mittels der Schablonensprache sogar der Generator an persönliche Anforderungen anzupassen. Bei der Generierung des Programmcodes legt dBASE IV folgende Dateien an:

- <Bezeichnung>.PRG   Editierbares dBASE IV-Programm

- <Bezeichnung>.DBO   Verschlüsseltes Object-Programm

- <Bezeichnung>.APP   Informationen über das generierte Objekt

- <Bezeichnung>.POP   Informationen über das Popup-Fenster

- <Bezeichnung>.BAR   Informationen über das Lichtbalken-
                               Menü

- <Bezeichnung>.BCH   Informationen über die Zuordnung des
                                Stapelprozesses

- <Bezeichnung>.FIL   Informationen über die in die Applikation
                                einbezogenen Dateien

- <Bezeichnung>.STR   Informationen über die Struktur der in
                                die Applikation einbezogenen Datenfelder

- <Bezeichnung>.VAL   Informationen über den Inhalt eines
                                verwendeten Datenfeldes.

Zum Aufruf der Applikation wird nur die .APP-Datei in den Datenkatalog eingetragen.

1.1.8 Die Schablonensprache

Mit Unterstützung der Schablonensprache (Template Language) lassen sich insbesondere die Algorithmen des Anwendungsgenerators, jedoch auch des Report-, Label- und Formgenerators, entsprechend individueller Bedürfnisse ändern. Beim Arbeiten mit den Generatoren wird für die Generierung der entsprechenden Objekte (z.B. Applikation, Bericht) auf ein Template zugegriffen. Ein solches Template ist eine Zusammenfassung von Kommandos, die nach bestimmten Regeln arbeiten. Um diese Regeln zu ändern, können mittels der integrierten dBASE IV-Schablonensprache eigene Algorithmen definiert werden.

Die Definition eines Templates geschieht über einen ASCII-Texteditor. Der Source-Code eines Templates ist mit der Erweiterung .COD zu kennzeichnen. Damit der entsprechende dBASE-Generator auf das Template zugreifen kann, ist der Source-Code mit DTC, dem Schablonensprachen-Compiler, zu compilieren und mit der Endung .GEN zu versehen. Wichtig ist das, weil sonst die dBASE IV-Generatoren das Template nicht erkennen können. Bei der automatischen Befehlscodierung greift der Anwendungsgenerator auf das Template QUICKAPP.GEN zu. Wiederum der Berichtsgenerator auf REPORT.GEN, der Etikettengenerator auf LABEL-.GEN und der Maskengenerator auf FORMS.GEN. Nachfolgendes Beispiel gibt einen Eindruck über die Kommandos und Syntax der Schablonensprache. Die Routine (AD_EXP.COD) beschreibt den dBASE IV-EXPORT-Befehl.

```
//
// Module Name: AD_EXP.COD - Menu_Act = 17
// Selectors  : Exprt_file, Exprt_Type, Scope, For_Expr, While_Exp
// Description: to issue the dBASE EXPORT command
// Syntax     : EXPORT [<scope>] TO <expFN> [FOR <expL>] [WHILE <expL>]
//                    [TYPE] DBASEII / FW2 / RPD / PFS
//                    [ FIELD <field name list> ]
//
lc_say='Exporting records to file {Exprt_file}'
DO info_box WITH lc_say
//
SET TALK ON
EXPORT TO {Exprt_file}\
{ if Field_List} FIELDS {Field_List}{endif}\
{ if Scope} {upper(Scope)} {endif}\
{ if For_Expr} FOR {For_Expr}{endif}\
{ if While_Exp} WHILE {While_Exp}{endif}\
 TYPE \
{ case Exprt_type of}
{ 0:}PFS
{ 1:}dBASEII
{ 2:}FW2
{ 3:}RPD
{ endcase}
SET TALK OFF
//
// EOP AD_EXP.COD
```

Um Templates auch außerhalb von dBASE IV zu aktivieren, besteht Zugriff auf den Template Language-Interpreter DGEN.EXE. Unter den Kommandos der Schablonensprache befinden sich zahlreiche, die auch in der dBASE IV-Sprache vorkommen. Das bietet den Vorteil einer verkürzten Einarbeitungszeit. Die Schablonensprache sollte jedoch ausschließlich von professionellen dBASE-Programmierer verwendet werden. Ihr Einsatz erfordert lückenloses Wissen über die dBASE IV-Kommandos und die Arbeitsweise des Anwendungsgenerators.

1.1.9   Die Schnittstellen

dBASE IV besitzt zahlreiche Schnittstellen zur Kommunikation mit der "Außenwelt". Diese sind im Gegensatz zu vielen anderen Systemen nicht auf Datenaustauschfunktionen begrenzt. Zu unterscheiden ist zwischen den folgenden Schnittstellen.

- CALL-Schnittstelle

Über diese Schnittstelle läßt sich die Einbindung von Binärdateien in dBASE-Applikationen realisieren und damit der Funktionsumfang von dBASE IV erheblich erweitern. Auf dem Markt gibt es inzwischen sowohl von Ashton-Tate, als auch von zahlreichen anderen Anbietern, Routinen zur Einbindung in dBASE IV. Assemblerprogrammierer können darüber hinaus ihre eigenen Funktionen definieren und diese über die CALL-Schnittstelle in dBASE IV einbinden. Mit den dBASE-Tools for "C" und dBASE Tools for "PASCAL" lassen sich mittels "C" und "PASCAL" erstellte Programme in dBASE IV auf diesem Wege übernehmen.

Beim Arbeiten mit dieser Schnittstelle ist die entsprechende Binärdatei mit dem LOAD-Befehl (LOAD <Binärdatei>) zu aktivieren. Anschließend sind die einzelnen Routinen mit dem CALL-Kommando (CALL <Anweisung>) zu aktivieren.

- RUN/! zum Aufruf externer Programme

Entweder mittels des RUN-Kommandos oder ersatzweise dem Fragezeichen lassen sich von der dBASE IV-Befehlsebene oder aus einer dBASE IV-Applikation heraus DOS-Programme und -Kommandos aktivieren. Dadurch ist beispielsweise in einer Applikation die Option "Datensicherung" mit der Anweisung "RUN COPY *.PRG A:" zu hinterlegen oder auch mit "! <Programmname>" ein Grafik- oder Tabellenkalkulationsprogramm starten.

- Chart-Master-Bridge

Neu in dBASE IV ist die Verbindung zum hauseigenen Ashton-Tate-Grafikprogramm Chart-Master. Es dient zur grafischen Aufbereitung von Datenbankinformationen. Hergestellt wird die Verbindung zu Chart-Master entweder über das Regie-Zentrum oder von der dBASE-Befehlsebene aus mit der Anweisung "DO CHRTMSTR". Daraufhin meldet sich dBASE mit einem Menü zur Deklaration der Eckwerte. Für jede Datenbank-Datei lassen sich Filterbedingungen vergeben und damit der auszuwertende Datenbestand eingrenzen. Werte aus bis zu acht numerischen Datenfeldern lassen sich an Chart-Master übergeben. Über ein Fenster ist einer der sechs Diagrammtypen für die Darstellung auszuwählen (Bild 1-12). Jede Auswertung ist bereits in dBASE IV mit einer Legende zu versehen. Alle auf diese Weise generierten Dateien können von Chart-Master aus ohne Nachbearbeitung ausgegeben werden.

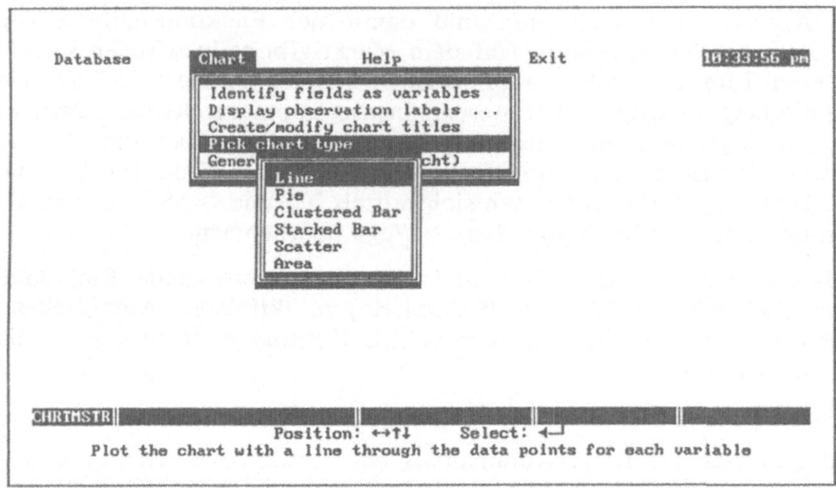

Bild 1-12

-   Datenaustauschfunktionen

Für den Datenaustausch mit anderen Softwarelösungen enthält dBASE IV
die Kommandos IMPORT/EXPORT und APPEND/COPY. Mit Unterstützung dieser Kommandos ist sowohl interaktiv von der Befehlsebene aus,
im Dialog vom dBASE IV-Regie-Zentrum (Bild 1-13), und mittels Applikationen der Datenaustausch in Formaten anderer Softwarelösungen vorzunehmen. Unterstützt werden von dBASE IV folgende Formate:

	IMPORT	EXPORT	APPEND	COPY
- RapidFile (.RPD)	X	X	X	X
- dBASE II (.DB2)	X	X	X	X
- Framework II (.FW2)	X	X	X	X
- Lotus 123 (.WK1)	X			
- Lotus 123 (.WKS)			X	X
- PFS:File (.PFS)	X	X		
- VisiCalc (.DIF)			X	X
- Multiplan SYLK			X	X
- ASCII SDF			X	X
- ASCII Delimited			X	X

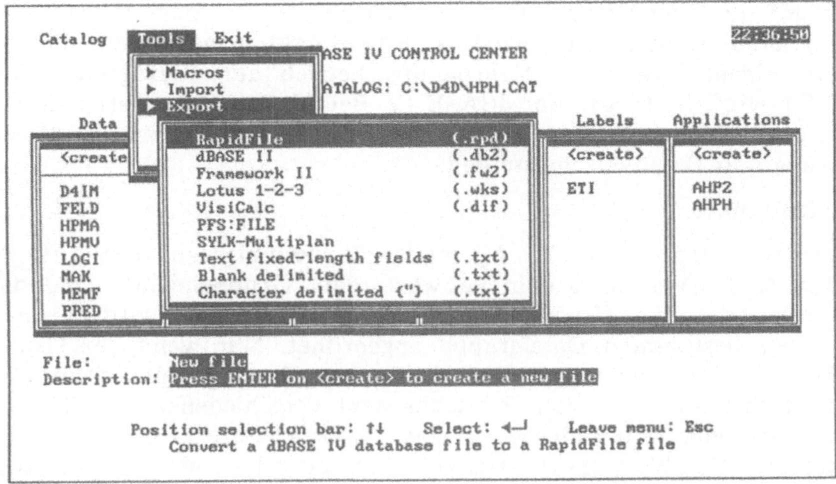

Bild 1-13

Wesentliche Unterschiede bestehen bei der Datenübernahme zwischen dem IMPORT- und APPEND-Kommando. Beim Einsatz von IMPORT wird automatisch ein dBASE-DBF-File angelegt. Wird APPEND für die Übernahme von Daten verwendet, muß bereits eine dBASE-DBF-Datei mit der entsprechenden Struktur vorhanden sein. Die Daten werden an die bereits vorhandenen Datensätze angehängt. Außerdem wird das APPEND-Kommando für den Austausch von Daten unter dBASE-Dateien und das Einlesen von Variablewerten in Datenbank-Dateien verwendet.

Wesentliche Unterschiede bestehen auch zwischen der Anwendung des EXPORT- und COPY-Kommandos. Ist beim Arbeiten mit dem EX-PORT-Befehl für die zu transferierende Datei eine Index-Datei geöffnet, wird der Datenbestand in der sortierten Reihenfolge übertragen. Wiederum Informationen aus mehreren Dateien lassen sich gleichzeitig in eine neue Datei mit dem APPEND-Kommando transferieren. Voraussetzung dafür ist, daß zwischen der aktivierten Datenbank und anderen Dateien eine relationale Verknüpfung besteht. Außerdem läßt sich der COPY-Befehl für die interne Übertragung von Daten verwenden oder auch die Struktur einer DBF-Datei in eine neue Datenbank-Datei kopieren. Sowohl mittels EXPORT, als auch mit COPY kann der Datenbestand für die Übertragung selektiert werden. (Siehe hierzu auch Kapitel 2.3.17)

1.1.10 Der Zugriffsschutz PROTECT

Bisher bestand nur beim Einsatz von dBASE in einem lokalen Netzwerk Zugriff auf die Zugriffsschutzfunktion PROTECT. Aus dem eigenständigen Programm ist nunmehr eine dBASE IV-Funktion geworden, die sowohl im Einzel-, als auch Mehrbenutzerbetrieb zur Verfügung steht. PROTECT wird direkt von der dBASE IV-Befehlsebene aktiviert und beinhaltet die drei Funktionen Zutrittsschutz, Datei- und Feldzugriffsreglementierung und Datenverschlüsselung.

-     Zutrittschutz

Das Zutrittsschutzprofil (Bild 1-14) setzt sich zusammen aus dem Anwendernamen (LOGIN-Name), dem Paßwort, dem Gruppennamen und der Spezifikation des Zugriffsstufe. Über den Gruppennamen wird der Benutzer einer bestimmten Dateigruppe zugeordnet. Nur wenn der Gruppenname und die Dateigruppe übereinstimmen, besteht Zugriff auf die entsprechenden Informationen. Zwischen acht verschiedenen Zugriffsstufen ist zu wählen, wobei eins die höchste und acht die niedrigste Ebene dokumentiert. Der Wert des Zugriffstufe korrespondiert ebenfalls mit den für eine Datei oder ein Feld vergebenen Werten. Zur schnellen internen Identifizierung des Benutzers läßt sich auch noch dessen voller Namen eintragen. Das Benutzerprofil ist in der Datei DBSYSTEM.DB gespeichert. Diese Datei wird automatisch verschlüsselt und kann von Externen nicht eingesehen werden. Um eine Übersicht über die gespeicherten Benutzerprofile zu erhalten, ist die Reports-Option zusätzlich in das PROTECT-Menü aufgenommen worden. Wirksam wird der Zutrittsschutz nur dann, wenn auf die DBSYSTEM.DB-Datei Zugriff besteht.

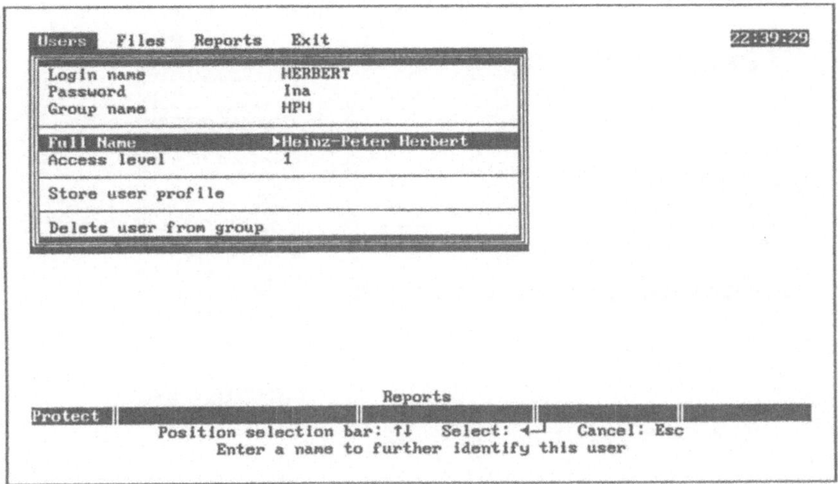

Bild 1-14

- Datei- und Feldzugriffsreglementierung

Für maximal acht gleichzeitig zu öffnende Datenbank-Dateien sind Zugriffsreglementierungen zu vergeben. Die gewünschte Datei läßt sich menügesteuert aus einem automatisch eingeblendeten Fenster auswählen (Bild 1-15) und anschließend einer Gruppe zuordnen. Außerdem ist individuell für jede Datei festzulegen, mit welcher Zugriffsstufe auf welche Dateibearbeitungsfunktion Zugriff besteht. dBASE IV unterscheidet zwischen vier Privilegien - Lesen, Aktualisieren, Erweitern und Löschen. Jeder Funktion ist ein eigene Zugriffsstufe zuzuordnen. Weiterhin sind einer Zugriffsstufe Feldprivilegien zuzuweisen. Zu differenzieren ist zwischen Full-Privileg (Lesen- und Schreiben), Read-Only (Nur Lesen des Dateninhalts) oder NONE (Kein Zugriff auf ein bestimmtes Feld).

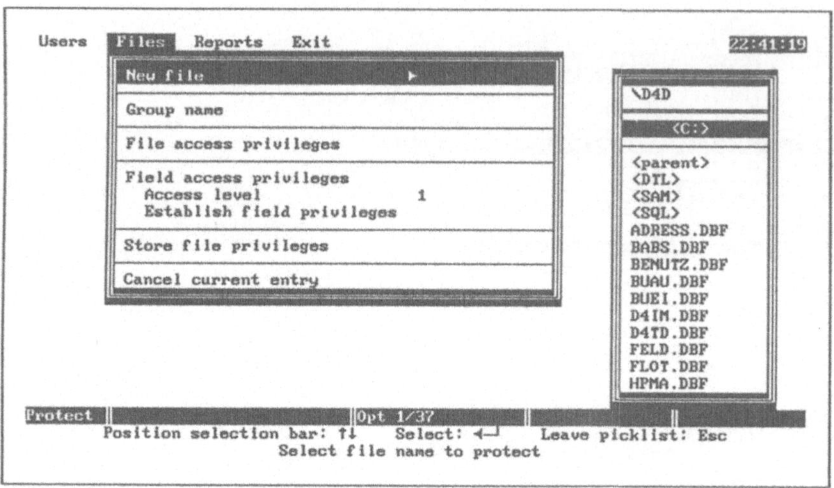

Bild 1-15

- Datenverschlüsselung

Nachdem die Zugriffsprivilegien für eine Datei definiert sind, verschlüsselt dBASE IV automatisch die Datenbank-Datei und legt ein File mit der Erweiterung .CRP an. Gleichzeitig werden auch die Memo-Feld-Einträge verschlüsselt und in eine Datei mit der Endung .CPT gespeichert. Die ungeschützten Datenbanken sind alternativ auf einen Backup-Datenträger zu speichern und anschließend auf der Platte zu löschen. Danach sind die .CRP- und .CPT-Datei in eine .DBF- und eine .DBT-Datei umzubenennen. Um auch die Einträge in einer zugehörigen Indexdatei unkenntlich zu machen, ist die verschlüsselte Datenbank-Datei zu aktivieren und mittels der REINDEX-Funktion eine Reorganisation der Index-Datei vorzunehmen. Anschließend ist dBASE IV neu zu starten, damit Zugriff auf die verschlüsselten Datenbankinhalte besteht. Um Zutritt zu dBASE IV zu erhalten, muß nunmehr das Paßwort, der Gruppen- und Login-Name angegeben werden.

1.1.11 Der Editor

Zur Codierung von Programmen enthält dBASE IV einen Texteditor mit allen notwendigen Funktionen zur Textbearbeitung. Die Funktionen des Editors steht auch in anderen Arbeitsbereichen zur Verfügung. Automatisch wird beispielsweise in den Editor beim Arbeiten mit dem Debugger verzweigt. Unter Punkt 4.1. sind die einzelnen Funktionen näher erläutert.

1.1.12 Der Compiler und Linker

Zum Schutz vor unberechtigten Veränderungen und Einblicken Dritter, enthält dBASE IV einen Pseudo-Compiler. Hiermit lassen sich die Anweisungen der dBASE IV-Programme verschlüsseln. Da beim Compiliervorgang auch eine Komprimierung des Programmcodes stattfindet, wird dadurch zusätzlich die Ausführgeschwindigkeit der Programme erhöht. Außerdem lassen sich mehrere logisch zusammengehörende Programme in einer Programmdatei verbinden. Realisiert wird das mit DBLINK. Der Compiliervorgang ist außerhalb von dBASE IV zu starten. Im Gegensatz zu früheren Versionen wird die Arbeit durch ein übersichtliches Menüsystem unterstützt. (Siehe hierzu auch Kapitel 4.3)

1.1.13 Die Laufzeitumgebung RUNTIME

Bei der Ausführung der dBASE IV-Programme werden die Befehle interpretiert. Unerheblich ist es dabei, ob die Programme pseudo-compiliert wurden. Damit nicht jeder für den Einsatz einer dBASE-Applikation ein Vollprodukt benötigt, wurde eine Runtime-Version geschaffen. Diese Runtime-Version ist gleichzusetzen mit einem Interpreter einer konventionellen Programmiersprache wie beispielsweise BASIC. Ihre einzige Aufgabe ist die Übersetzung der dBASE-Kommandos (Programme) in maschinenverständliche Anweisungen. Im Gegensatz zu dBRUN III PLUS müssen für die dBASE IV-Runtime-Version keine zusätzlichen Lizenzgebühren entrichtet werden. Das Runtime-Modul ist bereits Bestandteil der dBASE IV Developer's Version. Jeder Anwendungsentwickler kann für die Auslieferung seiner "compilierten" dBASE IV-Lösungen das Runtime-Modul beliebig oft kopieren. (Siehe auch Kapitel 4.3)

1.1.14 Das Konvertierungsprogramm DCONVERT

Bei der Entwicklung von dBASE wurde bisher peinlichst genau darauf geachtet, daß eine größtmögliche Kompatibilität zwischen den Generationen und Versionen vorhanden ist. Mit der Umstellung von dBASE II- auf die dBASE III-Produktlinie mußten jedoch, um die Weiterentwicklung des Produktes zu sichern und die Leistungsfähigkeit der neuen Computergenerationen einzubeziehen, einige Änderungen vorgenommen werden.

So wurde die maximale Anzahl und Länge der Felder einer Datenbankdatei um ein vielfaches erhöht. Außerdem stehen mit dBASE IV zusätzliche Feldtypen (Datum, Memo, Float) zur Verfügung. Daraus ergibt sich bereits, daß dBASE II und dBASE IV-Dateien nicht kompatibel sein können. Um die in dBASE II gespeicherten Daten in eine dBASE IV-Datenbank-Datei ohne den Umweg über ein ASCII-Format übernehmen zu können, enthält dBASE IV das Hilfsprogramm DCONVERT. Diese Programm ist außerhalb von dBASE IV von der Betriebsystemebene zu starten. Die einzelnen Funktionen sind menügesteuert auszuwählen (Bild 1-16).

```
        dBASE CONVERT - dBASE III File Conversion Aid   v2.02   01/10/87
               (c) 1987 By Ashton-Tate    All Rights Reserved

                        dBASE II --> dBASE III

                    1 - Database File            <.DBF>
                    2 - Memory Variable File   <.MEM>
                    3 - Report Format File     <.FRM>
                    4 - Command File           <.PRG>
                    5 - Screen Format File     <.FMT>
                    6 - Index File Help        <.NDX>
                    7 - Un-dCONVERT III->II    <.DBF>

                    9 -          Instructions
                    0 -          EXIT



      < Use cursor arrows to move between choices;  hit RETURN to select choice >
```

Bild 1-16

Beim Konvertiervorgang wird eine dBASE II-Datenbank-Datei vollständig in eine dBASE IV-Datenbank umgewandelt. Wurden in dBASE II-Feldnamen Doppelpunkte verwendet, werden diese während des Konvertiervorgangs durch Unterstreichungszeichen ersetzt.

Außer Datenbank-Dateien lassen sich auch VARIABLE- (.MEM), IN-DEX- (.NDX), FORMAT- (.FMT), REPORT- (.FRM) und PRO-GRAMM- (.PRG) Dateien mittels DCONVERT von dBASE II nach dBASE IV übernehmen. Allerdings mit Einschränkungen. Eine Index-Datei muß nach der Umwandlung von dBASE IV aus reindiziert werden. Variablen-Dateien werden wiederum vollständig umgesetzt und sind in dBASE IV wegen der erhöhten Rechengenauigkeit etwas umfangreicher als in dBASE II. Die unter dBASE II erstellten Berichts-Dateien werden im ASCII-Format ausgegeben. Das ist bei den "neuen" dBASE IV Berichtsdateien nicht mehr der Fall. DCONVERT übersetzt jedoch diese Dateien in das neue Format. Problematischer ist es bei den dBASE II-Programmdateien. dBASE IV enthält gegenüber dBASE II zahlreiche neue Befehle und Funktionen. Außerdem werden auch einige Befehle nicht mehr, oder in einer anderen Funktion unterstützt. Mit DCONVERT können nicht alle Befehle automatisch geändert werden. Deshalb empfiehlt es sich, die Programme nach der Konvertierung zu vergleichen.

1.2 Einsatzbereiche

Aus diesen Komponenten ergeben sich für dBASE IV die nachfolgenden Einsatzbereiche.

Datenverwaltung und -manipulation

Mit dBASE IV lassen sich beliebig viele Datenbanken anlegen und nach den differenziertesten Kriterien analysieren. Zur realisieren ist das sowohl

- Menügesteuert

vom Regie-Zentrum aus. Über Pull-Down-Menüs besteht Zugriff auf die Bereiche Anlegen von Informationsgruppen (Datenkataloge), Datenbankstrukturierung, Bildschirmmaskengenerierung, Dateneingabe, Datenanalyse, Informationsupdate, QBE-Abfragesystem, Berichtserstellung, Etikettendefinition, Ausgabe von Serienbriefen, Datentransfer, Makroaufzeichnung und Anwendungsgenerierung.

- Interaktiv

durch direkte Befehlseingabe am dBASE IV-Dot-Prompt. Auf die Befehlsebene gelangt man vom Regie-Zentrum aus entweder durch Betätigung der [ESC]-Taste oder über die Menüleiste direkt mit der Tastenkombination [ALT] + [E]. Alternativ kann auch die Funktionstaste [F10] betätigt werden. Am dBASE IV-Dot-Prompt lassen sich fast alle dBASE-Kommandos eingeben. Für den geübten dBASE-Anwender hat das den Vorteil, daß er unabhängig von vorgegebenen Menüstrukturen wird. Außerdem sind wesentlich mehr Befehle einzusetzen. Um sofort nach dem Aufruf in die Befehlsebene zu gelangen, ist der Parameter COMMAND = ASSIST aus der CONFIG.DB-Datei zu entfernen. Die Unterdrückung der Statuszeile kann entweder temporär, mittels der Anweisung SET STATUS OFF, oder permanent über die CONFIG.DB-Datei mit der Eintragung STATUS = OFF vorgenommen werden. Um von der Befehlsebene in das Regie-Zentrum zu wechseln, ist lediglich die Funktionstaste [F2] zu betätigen. Diese ist standardmäßig mit dem ASSIST-Kommando hinterlegt. Ist die Voreinstellung geändert, ist der Befehl ASSIST direkt einzugeben.

- Programmgesteuert

durch Zusammenfassung von Befehlsfolgen in Programmdateien. Programme lassen sich entweder manuell über den Editor codieren oder mit Unterstützung des Anwendungsgenerators erstellen. Beim Aufruf von dBASE IV ist alternativ sofort in eine Applikation zu verzweigen. Permanent läßt sich das über eine Eintragung in der CONFIG.DB-Datei mit der Anweisung COMMAND = DO <Applikationsname> zu realisieren. Temporär ist das durch Eingabe des Programmnamens gefolgt vom jeweiligen Applikationsnamen (z.B. C>DBASE ANWP) realisierbar.

Anwendungsentwicklung

Die in dBASE IV implementierte Programmiersprache enthält über 400 Befehle und Funktionen. Durch die Einbindung von Binärdateien und die Definition von benutzerspezifischen Funktionen, ist der Befehlssatz individuell zu erweitern. Damit sind alle kommerziellen und zahlreiche technische Aufgabenstellungen hervorragend zu realisieren. Um Programme gegenüber Einblicken Dritter zu schützen, werden diese vor der Ausführung automatisch von dBASE IV "compiliert". Im Lieferumfang von dBASE IV ist ein Runtime-Modul integriert, daß die Interpretation der Applikationen unabhängig vom Gesamtsystem realisieren läßt. Außerdem ist das Runtime-Modul beliebig oft zu kopieren, was insbesondere Software-Entwicklern zusätzliche Lizenzgebühren erspart.

SQL-Abfragen

Durch die Implementation der SQL-Abfragesprache in den Leistungsumfang von dBASE IV lassen sich Datenabfragen wahlweise auch mit SQL durchführen. Entsprechende Hardwareverknüpfungen vorausgesetzt, sind damit Auswertungen auch direkt in anderen SQL-Systemen von dBASE IV aus durchzuführen.

Einzel- und Mehrplatzbetrieb

dBASE IV ist sowohl im Einzel- als auch Mehrbenutzerbetrieb einzusetzen. In beiden Fällen unterstützt das System die gleichen Befehle und Funktionen. Einschränkungen hat weder der eine noch der andere Bereich. Die gewünschte Betriebsart ist bereits bei der Installation zu wählen. dBASE IV führt dann selbsttätig auch die aufwendige LAN-Installation durch. Für den LAN-Betrieb gibt es zusätzlich kostengünstige LAN-Module, wodurch nicht für jeden Anwender eine Vollversion zu erwerben ist. Die Satz- oder Dateisperre, Basismerkmale für den Mehrbenutzerbetrieb, wird von den meisten Kommandos automatisch durchgeführt.

2 Die dBASE IV Programmiersprache

Bereits die dBASE-Urversion (dBASE II) war nicht nur ein System zur Datenverwaltung. Als erstes der ausschließlich für den Mikrocomputerbereich entwickelten Datenbanksysteme, verfügte es bereits über eine komplexe Programmier- und Abfragesprache mit weit mehr als 100 Befehlen und Funktionen. Mit den Folgeversionen vergrößerte sich auch die Anzahl der implementierten Kommandos. Auf rund 400 Befehle und Funktionen besteht bei der neuen Version dBASE IV Zugriff. Über 200 Kommandos sind neu oder in ihrem Leistungsumfang geändert beziehungsweise erweitert worden. Nicht ohne Grund wird dBASE deshalb von vielen schon seit langem als Programmiersprache mit integrierter Datenbank bezeichnet.

2.1 Aufbau und Merkmale

Bei der in dBASE IV integrierten Programmiersprache handelt es sich um eine Datenabfrage- und -manipulationssprache der vierten Generation. Mit einer Sprache der vierten Generation muß einem Computer nicht mehr das WIE (er etwas tun soll) mitgeteilt werden, sondern in einer beschreibenden Form das WAS (getan werden soll). Im Gegensatz zu Sprachen der dritten Generation wie COBOL oder BASIC ist das bedingt durch komplexere Befehle. Das bedeutet für die Anwendungsentwicklung, daß der Programmieraufwand stark verringert wird. Außerdem ist eine Sprache der vierten Generation sehr viel leichter zu erlernen, da die Befehlsanwendung der interaktiven Arbeit wesentlich näher ist.

Ein weiterer Vorteil der dBASE-Sprache ist, daß sie beliebig zu erweitern ist. Mittels mächtiger Befehle können noch mächtigere Funktionen bereits mit den dBASE-Kommandos generiert werden. Erstmals mit dBASE IV sind damit interne benutzerdefinierte Funktionen zu verwenden. Weiterhin lassen sich, wie bereits mit dBASE III PLUS, externe UDF's in dBASE-Applikationen einbinden. Diese mittels Assembler, PASCAL oder der C-Sprache generierten Funktionen werden über die CALL-Schnittstelle in dBASE-Applikationen eingebunden.

dBASE-Applikationen lassen sich sowohl direkt mit dBASE IV erstellen, als auch extern, unabhängig von dBASE IV, mit einem Editor. Beim Einsatz des integrierten Anwendungs- oder eines externen Programmgenerators sind nicht einmal Kenntnisse der dBASE-Sprache erforderlich. Applikationen werden in diesem Fall selbsttätig erstellt. Dabei ist die Vorgabe der notwendigen Eckwerte Voraussetzung.

Die Speicherung der dBASE-Programme erfolgt in zwei Dateien. Die Datei mit dem Quellcode (Source) ist mit der Erweiterung .PRG gekennzeichnet und das Programm ist jederzeit zu editieren. Der verschlüsselte Programmcode ist einer sogenannten Object-Datei gespeichert. Mit dBASE IV erstellte Programmdateien werden automatisch beim ersten Aufruf pseudo-compiliert. Das bedeutet, daß zur Beschleunigung der Programmausführung sofort ein verschlüsseltes und insbesondere verdichtetes Object-Programm erstellt wird (Erweiterung .DBO = dBASE Object). In den Vorgängerversionen war der Compiliervorgang zusätzlich, außerhalb von dBASE, durchzuführen. Der Source-Code wird danach nicht mehr für die Programmausführung benötigt. Allerdings lassen sich Änderungen natürlich nur am nicht compilierten Source-Programm vornehmen.

2.2 Makros, Prozeduren, Programme

Im Gegensatz zu den Vorgängerversionen lassen sich die mit Unterstützung der implementierten dBASE IV-Kommandos zu erstellenden Routinen in Makros, Prozeduren und Programme einteilen. Erstmalig sind mit dBASE IV echte Makros zu erstellen. Bisher bestand nur Zugriff auf eine Pseudo-Makro-Funktion, einem Dateien und Variablen vorangestelltem kaufmännischen Und (&). Wie bei einem Tabellenkalkulationsprogramm, werden Tastaturanschläge bei der Eingabe in einer Makro-Datei aufgezeichnet.

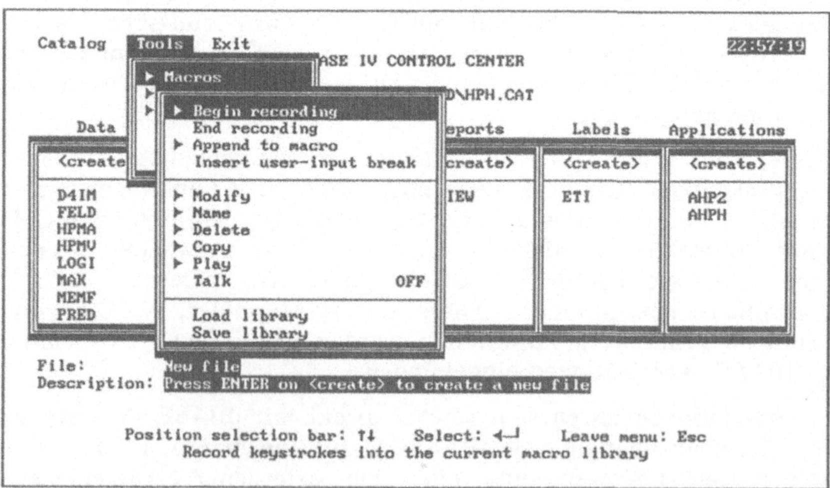

Bild 2-1

Die Makro-Option ist über das Regie-Zentrum zu aktivieren (Bild 2-1). Alternativ aktiviert auch die Tastenkombination [SHIFT] + [F10] den Aufzeichnungsprozeß. Der Aufzeichnungsvorgang ist jederzeit zu unterbrechen und wieder fortzusetzen. Ein Makro kann beliebig groß sein. Die Grenze setzt nur der zur Verfügung stehende interne Speicherplatz.

Makros lassen sich in Bibliotheken zusammenfassen. Maximal 35 Makros (A - Z, "F1" - "F9") sind in einer Makro-Library festzuhalten. Der aufgezeichnete Makro-Code ist jederzeit zu editieren. Außerdem lassen sich in Makros Breakpoints setzen. Dadurch kann der Anwender Eingaben tätigen und anschließend die Makro-Ausführung fortsetzen. Makros sind entweder über das Makro-Menü oder über eine Tastenkombination aufzurufen. Für häufig benötigte Makros empfiehlt es sich, eine Funktionstaste mit einem Makro zu hinterlegen. Alternativ lassen sich Makros auch vom dBASE-Dot-Prompt mit der Anweisung PLAY MACRO <Makrobezeichnung> aktivieren.

Der Vorteil von Makros gegenüber Programmen liegt in der Art der Erstellung, weniger in der Anwendung. Denn sowohl mit Makros als auch Programmen lassen sich bestimmte Arbeitsschritte ausführen und dBASE-Kommandos einbinden. Die Einbeziehung der Menüsteuerung in eine Aufgabenstellung ist der große Vorteil von Makros. Das ist auch der Grund, warum Makros nicht oder nur bedingt in eine Runtime-Applikation eingebunden werden können. Zusätzlich lassen sich Makros, im Gegensatz zu Programmen oder Prozeduren, bei der Arbeit aufzeichnen und erfordern keinen zusätzlichen Arbeitsgang.

Prozeduren sind wie Programme über den Editor zu definieren. Sie sind zu Programmdateien fast identisch. Der Unterschied liegt in der Art der Anwendung. Prozeduren können, einmal geladen, von verschiedenen Programmen aus aktiviert werden. Vorteilhaft ist bei Prozeduren, daß sie nach dem Laden permanent im Speicher gehalten werden. Damit entfallen beim Wiederaufruf unnötige Plattenzugriffe, wodurch Prozeduren meist auch schneller als Programme sind. Die Anzahl der zu erstellenden Prozeduren wird von dBASE IV nicht limitiert. Mehrere Prozeduren lassen sich in einer Prozeduren-Datei zusammenfassen. Im Gegensatz zu dBASE III PLUS kann eine dBASE IV-Prozedur-Datei bis zu 963 Prozeduren umfassen.

Programme sind eine Aneinanderreihung von Befehlen in logischer Folge. Eine Applikation kann sowohl aus einem als auch mehreren Programmen bestehen. Üblicherweise setzt sich eine Anwendung aus verschiedenen Programmen zusammen. Programme lassen sich in mehrere Ebenen verschachteln. Wichtig ist dabei nur, daß die Zahl der maximal zu öffnenden Dateien dadurch nicht überschritten wird. Zählt doch jede in einer Struktur vorgelagerte Programmdatei als eine geöffnete Datei. Insgesamt lassen sich mit dBASE IV 99 Dateien gleichzeitig öffnen. Dazu zählt jede Art von Dateityp, wie z.B. die Datenbank-, Index-, Format-, Abfrage- und Memory-Dateien. Programmdateien können theoretisch bis zu 32.000 Programmzeilen mit jeweils 1024 Zeichen enthalten. Allerdings sollten 64 KByte für eine Datei nicht überschritten werden, da das Runtime-System nur maximal 64 KByte große Programm-Dateien verarbeiten kann.

2.3 Erweiterungen gegenüber dBASE III PLUS

Neben den zahlreichen Ergänzungen für menügesteuertes Arbeiten, ist insbesondere die dBASE-Programmiersprache in ihrem Leistungsumfang erheblich erweitert worden. Rund 240 neue oder erweiterte Kommandos enthält dBASE IV. Im nachfolgenden Kapitel werden die wichtigsten neuen Befehle und Funktionen im Detail vorgestellt und ihre Einsatzbereiche beschrieben. Zum besseren Verständnis sind alle dBASE-Kommandos vollständig ausgeschrieben. Wie alle anderen dBASE-Versionen verlangt auch dBASE IV nur die Eingabe der ersten vier Buchstaben eines Befehls. Funktionen sind dagegen exakt zu definieren. Befehle und Funktionen sind durch ihre unterschiedliche Schreibweise leicht zu erkennen. Eine Funktion endet immer mit einer Klammer "()" [z.B. DBF()].

Zur besseren Kennzeichnung sind die Kommandos in den nachfolgenden Ausführungen durch Versalien gekennzeichnet. Eine spitze Klammer "<>" kennzeichnet den Bereich für eine individuelle Eingabe. Wiederum eine eckige Klammer "[]" markiert eine Kann-Eingabe. Also Zusätze, die eine Definition ergänzen, aber für deren korrekte Ausführung nicht unbedingt erforderlich wären. Eine dBASE-Befehlszeile kann maximal 1024 Zeichen lang sein. eine Buchzeile dagegen maximal 60 Zeichen. Aus diesem Grunde müssen zusammenhängende dBASE-Anweisungen oftmals über mehrere Zeilen dargestellt werden. Zur besseren Übersicht sind in diesem Kapitel alle zusammenhängenden Anweisungen ohne eine Leerzeile dazwischen dargestellt. Trennt eine Leerzeile eine Anweisung von der folgenden, handelt es sich um zwei unabhängige Befehlszeilen.

2.3.1 In Fenstern arbeiten

Insbesondere zum Einblenden von Hinweistexten oder zusätzlichen Informationen ist es hilfreich, wenn eine Programmiersprache über Window-Kommandos verfügt. Diese Window-Kommandos haben nichts mit der gleichnamigen grafischen Benutzeroberfläche MS-Windows gemeinsam. Sie tragen lediglich die gleiche Bezeichnung. Der Vorteil von Fenstern ist es, daß sie die Bildschirmdarstellung überblendend darstellen. Dadurch wird die aktuelle Bildschirmmaske nicht gelöscht und ist anschließend nicht wieder neu aufzubauen.

Nur durch Verwendung von Zusatztools ist mit dBASE III PLUS die Einbindung von Fenstern in Applikationen zu realisieren. Mit dBASE IV besteht nunmehr Zugriff auf zahlreiche Fenster-Befehle. Die Darstellung von Dateiinhalten und spezifischen Auswertungen, die Einblendung von Hinweis- und Hilfetexten sowie zusätzliche Auswahlmenüs sind mittels dieser Fensterkommandos zu durchzuführen. Die Anzahl der in einer dBASE IV-Applikationen zu verwendenen Fenster ist nicht limitiert. Nur die Zahl der gleichzeitig am Bildschirm zu öffnenden Fenster ist auf 20 begrenzt. Ein Wert, der eigentlich jederzeit ausreicht. Zur Wahrung der

Übersichtlichkeit sollten möglichst wenige Fenster zur gleichen Zeit geöffnet sein. dBASE-Windows lassen sich an jeder Stelle des Bildschirms positionieren. Sie können sowohl nebeneinander, überlagernd und ineinander dargestellt werden. Die Größe eines Fensters ist ebenso frei zu definieren, wie die Attribute des Fensterrahmens.

Eingerichtet wird ein Fenster mit dem Kommando

```
DEFINE WINDOW <Bezeichnung> FROM <Zeile1>,<Spalte1>
        TO <Zeile2>,<Spalte2> [<Rahmen *)>]
        [<Farben **)>]


*)  DOUBEL/PANEL/NONE/<Individuelle Zeichen>


**) COLOR [<Standardfarben>],[<Erweitertes
        Farbenset>],[<Rahmen>]
```

Fenster werden wie Variablen im Arbeitsspeicher des Computers verwaltet. Zur Kennzeichnung sind sie mit einem Namen zu versehen. Für jedes Fenster ist die Größe individuell festzulegen. Dazu ist die Anfangs- und Endeposition - linke obere und rechte untere Ecke - anzugeben (FROM-/TO-Anweisung).

Zur Definition eines Fensters (Bezeichnung "Name") von zehn Zeilen Tiefe und 20 Spalten Breite ist folgende Anweisung notwendig:

```
DEFINE WINDOW name FROM 0,0 TO 11,21
```

In diesem Fall wird das Fenster ausgehend von der ersten Bildschirmzeile und -spalte angezeigt. Als erste Position kennt dBASE 0,0. Wiederum die letzte Bildschirmposition ist dementsprechend 24,79. Also nicht 1,1 und 25,80 wie bei zahlreichen anderen Systemen. Bei der Festlegung des Anzeigebereiches ist zu berücksichtigen, daß jeweils eine Zeile beziehungsweise Spalte für den Rahmen benötigt wird. Deshalb sind immer zwei Zeilen und Spalten mehr zu definieren, als für den Anzeigebereich des Windows benötigt werden.

Die Standardeinstellung für einen Window-Rahmen ist die einfache Linie (SINGLE). Diese Vorgabe wird vom System immer dann benutzt, wenn keine individuelle Definition vorgenommen oder diese Voreinstellung über den SET BORDER-Parameter verändert wurde. Diese Voreinstellungen lassen sich durch den "Rahmen"-Parameter des DEFINE WINDOW-Kommandos für ein Fenster gezielt modifizieren. Der Zusatz DOUBLE

```
DEFINE WINDOW name FROM 0,0 TO 11,21 DOUBLE
```

bewirkt die Darstellung eines Rahmens in doppelter Linie. Wiederum PANEL

```
DEFINE WINDOW name FROM 0,0 TO 11,21 PANEL
```

kreiert einen inversen Rahmen (ASCII-Code 219 bis 223) ohne zusätzliche
Linien. Letztendlich der Zusatz NONE

```
DEFINE WINDOW name FROM 0,0 TO 11,21 NONE
```

bewirkt die Darstellung eines Windows ohne Rahmen.

Vielfältig sind die Gestaltungsvarianten bei der freien Definition eines
Rahmens. Bis zu acht verschiedene ASCII-Symbole (Pn) lassen sich in die
Definition einbeziehen.

```
DEFINE WINDOW <Bezeichnung> FROM <Z1>,<S1>
        TO <Z2>,<S2>  [<(P1)><(P2)><(P3)>
           <(P4)><(P5)><(P6)><(P7)><(P8)>]
```

Der Parameteraufbau ist exakt vorgegeben und entspricht folgendem
Schema:

- Position 1 (P1) = ASCII-Wert für obere vertikale Linie

- Position 2 (P2) = ASCII-Wert für untere vertikale Linie

- Position 3 (P3) = ASCII-Wert für linke horizontale Linie

- Position 4 (P4) = ASCII-Wert für rechte horizontale Linie

- Position 5 (P5) = ASCII-Wert für obere linke Ecke

- Position 6 (P6) = ASCII-Wert für obere rechte Ecke

- Position 7 (P7) = ASCII-Wert für untere linke Ecke

- Position 8 (P8) = ASCII-Wert für untere rechte Ecke

Für einen Rahmen mit doppelter Linie auf der rechten und einfachen Linien an der linken Seite sowie oben und unten lautet die Definition wie
folgt:

```
DEFINE WINDOW name FROM 0,0 TO 11,21
        196,196,179,186,218,183,192,189
```

- ASCII-Wert 179 = "|"

- ASCII-Wert 183 = "┐"

- ASCII-Wert 186 = "║"

- ASCII-Wert 189 = "╝"

- ASCII-Wert 192 = "L"

- ASCII-Wert 196 = "-"

- ASCII-Wert 218 = "ᵣ"

Fast identisch zur Befehlssyntax des DEFINE WINDOW-Kommandos zur Definition des Rahmens ist der Aufbau des SET BORDER-Parameters:

- Rahmen mit einfacher Linie:

```
SET BORDER TO SINGLE
```

- Rahmen mit doppelter Linie:

```
SET BORDER TO DOUBLE
```

- Inverser Rahmen:

```
SET BORDER TO PANEL
```

- Window ohne Rahmen:

```
SET BORDER TO NONE
```

- Individueller Rahmen:

```
SET BORDER TO
    <(P1)><(P2)><(P3)><(P4)><(P5)><(P6)><(P7)><(P8)>
```

Der SET BORDER-Parameter gibt die Einstellung allgemeinverbindlich vor. Das hat beispielsweise den Vorteil, daß zur Änderung der Einstellung nur bestimmte Werte bei der Definition eines individuellen Rahmens zu ändern sind.

- Vorgabe:

```
SET BORDER TO 196,196,179,186,218,183,192,189
```

Geändert wird die Voreinstellung P4, P6 und P8:

```
DEFINE WINDOW name FROM 0,0 TO 11,21 ,,,179,,191,,217
```

Bei der Aktivierung des Rahmens werden nun alle vier Seiten durch eine einfache Linie gekennzeichnet.

Bei Applikationen empfiehlt es sich, die Einstellung der Rahmen-Attribute mittels des SET BORDER-Parameters am Anfang des Hauptprogramms verbindlich für die gesamte Anwendung vorzunehmen.

Letztendlich lassen sich auch die Farben für einen Rahmen individuell bestimmen. Wird keine Definition vorgenommen, dann übernimmt dBASE IV die Werte aus der CONFIG.DB-Datei. Allerdings sollten zumindest bei einer Applikation die Farben verbindlich, individuell festgelegt werden. Das verhindert Manipulationen von außen.

Für ein Fenster sind sowohl die Vorder- als auch Hintergrundfarben frei
zu wählen. Selbst die Farbe für den Rahmen ist getrennt festzulegen. Je
nachdem auf welchen Farbgrafikadapter Zugriff besteht, ist zwischen den
Standard- und erweiterten Farbparametern auszuwählen. Mit der Anweisung

```
DEFINE WINDOW name FROM 0,0 TO 11,21 COLOR W+/B
```

wird ein Fenster mit weißem Rahmen und blauem Hintergrund erstellt.
Die gesamte Anzeige in dem Fenster erfolgt in weiß auf blauem Hintergrund. Wiederum das Kommando

```
DEFINE WINDOW name FROM 0,0 TO 11,21 COLOR W/B, GR+/N
```

bewirkt die Darstellung von weiß auf blau bei Standard-Grafikkarten und
gelb auf schwarz bei erweiterter Farbunterstützung.

Die Farbe eines Rahmens - blau auf rotem Hintergrund - läßt sich mit
der nächsten Anweisung exakt bestimmen:

```
DEFINE WINDOW name FROM 0,0 TO 11,21 COLOR , , B/R
```

Die beiden Kommas teilen dem System mit, daß der Wert für die dritte
Option des Parameters gilt. Um in diesem Rahmen Daten in grün auf
weißem Hintergrund darzustellen, bedarf es folgender Definition:

```
DEFINE WINDOW name FROM 0,0 TO 11,21 COLOR G/W , , B/R
```

Um einen individuellen, grünen Rahmen mit weißer Darstellung für ein
Fenster zu erhalten, ist folgende Anweisung notwendig:

```
DEFINE WINDOW name FROM 0,0 TO 11,21
       196,196,179,186,218,183,192,189 COLOR W,,G+
```

Die Aktivierung eines Windows geschieht mit dem Kommando

```
ACTIVATE WINDOW <Bezeichnung>
```

Bis zu 20 Windows sind gleichzeitig zu öffnen. Eine Übersicht über die
geöffneten Fenster gibt das

```
DISPLAY MEMORY
```

Kommando. Es listet die Window-Bezeichnung, -Koordinaten und -Größe
in Bytes. Außerdem unterscheidet es zwischen ruhenden und aktiven Fenstern.

Die Position eines Windows ist nachträglich zu verändern. Das ist insbesondere dann sinnvoll, wenn weitere Fenster auf den Bildschirm geladen
werden. Auf diese Weise läßt sich das aktuelle Window in der Bildschirm-
mitte und alle anderen am Rand positionieren. Die Anweisung hierfür
lautet

```
MOVE WINDOW <Bezeichnung> TO <Zeile>,<Spalte>
```

Auch schrittweise ist die Position der Fenster zu verändern:

```
MOVE WINDOW <Bezeichnung> BY <Anzahl Zeilen>,<Anzahl Spalten>
```

Ein Minus vor der Zeilenzahl und/oder Spaltenzahl bewirkt eine Verlagerung nach hinten. Bei der Veränderung der Koordinaten ist darauf zu achten, daß die Fensterposition innerhalb von Zeile 0, Spalte 0 und Zeile 24, Spalte 79 bleibt. Ansonsten erscheint eine Fehlermeldung auf dem Bildschirm.

Geschlossen werden Fenster mit dem Befehl

```
DEACTIVATE WINDOW <Bezeichnung>
```

Wiederum mit der Anweisung

```
DEACTIVATE WINDOW ALL
```

sind alle geöffneten Fenster zu schließen.

Um den Platz im Hauptspeicher für andere Aktivitäten freizugeben, lassen sich momentan nicht benötigte Fenster auf einem externen Datenträger speichern. Der Befehl hierfür lautet

```
SAVE WINDOW <Bezeichnung> TO <Dateiname>.
```

Der Inhalt aller geöffneten Fenster läßt sich gleichzeitig in eine Datei mit dem Kommando

```
SAVE WINDOW ALL TO <Dateiname>
```

sichern. Beim Speichervorgang überschreibt diese Anweisung eine bestehende Datei gleichen Namens ohne vorher einen Hinweis zu geben. Um sicherzustellen, daß eine bereits bestehende Datei nur gezielt überschrieben wird, ist der Parameter SET SAFETY auf ON zu setzen. DBASE gibt dann eine Meldung aus, und der Vorgang läßt sich unter einem anderen Namen erneut starten. Eine Window-Datei ist durch die Erweiterung .WIN gekennzeichnet.

Wieder in den Hauptspeicher geladen werden die in einer Windows-Datei gesicherten Fenster mit

```
RESTORE WINDOW ALL FROM <Dateiname>
```

Es läßt sich auch nur ein Fenster gezielt mittels der Anweisung

```
RESTORE WINDOW <Bezeichnung> FROM <Dateiname>
```

in den Hauptspeicher laden. Auf diese Weise müssen sich immer nur die tatsächlich benötigten Fenster im internen Speicher befinden. Wodurch dieser für andere Daten freigehalten wird.

Mit dem Kommando

```
RELEASE WINDOW <Bezeichnung>
```

ist ein Window gezielt aus dem Hauptspeicher zu löschen.

Sämtliche Fenster löscht die

```
CLEAR WINDOWS
```

Anweisung. Die Löschanweisung ist endgültig. Wurde das Fenster vorher nicht gesichert, gehen alle Eintragungen verloren.

Die Einsatzbereiche dieser Fensterkommandos sind überaus vielfältig. Sie lassen sich sowohl in Applikationen als auch beim interaktiven Arbeiten verwenden. Beispiele für den Einsatz in Applikationen sind dem Kapitel 3 zu entnehmen. Nachfolgend zwei Beispiele für den Einsatz der Kommandos beim interaktiven Arbeiten mit dBASE IV. Diese Anweisungen können fast ohne Änderungen auch in Applikationen genutzt werden.

-      Gleichzeitige Darstellung des Inhaltes von zwei Datenbankdateien in
       zwei Fenstern

Zuerst sind zwei Fenster zu definieren, die sich jeweils über eine Bild-schirmhälfte erstrecken. Dabei ist darauf zu achten, daß weder die erste (Zeile 0) noch die letzte Bildschirmzeile (Zeile 24) für das Fenster verwendet wird. Die erste Zeile kann durch Systemmeldungen überschrieben werden. Wiederum die letzte Zeile wird für die Befehlseingabe von dBASE Dot-Prompt benötigt und löscht automatisch die Fensteranzeige.

```
DEFINE WINDOW eins FROM 1,0 TO 23,39 NONE COLOR R

DEFINE WINDOW zwei FROM 1,40 TO 23,79
       255,255,179,255,255,255,255,255 COLOR W,,G+
```

Durch den Parameter für das zweite Fenster wird sichergestellt, daß die beiden Windows nur durch eine Linie getrennt werden und der gesamte restliche Bereich für Informationen zur Verfügung steht. Diese Linie ist intensiv grün und dient zur besseren Unterscheidung der angezeigten Werte.

Danach sind die beiden Datenbankdateien (DAT1) und (DAT2) zu öffnen:

```
SELECT A

USE DAT1

SELECT B

USE DAT2
```

Anschließend ist das erste Fenster zu aktivieren:

```
ACTIVATE WINDOW eins
```

Danach kann die Darstellung von Informationen in diesem Fenster erfolgen. Zum Beispiel

```
DISP ALL FOR DAT1-> <Feld-n> = "<Ausdruck>"
```

Im zweiten Fenster erfolgt die Darstellung der Werte eines anderen Feldes:

```
ACTIVATE WINDOW zwei

DISP ALL FOR DAT1-> <Feld-n> = "<Ausdruck>"
```

Zum Vergleich sind nunmehr Informationen aus der zweiten Datenbank im ersten Fenster einzublenden:

```
ACTIVATE WINDOW eins
DISP ALL FOR DAT2-> <Feld-n> = "<Ausdruck>"
```

Auf diese Weise kann beliebig oft die Ausgabe gewechselt werden, um noch weitere Fenster ein- und auszublenden oder andere Datenbankdateien zu öffnen.

-     Memo-Felder in einem Window editieren

In Verbindung mit dem APPEND-, BROWSE- oder EDIT-Kommando lassen sich Inhalte von Memo-Feldern in einem Window editieren. Das Kommando hierfür lautet

```
SET WINDOW OF MEMO TO <Fenster-Bezeichnung>
```

und ist wie folgt anzuwenden:

```
USE <Datenbank>

DEFINE WINDOW drei FROM 10,20 TO 20,40

SET WINDOW OF MEMO TO drei

@ <Zeile>,<Spalte> GET <Memo-Feldname> WINDOW memo

READ

BROWSE
```

Wird nunmehr der Cursor auf das Memo-Feld bewegt und dieses mit der Tastenkombination [CTRL] + [POS1] geöffnet, erfolgt die Darstellung des Feldinhaltes im Window. Die Anzeige der anderen Werte, soweit sie nicht vom Window überlagert werden, bleiben dadurch erhalten. Um die Anzeige wieder zu verlassen, ist der Inhalt über die Layout-Option ([ALT] + [L] des BROWSE-Menüs zu sichern. Wurde keine Änderung an der Eintragung vorgenommen, reicht es, die [ESC]-Taste zu betätigen um das MemO-Feld zu verlassen und das Window zu schließen. Auf die gleiche

Weise ist in Verbindung mit dem APPEND- oder EDIT-Kommando zu
verfahren. Die SET WINDOW TO-Einstellung bleibt solange erhalten, bis
mit dem Kommando

```
SET WINDOW OF MEMO TO
```

- ohne Angabe der Fensterbezeichnung - die Einstellung rückgängig gemacht wird.

Die dBASE IV-Fenstertechnik ist auch hervorragend zum Einblenden von
Hilfeinformationen zu benutzen. In Verbindung mit der VARREAD()-
Funktion läßt sich sogar ein situationsbezogenes Hilfesystem für jede Ap-
plikation individuell definieren.

Im ersten Schritt ist ein Window mit entsprechenden Hilfetexten zu kreie-
ren. Für die Zuordnung der Hilfetexte ist eine Prozedur unter Einbeziehung der VARREAD()-, ON KEY- und INKEY()-Funktion zu codieren.

Zur Aktivierung ist der Funktionstaste [F1] die "Hilfe"-Prozedur zuzuordnen.

```
ON KEY F1 DO <Prozedurbezeichnung>
...
@ 4,8 ... GET <Variable-1>
@ 6,8 ... GET <Variable-2>
@ 8,8 ... GET <Variable-3>
...
READ


PROCEDURE <Prozedurbezeichnung>
ACTIVATE WINDOW <Fensterbezeichnung>
DO CASE
   CASE VARREAD() = "<Bezeichnung Variable-1>"
      ? "Siehe Hilfsfenster"
   CASE VARREAD() = "<Bezeichnung Variable-2>"
   ...
ENDCASE
? INKEY(0)
DEACTIVATE WINDOW <Fensterbezeichnung>
RETURN
```

2.3.2 Verschiedene Menütechniken

Fast alle professionellen Softwarelösungen haben eine gleichbleibende Benutzerführung. Von der angebotenen Benutzeroberfläche hängt im wesentlichen die Akzeptanz eines Softwarepaketes ab. Dieses gilt auch für
Ihre Anwendungslösungen! Fünf verschiedene Menüformen haben sich inzwischen heraus kristallisiert. Besonders populär ist die sogenannte Pull-
Down- und Lichtbalken-Menütechnik, wie sie von den meisten führenden

Softwarelösungen angeboten wird. Im Gegensatz zu seinen Clones umfaßte dBASE III PLUS bisher keine speziellen Befehle für die Erstellung von Fenster- oder Lichtbalkenmenüs. Umfangreiche Programmierarbeiten waren notwendig, um zumindest eine ähnliche Benutzerführung zu schaffen. Mit dBASE IV stehen jedoch zahlreiche solcher Kommandos zur Verfügung. Insgesamt 22 spezielle Menü-Befehle und -Funktionen sind implementiert. Zu unterteilen sind diese in Kommandos zur Deklaration von

-   Menübalken (MENU's)

-   Menübalken-Optionen (Horizontale Darstellung) (PAD's)

-   Menüfenstern (POPUP's)

-   Menüfenster-Lichtbalken (Vertikale Anordnung) (BAR's)

Bei der Anwendung der Kommandos empfiehlt es sich, im Top-Design vorzugehen. Außerdem läßt sich eine Anwendung auf diese Weise bereits vorab hervorragend strukturieren.

```
Ebene      dBASE-Kommando       Einsatzbereich

------------------------------------------------------------

  1        MENU                 Hauptmenü-Bezeichnung

  2        PAD                  Hauptmenü-Optionen

  3        POPUP                Optionen-Fenster

  4        BAR                  Untermenü-Optionen

...
```

Zur besseren Erläuterung und Zuordnung werden in der nachfolgenden Beschreibung der Kommandos folgende Bezeichnungen gewählt:

```
Ebene      Bezeichnung       Beschreibung

------------------------------------------------------------

  1        HPTM              Hauptmenü

  2        OPTn              Optionen (n = numerischer Wert)

  3        OPTnP             Menüfenster zur jeweiligen Option

  4        z                 z = Zeilennummer in einem Fenster
```

Um die gesamten 25 Zeilen eines Bildschirms für die Darstellung des Menüs nutzen zu können, sind der SCOREBOARD- und STATUS-Parameter auf OFF zu setzen. Mit SET SCOREBOARD OFF wird die Darstellung von Tastatureinstellungen, wie beispielsweise INS, in der ersten Bildschirmzeile (dBASE = Zeile 0) unterdrückt. Wiederum SET STATUS OFF gibt die letzten drei Bildschirmzeilen (dBASE-Zeile 22 - 24) für die Darstellung frei.

Als erstes ist für die Zuordnung der Menüoptionen für jedes Menü eine Bezeichnung zu vergeben. Entsprechend dem Umfang einer Applikation kann auch die Definition mehrer, teilweise ähnlicher, Menüs notwendig sein. Deklariert wird das Menü mit der Anweisung

```
DEFINE MENU <Menübezeichnung> [MESSAGE "<Erklärender Text>"]
```

Die MESSAGE-Anweisung ist optional zu verwenden. Mit ihr läßt sich
ein erklärender Text in der letzten Bildschirmzeile (24) einblenden. Der
Hinweistext kann bis zu 79 Zeichen lang sein. Zum Beispiel:

```
DEFINE MENU hptm MESSAGE "Personal-Informations-System"
```

Dieser Text wird nur dann angezeigt, wenn der nachfolgenden PAD-Op-
tion kein Hinweistext zugeordnet ist.

Mit der DEFINE MENU-Anweisung wird ausschließlich der Rahmen für
eine horizontale Menüzeile definiert. Um diese Menüzeile mit Menüoptionen zu füllen, ist das DEFINE PAD-Kommando zu verwenden. Dessen
Befehlssyntax lautet wie folgt:

```
DEFINE PAD <Pad-Bezeichnung> OF <Menübezeichnung>
       PROMPT "<Optionsbezeichnung>"
       [AT <Zeile>,<Spalte>]
       [MESSAGE "<Erklärender Text>"]
```

Jedes PAD ist Teil einer Menüanweisung. Mit der OF-Option erfolgt die
Zuordnung zu einem Menü. Wiederum mittels des PROMPT-Parameters
geschieht die Deklaration einer Menüoption.

```
DEFINE PAD opt1 OF hptm PROMPT "Option-1"
```

Ein PAD-Menüpunkt läßt sich an jeder Stelle des Bildschirms positionieren. Hierfür umfaßt der Befehl die AT-Option, die die gleiche Funktion
wie das ASCII-Zeichen "@" des SAY/GET-Kommandos hat. Die nachfolgende Anweisung plaziert den Menütext in die zweite Zeile, beginnend ab
der zweiten Spalte.

```
DEFINE PAD opt1 OF hptm PROMPT "Option-1" AT 2,2
```

Die Definition der Koordinaten für die Positionierung des Menütextes ist
optional vorzunehmen. Erfolgt sie nicht, plaziert dBASE IV den Text
automatisch in die erste Bildschirmzeile und -spalte. Alle anderen Menüpunkte ordnet dBASE IV anschließend nach einem fest vorgegebenen Al-
gorithmus an. Diese Vorgehensweise empfiehlt sich allerdings nur für ad-
hoc-Programmierung. Wer komplexe Applikationen codiert, sollte grundsätzlich alle Eventualitäten durch exakte Definition ausschließen.

Auf welches PAD bei der Aktivierung eines Menüs automatisch Zugriff
besteht, läßt sich mit dem ON SELECTION PAD-Parameter einstellen.
Außerdem ist über diesen Parameter jedem PAD direkt eine Aktion oder
ein Pull-Down-Menü zuzuordnen. Dieser Parameter hat folgende Befehlssyntax:

```
ON SELECTION PAD <Pad-Bezeichnung>
   OF <Menübezeichnung> <Anweisung>
```

Durch das ON SELECTION PAD-Kommando kann alternativ auf die Benutzung von Pull-Down-Menüs für die Funktionsauswahl verzichtet werden. Auf diese Weise läßt sich eine Applikation ausschließlich mittels Lichtbalkenmenüs steuern.

Mit der ON SELECTION PAD-Anweisung ist entweder nur ein Kommando

```
ON SELECTION PAD opt1 OF hptm QUIT
```

eine Prozedur

```
ON SELECTION PAD opt1 OF hptm PROCEDURE a
```

oder ein Programm

```
ON SELECTION PAD opt1 OF hptm DO ausw
```

aufzurufen.

Das erste Beispiel der ON SELECTION PAD-Anweisung beendet das Arbeiten mit dBASE IV. Im zweiten Fall wird eine Prozedur mit der Bezeichnung "a" aktiviert. Eine solche Prozedur kann beispielsweise auch die Abfrage nach dem geraden aktivierten Menü mit der neuen dBASE-Funktion

```
? MENU()
```

enthalten oder das gerade aktivierte PAD mit der ebenfalls neuen Funktion

```
? PAD()
```

abfragen und Aktionen daraus ableiten. Wiederum die dritte Variante ruft mit dem DO-Kommando ein Programm auf. Weiterhin läßt sich auch ein Pull-Down-Menü auf diese Weise aktivieren.

```
ON SELECTION PAD opt1 OF hptm ACTIVATE POPUP opt1p
```

Alternativ hierzu kennt dBASE IV auch noch den ON PAD-Parameter. Allerdings kann dieser Parameter ausschließlich zum Aktivieren eines Pull-Down-Menüs verwendet werden. Die Syntax dieser Einstellung lautet:

```
ON PAD <Pad-Bezeichnung> OF <Menübezeichnung>

    ACTIVATE POPUP <Popup-Bezeichnung>
```

Letztendlich wird ein im Hauptspeicher abgelegtes Menü mit dem Kommando

```
ACTIVATE MENU <Menübezeichnung>
```

aufgerufen und am Bildschirm angezeigt.

Bei dieser Variante des Menüaufrufs wird der Lichtbalken automatisch auf die erste definierte Option gesetzt. Mit der Befehlserweiterung PAD läßt sich der Cursor auf einen beliebigen Menüpunkt positionieren.

```
ACTIVATE MENU <Menübezeichnung> PAD <Pad-Bezeichnung>
```

Besonders für die Testphase ist die Anweisung

```
SHOW MENU <Menübezeichnung> [PAD <Pad-Bezeichnung>]
```

hilfreich. Sie bewirkt die Einblendung eines Menüs. Die Auswahl einer Menüoption ist damit jedoch nicht realisierbar.

Wiederum mit dem Kommando

```
DEACTIVATE MENU
```

wird ein Menü am Bildschirm gelöscht und ruht bis zum nächsten Aufruf im Hauptspeicher. Dieses Kommando kann auch in Verbindung mit der ON SELECTION PAD-Anweisung eingesetzt werden. Dadurch läßt sich eine Menüoption auf einfache Weise mit einer Aktion zum Verlassen des Menüs hinterlegen.

```
ON SELECTION PAD <Pad-Bezeichnung> OF <Menübezeichnung>
    DEACTIVATE MENU
```

Gezielt zu löschen sind Menüs im Hauptspeicher mit der

```
RELEASE MENUS <Menübezeichnung-1>,...,<Menübezeichnung-n>
```

Anweisung oder gleichzeitig alle mit

```
RELEASE MENUS
```

Außerdem lassen sich alle Menüs auch in Verbindung mit dem CLEAR-Kommando

```
CLEAR MENUS
```

aus dem Hauptspeicher entfernen. Gleichzeitig mit dem Menü werden auch alle PADs gelöscht.

Die MENU- und PAD-Kommandos bewirken ausschließlich die Darstellung des Prompt-Textes an einer bestimmten Bildschirmposition. Um diese Angaben hervorzuheben, empfiehlt es sich, das Menü mit einem Rahmen oder einer Linie zu markieren. Zu beachten ist, daß die Deklaration in einem Programm vor die ON SELECTION PAD- beziehungsweise ON PAD-Definition gesetzt wird.

Die nachfolgende Anweisung zeichnet einen Rahmen mit doppelter Linie um die Menüoptionen

```
@ 1,0 TO 4,79 DOUBLE
```

Wiederum eine Linie (ASCII-Code 196) positioniert die nächste Befehlsfolge unter das Menü

```
a 4,0 SAY REPLICATE("-",80)
```

Beim Verlassen des Menüs ist darauf zu achten, daß der Rahmen oder die
Linie separat gelöscht wird. Gezielt zu realisieren ist das durch Angabe
der Koordinaten in Verbindung mit dem CLEAR-Kommando. Der Rahmen des gewählten Beispiels wird gelöscht mit

```
a 1,0 clear to 4,79
```

und die Linie mit

```
a 4,0 clear to 4,79
```

Die Gestaltung des Popup-Menü-Rahmens hängt von der Einstellung des
SET BORDER-Parameters ab. Die Standardeinstellung ist eine einfache
Linie. Sie kann, wie unter Kapitel 2.1 beschrieben, jederzeit individuell
verändert werden.

Definiert wird ein Popup-Menü mit

```
DEFINE POPUP <Popup-Bezeichnung> FROM <Zeile1>,<Spalte1>
      [TO <Zeile2>,<Spalte2>] [PROMPT FIELD <Feldname> /
      PROMPT FILES [LIKE <Selektionskriterium>] /
      PROMPT STRUCTURE] [MESSAGE "<Erklärender Text>"]
```

Die meisten der Befehlserweiterungen sind optionale Anweisungen. Um
ein Fenster zu positionieren, ist lediglich die Eingabe

```
DEFINE POPUP opt1p FROM 4,1
```

(für unser Beispiel) vorzunehmen. dBASE IV bestimmt die Breite des
Popup-Rahmens automatisch entsprechend der längsten Eintragung in
diesem Popup-Fenster. Die Verwendung der Popup-Funktion setzt ein
Lichtbalken-Auswahlmenü (MENU- und PAD-Anweisung) nicht voraus.
Ein Popup-Window läßt sich an jede Stelle des Bildschirms positionieren
und mit verschiedenen Informationen, wie Windows, füllen. Der kleinste
darzustellende Bereich ist eine Stelle und der größte 79 Zeichen. Wurden
die Maße eines Popup-Fensters für die Darstellung eines Menüs oder einer Information zu klein gewählt, wird der Text durch Betätigung der
Cursor-Taste automatisch verschoben.

Mit der Anweisung

```
DEFINE POPUP opt2p FROM 4,10 to 12,40 PROMPT FIELD titl
```

läßt sich der Inhalt des Feldes TITL der geöffneten Datenbank darstellen.
Der PROMPT FIELD-Zusatz unterstützt auch ALIAS-Bezeichnungen, also die Darstellung von Informationen aus einer Datenbank, die in einem

anderen Arbeitsbereich geöffnet ist. Inhalt von Memo-Feldern lassen sich mit dem PROMPT FIELD-Zusatz jedoch nicht ausgeben.

Sämtliche in dem aktuellen Datenkatalog eingetragenen Datenbankdateien sind mit

```
DEFINE POPUP opt3p FROM 4,20 to 12,50 PROMPT FILES
```

in einem Fenster darzustellen. Wiederum bestimmte Dateien von der Anzeige ausschließen lassen sich mit

```
DEFINE POPUP opt4p FROM 4,30 to 12,60
      PROMPT FILES LIKE <Ausdruck>
```

Alle Felder der aktivierten Datenbank oder entsprechend der Definitionen der SET FIELDS-Liste können mit

```
DEFINE POPUP opt5p FROM 4,30 to 12,60 PROMPT STRUCTURE
```

in einem Popup-Fenster dargestellt werden.

Letztendlich läßt sich jeder Anzeige auch ein Hinweistext zuordnen:

```
DEFINE POPUP ......
MESSAGE "Inhalt des TITL-Feldes der ..."
```

Die drei vorgestellten PROMPT-Optionen sind nur alternativ zu verwenden. Mit dem Kommando können nicht gleichzeitig Feldinhalte oder Dateien selektiert werden. Für jede Option ist eine getrennte Anweisung zu geben.

Um die definierten Funktionen eines Popup-Fenster für die Auswahl zur Verfügung zu stellen, ist das Kommando

```
ON SELECTION POPUP <Popup-Bezeichnung>
```

für die Zuordnung der Funktionen eines Fensters zu wählen. Alle Popup-Fenster lassen sich mit der

```
ON SELECTION POPUP ALL
```

Anweisung auswählen. Zusätzlich sind jedem Popup-Fenster auch Kommandos zuzuordnen. Die Befehlsfolge

```
ON SELECTION POPUP opt2p USE data
```

bewirkt, daß die erste ausgeführte Aktion nach Aktivierung des Fensters die Aktivierung der Datenbank "Data" ist.

Auf dem Bildschirm darstellen läßt sich ein Popup-Menü mit der Anweisung

```
ACTIVATE POPUP <Popup-Bezeichnung>
```

Es kann immer nur ein Popup-Menü zur gleichen Zeit aktiviert werden. Ruft ein Popup-Menü ein anderes Popup-Menü auf, ersetzt das Zweite die Darstellung des Ersten. Erst nachdem das zweite Menü desaktiviert wurde, wird das vorhergehende Menü wieder angezeigt. Aktiviert werden können nur Popup-Fenster, denen mindestens eine BAR-Option zugeordnet ist.

Mit

```
SHOW POPUP <Popup-Bezeichnung>
```

läßt sich ein Popup-Fenster ausschließlich am Bildschirm darstellen. Funktionen sind bei der Anwendung dieses Befehls nicht zu aktivieren.

Identisch zur MENU-Funktion ist auch die Desaktivierung eines am Bildschirm angezeigten Popup-Windows. Einzusetzen ist hierfür das Kommando

```
DEACTIVATE POPUP
```

Durch diese Anweisung wird das Popup-Fenster zum Wiederaufruf im Hauptspeicher abgelegt. Dort bleibt es solange gespeichert, bis es mit dem Befehl

```
RELEASE POPUPS <Popup-Bezeichnung1>,...,<Popup-Bezeichnung-n>
```

gezielt gelöscht wird. Erfolgt der Einsatz des RELEASE POPUPS-Kommandos ohne eine Popup-Fensterliste, werden alle aktivierten Popup-Fenster gelöscht. Zur Wiederverwendung sind sie neu zu definieren. Die gleiche Funktion wie RELEASE POPUPS ohne Fensterliste hat auch das Kommando

```
CLEAR POPUPS
```

Mit ihm lassen sich ebenfalls alle Popup-Einträge im Hauptspeicher löschen.

Vorzugsweise sind Popup-Fenster für die Darstellung von Menüs zu verwenden. Die Menüeinträge werden über das DEFINE BAR-Kommando definiert.

```
DEFINE BAR <Interne Fenster-Zeilennummer>
        OF <Popup-Bezeichnung>
        PROMPT "<Funktionsbezeichnung>"
        [MESSAGE "<Erklärender Text>"]
        [SKIP [FOR "<Ausdruck>"]]
```

Ein BAR ist ein Leuchtbalken, dem eine Aktion zugeordnet ist. Ohne die BAR-Funktion lassen sich Popup-Menüs nicht für die direkte Menüauswahl einsetzen. Die BAR-Funktion ist nur in Verbindung mit Popup-Menüs zu verwenden. Die Definition einer Lichtbalken-Menüoption geschieht wie folgt

```
DEFINE BAR 1 OF opt1p PROMPT "Funktion-1"
```

oder

```
DEFINE BAR 2 OF opt1p PROMPT "Funktion-2"
        MESSAGE "Durch Betätigung der RETURN-Taste
              bestätigen Sie Ihre Wahl"
```

Mittels der SKIP-Option wird ein Feld von der Auswahl ausgeschlossen. Auf diese Weise kann ein Menüpunkt auch über mehrere Zeilen definiert werden. Außerdem lassen sich Menüoptionen in einem Popup-Fenster durch Linien funktional unterteilen. Die nachfolgende Anweisung bewirkt, daß eine doppelte Linie (ASCII-Code 205) zwischen zwei Menüpunkte gezogen wird.

```
DEFINE BAR 3 opt1p PROMPT REPLICATE("=",18) SKIP
```

Zu beachten ist, daß jeweils 2 Stellen der definierten Fensterbreite für die Darstellung des Rahmens reserviert sind. Bei einem 20 Stellen breiten Fenster verbleiben dementsprechend noch 18 Stellen für die Menüanzeige. Um in dem gewählten Beispiel keinen 18 Zeichen langen Balken zeichnen zu müssen, wird der REPLICATE-Befehl eingesetzt. Er teilt dem System mit, daß das Zeichen für die doppelte Linie 18 Mal einzutragen ist. Wiederum die SKIP-Erweiterung bewirkt, daß der Menübalken diese Linie überspringt.

Die Auswahl der Menüoptionen in einem Fenster erfolgt durch vertikale Verschiebung des Lichtbalkens. Aktiviert wird eine Funktion durch Betätigung der RETURN-Taste. Zur Identifizierung der getroffenen Auswahl enthält dBASE IV die BAR()-Funktion. Diese Funktion wird beispielsweise in Verbindung mit dem CASE-Kommando zum Start von Aktionen wie folgt eingesetzt:

```
...
DO CASE
   CASE BAR() = 1
      DO <Programm>
   CASE BAR() = 2
   ...
ENDCASE
...
```

Mit der

```
POPUP()
```

Funktion läßt sich das gerade aktivierte Popup-Fenster abfragen.

Eine weitere neue dBASE IV-Funktion zum Einsatz in dieser Befehlsgruppe ist

```
PROMPT()
```

In Verbindung mit MENU- oder POPUP-Kommandos gibt sie die Beschreibung der ausgewählten Option wieder. Außerdem läßt sich damit der Feldinhalt, der komplette Dateiname und die Felder einer Datenbank bei Verwendung des DEFINE POPUP-Befehls gemeinsam mit der PROMPT-Option FIELD, FILES oder STRUCTURE ermitteln.

2.3.3 Erweiterte Programmkonstruktionen

Zur Definition von Programmschleifen und Verzweigungen in Applikationen umfaßt die dBASE-Sprache verschiedene Funktionen. Bereits mit dBASE III PLUS bestand Zugriff auf

```
- IF...ELSE...ENDIF - Verzweigungen
- DO CASE...OTHERWISE...ENDCASE - Mehrfachverzweigungen
- DO WHILE...ENDWHILE - Schleifenbildung
```

Zusätzlich im dBASE IV-Sprachumfang implementiert ist die

```
- SCAN...ENDSCAN - Programmkonstruktion.
```

Sie ist weitestgehend identisch zur DO WHILE-Schleife, läßt sich aber nur in Verbindung mit Datenbank-Operationen einsetzen. Ihre Vorteile gegenüber DO WHILE sind eine wesentlich verbesserte Ausführgeschwindigkeit und eine verkürzte Schreibweise.

Abhängig vom logischen Ausdruck einer Bedingung führt eine IF-Anweisung zu einer Aktion. Eine IF-Konstruktion wird nur einmal abgefragt. Trifft die Bedingung zu, wird die nachfolgend definierte Aktion ausgeführt. Andernfalls wird die Programmausführung mit der ersten, einem ENDIF-Befehl folgenden Anweisung, fortgesetzt. IF-Verzweigungen lassen sich ineinander verschachteln. Mit dem ELSE-Zusatz kann eine weitere Alternative in die Bedingung eingebracht werden.

```
IF <Bedingung>

   <Aktion>

[ELSE

   <Aktion>]

ENDIF
```

Nachfolgendes Beispiel zeigt die Anwendung von IF bei der Auswertung von offenen Posten. Die Zahlung der Rechnungsbeträge, die seit mehr als 30 Tagen (ZEIT) fällig sind, ist zu mahnen.

```
...
IF zeit > 30
   DO mahnung
ENDIF
...
```

Jedoch nicht bei den Kunden mit denen bisher DM 100.000 und mehr
Umsatz (UMSA) gemacht wurde. Diese Posten sind auf einer separaten
Liste aufzuführen.

```
...
IF zeit > 30
   IF umsa > 100000
      DO liste
   ELSE
      DO mahnung
ENDIF
...
```

Außerdem ist bei der Art des Mahnschreibens zwischen Zahlungserinne-
rung (über 30 Tage), 2. Mahnung (über 60 Tage) und letzter Mahnung
(über 90 Tage) sowie Mahnbescheid (über 120 Tage) zu unterscheiden.

```
...
IF zeit > 30
   IF umsa > 100000
      DO liste
   ELSE
      IF zeit < 61
         DO erinnerung
      ELSE
         IF zeit < 91
            DO mahn2
         ELSE
            IF zeit < 120
               DO mahn3
            ELSE
               DO mahnb
            ENDIF
         ENDIF
      ENDIF
   ENDIF
ENDIF
...
```

Wesentlich eleganter lassen sich Programmkonstruktionen mit mehrfachen
Verzweigungen mit Unterstützung der CASE/ENDCASE-Anweisung realisieren. Im Gegensatz zu IF-Verzweigungen müssen CASE-Anweisungen

nicht endlos verschachtelt werden, damit zwischen mehreren Möglichkeiten zu wählen ist. Eine CASE-Anweisung basiert auf folgender Befehlssyntax:

```
DO CASE

   CASE <Bedingung>

      <Aktion>

      ... [Weitere CASE-Bedingungen und Aktionen]

   [OTHERWISE

      <Aktion>]

   ENDCASE
```

Mit DO CASE wird eine CASE-Konstruktion geöffnet und mit END-
CASE ist diese zu schließen. Dazwischen lassen sich beliebig viele CASE-
Bedingungen definieren und Aktionen zuordnen, jedoch jeweils immer
nur einmal OTHERWISE. Die OTHERWISE-Bedingung hat bei CASE die
gleiche Funktion wie ELSE bei einer IF-Verzweigung. Sie dient als "Sam-
melbecken" für alle nicht auf CASE zutreffenden Bedingungen. Die
OTHERWISE-Funktion läßt sich wahlweise einzusetzen. Sie ist nur dann
zu verwenden, wenn eine Eingabe auf jeden Fall zu einer Aktion führen
soll (Wenn keine andere zutrifft, dann ...). Sollen nicht zutreffende Eingaben zu keiner bestimmten Aktionen führen, ist auf die OTHERWISE-Op-
tion in einer CASE-Konstruktion zu verzichten.

Der ideale Einsatzbereich für CASE ist in Verbindung mit Auswahlmenüs. Nachfolgend eine vereinfachte, aber am meisten benötigte Programmkonstruktion.

```
...
eing = " "
...
@ 4,10 SAY "<A> = Adressverwaltung"
@ 6,10 SAY "<F> = Finanzbuchhaltung"
...
@ 16,10 SAY "<D> = Datensicherung"
...
SET CONSOLE OFF
WAIT TO eing
SET CONSOLE ON
DO CASE
   CASE eing = "A"
      DO adressen
```

```
        CASE EING = "F"
           DO fibu
        ...
        CASE eing = "D"
           CLOSE ALL
           CLEAR ALL
           CLEAR
           @ 10,10 SAY "Datenträger in Laufwerk A einlegen"
           @ 12,10 SAY "und anschließend [ ]-Taste betätigen."
           SET CONSOLE OFF
           WAIT
           SET CONSOLE ON
           ! COPY *.DBF A:
        ...
     ENDCASE
     ...
```

Damit in einem Programm eine Aktion solange durchlaufen wird, bis eine
Bedingung erfüllt ist, sind sogenannte Programmschleifen zu bilden. Pro-
grammschleifen werden beim Einsatz von dBASE mit Unterstützung der
DO WHILE-Konstruktion definiert. Das DO WHILE-Kommando bewertet
einen Ausdruck und führt diesen solange aus, bis dessen Wert nicht mehr
"Wahr" (True) sondern "Falsch" (False) ist. Erkennt DO WHILE, daß eine
Bedingung nicht mehr zutrifft, beendet es die Aktion, und das Programm
führt den einer ENDDO-Anweisung folgenden Befehl aus.

```
     DO WHILE <Ausdruck>

        <Aktion>

        [LOOP]

        [EXIT]

     ENDDO
```

Der Anwendungsbereich für DO WHILE-Konstruktionen ist äußerst vielfältig. DO WHILE ist sowohl in Verbindung mit Menüs, Berechnungen,
Berichts- und Etikettendruck oder sonstigen Datenselektion einzusetzen.

Im nachfolgenden Beispiel bewirkt die DO WHILE-Konstruktion einen
Seitenvorschub beim Erreichen der vorgegebenen Zeile.

```
USE <Datenbank>
GO TOP
zeile = 1
DO WHILE zeile < 66
   ? <Datenfeld1>, <Datenfeld2> ...
   zeile = zeile + 1
   SKIP
ENDDO
EJECT
```

In Verbindung mit DO WHILE sind auch die Befehle LOOP und EXIT
einzusetzen. Das LOOP-Kommando bewirkt einen Rücksprung im Programm und der EXIT-Befehl führt zur Beendigung einer Aktion. Das
nachfolgende Beispiel zur Paßwort-Abfrage umfaßt die Anwendung verschiedener Konstruktionen und deren Erweiterungen. Um Zutritt zu einer
Applikation zu erhalten, hat jeder Anwender drei Versuche. Hat er beim
dritten Mal immer noch nicht das richtige Paßwort eingegeben, meldet
sich das System ab. Das Benutzerprofil ist in der Datei "Benutz" gespeichert, und das Feld "Pass" enthält das Paßwort der einzelnen Benutzer.

```
SET TALK OFF
SET STAT OFF
RELEASE ALL
CLEAR
zutr = 1
DO WHILE zutr <> 4
   @ 6,20 SAY "Persönliches Paßwort eingeben"
   @ 8,20 SAY "-----------------------------"
   @ 10,20
   SET CONSOLE OFF
   ACCEPT TO pasw
   SET CONSOLE ON
   USE benutz
   GO TOP
   LOCATE FOR pass = pasw
   IF EOF() .OR. BOF()
      @ 14,20 SAY "Dieses Paßwort kenne ich nicht !"
      zutr = zutr + 1
      LOOP
   ELSE
      DO anwendung
   ENDIF
ENDDO
@ 14,20 CLEAR TO 14,79
@ 14,20 SAY "Sie haben keine Zugangsberechtigung"
```

```
SET TALK ON
SET STAT ON
RETURN
```

Erstmals mit dBASE IV besteht zusätzlich noch auf eine vierte Variante
zur Bildung von Programmkonstruktionen - SCAN/ENDSCAN - Zugriff.
Mit diesem Befehl kann der Satzzeiger auf Datensätze positioniert und
deren Inhalt verändert werden. Der SCAN-Vorgang beginnt in der Regel
am Anfang einer Datenbank oder vom ersten Datensatz einer Index-Datei
aus. Wird der Definition des Gültigkeitsbereiches NEXT oder RECORD
vorangestellt, so erfolgt der SCAN-Vorgang ab diesem Datensatz. Weiterhin lassen sich mit der FOR-Bedingung die für eine Aktion zu verwendenen Datensätze eingrenzen. Außerdem ist innerhalb einer SCAN-
Konstruktion eine WHILE-Bedingung zu definieren. Wie beim Arbeiten
mit DO WHILE lassen sich auch beim Einsatz von SCAN/ENDSCAN-
Konstruktionen das LOOP- und EXIT-Kommando einbeziehen. LOOP
verfügt einen Rücksprung an den Anfang der SCAN-Anweisung. EXIT
beendet die Ausführung eines SCAN-Prozesses. Die Befehlssyntax der
SCAN/ENDSCAN-Konstruktion lautet wie folgt:

```
SCAN [<Gültigkeitsbereich>] FOR <Bedingung>
     [WHILE <Bedingung>]

     <Aktion>

     [LOOP]

     [EXIT]

ENDSCAN
```

Nachfolgendes Beispiel zeigt die Unterschiede zwischen einer DO
WHILE- und SCAN-Programmkonstruktion.

```
USE adressen
GO TOP
LOCATE FOR plz = "8000"
DO WHILE .NOT. EOF()
   DO liste WITH firma, name, ort, telefon
   CONTINUE
ENDDO

USE adressen
SCAN FOR plz = "8000"
   DO liste WITH firma, name, ort, telefon
ENDSCAN
```

2.3.4 Richtige Dateneintragung sicherstellen

Die Eingabe von Daten erfolgt bei dBASE üblicherweise über eine @...
SAY...GET-Anweisung. Diese Funktion wurde in dBASE IV um zahlreiche Optionen ergänzt. Neben einer Zeichenschablone (= PICTURE) und
der Festlegung des Eingabebereichs (= RANGE) sind GET weitere sechs
Optionen zuzuordnen. Desweiteren ist SAY um die FUNCTION-Option
erweitert. Außerdem ist die Anweisung noch um die COLOR-Funktion
ergänzt worden. Die umfangreiche Syntax dieses Befehls ist wie folgt:

```
a <Zeile>,<Spalte>


   [SAY <Ausdruck>
        [PICTURE <Zeichenschablone>]
        [FUNCTION <Funktionsliste>]]


   [GET <Variable/Feldname>
        [[OPEN] WINDOW <Fensterbezeichnung>]
        [PICTURE <Zeichenschablone>]
        [FUNCTION <Funktionsliste>]
        [RANGE [<untere Grenze>],[<obere Grenze>]]
        [VALID <Bedingung> [ERROR <Fehlermeldung>]]
        [WHEN <Bedingung>]
        [DEFAULT <Ausdruck>]
        [MESSAGE <Mitteilung>]]


   [COLOR [<SAY-Feld>] [, <GET-Feld>]]
```

Für die Positionierung der Eingabeaufforderung sind die Koordinaten
mittels @ Zeile,Spalte festzulegen. In der sechsten Zeile und ab der zehn-
ten Spalte erfolgt eine Bildschirmanzeige mit der Anweisung

```
a 6,10 ...
```

Um den Inhalt einer Variable oder eines Datenfeldes am Bildschirm anzuzeigen, ist der Koordinatenanweisung der SAY-Befehl, gefolgt von der
Datenfeldbezeichnung, hinzuzufügen.

```
a 6,10 SAY name ...
```

Alternativ kann für die Darstellung des Feldinhaltes eine Zeichenschablone definiert werden. Jeder Zeichenschablone ist die PICTURE-Anwei-
sung voranzustellen.

```
a 6,10 SAY name PICTURE "!"
```

Das Ausrufezeichen bewirkt, daß das erste Zeichen als Großbuchstabe
dargestellt wird.

Ob es sich bei einem Betrag um ein Guthaben (positive Zahl) oder eine
Verbindlichkeit (negativer Wert) handelt, läßt sich unter anderem über die
FUNCTION-Option kennzeichnen.

```
@ 8,8 SAY zahl FUNCTION "C"
```

(Die von dBASE IV unterstützten PICTURE- und FUNCTION-Symbole
sind äußerst vielfältig und in ihrer Anwendung sehr stark reglementiert.
In Zusammenhang mit der Beschreibung von GET...PICTURE/FUNC-
TION werden sie ausführlich vorgestellt.)

In den meisten Fällen wird das SAY-Kommando jedoch nicht zur Darstellung von Werten, sondern für Eingabeaufforderungen benutzt.

```
@ 6,10 SAY "Kundenname " ...
```

Dieser Aufforderung ist über das GET-Kommando einer Variablen oder
einem Datenfeld zuzuweisen. Für die Steuerung der weiteren Programmausführung wird eine Variable benutzt, ein Datenfeld für die Erfassung
von Informationen in eine Datenbankdatei.

```
@ 6,10 SAY "Kundenname " GET name
```

Optional lassen sich anschließend acht verschiedene Funktionen zuordnen.
Eine Zeichenschablone wird mittels der PICTURE-Klausel definiert. Sie
kann sowohl für eine Variable, als auch für Datenfelder eingesetzt
werden.

```
@ 6,10 SAY "Kundenname " GET name
       PICTURE "!AAAAAAAAAAAAAAAAAAAA"
```

Mit dieser Zeichenschablone wird festgelegt, daß nur Buchstaben einzugeben sind. Numerische Werte werden bei der Dateneingabe in diesem
Fall nicht angenommen. Automatisch wird das erste eingegebene Zeichen
in einen Großbuchstaben umgewandelt.

dBASE IV unterstützt folgende PICTURE-Symbole:

!   Wandelt alle Zeichen bei der Eingabe in Großbuchstaben um.

\#   Akzeptiert nur Ziffern, Leer- und Vorzeichen.

\$ Darstellung von Zahlen im Währungsformat.

*   Ersetzt führende Nullen durch Sterne.

,   Anzeige nur in Verbindung mit Dezimalwerten.

.   Spezifiziert die Dezimalstelle.

9   Erlaubt nur die Eingabe von Ziffern.

A   Erlaubt nur die Eingabe von Buchstaben.

L   Erlaubt nur die Eingabe von logischen Werten.

N   Erlaubt die Eingabe von Ziffern und Buchstaben.

X   Erlaubt die Eingabe aller Zeichen.

Y   Erlaubt nur die Eingabe von Y(es) und N(o).

Neu in dBASE IV hinzugekommen ist der Punkt zur Markierung einer Dezimalstelle.

Alternativ zur Zeichenschablone lassen sich auch Funktions-Parameter für eine Variable vergeben.

```
a 6,10 SAY "Wochentag auswählen " art
       FUNCTION "M Firma,Frau,Herrn"
```

Die Function "M" (= Multiple Choice) bietet drei Eintragungen zur Auswahl an. Selektiert wird der benötigte Wert durch Betätigung der [LEER]-Taste. Nacheinander lassen sich damit die einzelnen Optionen einblenden. Mit der [RETURN]-Taste erfolgt die Datenübernahme. Wichtig ist, das die Variable vorher so groß wie der längste Ausdruck definiert wurde (nam = "   ") . Ansonsten lassen sich nur Teile der Option übernehmen. Weitere 17 Funktionen unterstützt dBASE IV.

Sieben der 18 von dBASE angebotenen FUNCTION-Klauseln stehen erstmals mit dBASE IV zur Verfügung. Zur besseren Unterscheidung sind sie mit einem Stern (*) gekennzeichnet.

!   Wandelt alle Zeichen bei der Eingabe in Großbuchstaben um.

*^   Darstellung von Zahlen in wissenschaftlicher Schreibweise.

*$ Darstellung von Zahlen im Währungsformat.

(Negative Zahlen werden in Klammern gesetzt.

A   Akzeptiert nur Buchstaben.

B   Stellt Text (numerische Werte) linksbündig dar.

C   Markiert eine positive Zahl mit CR (= Credit).

D   Zeigt ein Datum entsprechend der mit dem SET DATE- Parameter getroffenen Vereinbarung an.

E   Darstellung im europäischen Datumsformat.

*I   Zentriert den Text in einem Datenfeld.

*J   Stellt Text rechtsbündig dar.

*L   Zeigt führende Nullen an.

*M   Definition einer Auswahlliste.

R   Darstellung von Literalen, die jedoch nicht übernommen werden.

S <n>   Begrenzt den Anzeigebereich eines Feldes und verschiebt die
         Zeichen innerhalb des Feldes in Spalten. Für ein "n" ist ein
         numerischer Wert einzutragen.

*T   Schneidet führende und nachfolgende Leerstellen eines Feldes ab.

X   Markiert eine negative Zahl mit DB (= Debit).

Z   Darstellung einer Null als Leerzeichenfolge.

Zahlreiche Funktionen lassen sich auch kombiniert anwenden. Desweiteren sind einige Funktionen auch in Zeichenschablonen zu verwenden. Zur
Unterscheidung ist ihnen ein "@" (ASCII-Zeichen 64) voranzustellen.

Auch Windows können in eine SAY/GET-Anweisung einbezogen werden.
Die Eingabe von Werten in ein Memo-Feld läßt sich wie folgt realisieren:

```
USE <Datenbank>
APPEND BLANK
a 8,8 SAY "Bemerkung " <Feldname>
       OPEN WINDOW <Fensterbezeichnung>
READ
```

Zu beachten ist, daß die SAY-Koordinaten lediglich die Positionierung
des Hinweistextes beeinflussen. Das Fenster wird entsprechend der mit
DEFINE WINDOW vorgenommenen Definition plaziert.

Mittels der RANGE-Option läßt sich der Eingabebereich für einen Wert
festlegen. RANGE ist sowohl in Verbindung mit numerischen, alphanumerischen und Datums-Formaten einzusetzen. Eine typische Anwendung
von RANGE ist die Überprüfung von PLZ-Bereichen bei der Adresser-
fassung.

```
a 8,8 SAY "Postleitzahl " GET plz RANGE "1000","8999"
```

Wird ein Fehleintrag vorgenommen, erfolgt automatisch eine Mitteilung
durch dBASE IV (RANGE is 1000 to 8999 (press SPACE)).

Mit der MESSAGE-Funktion lassen sich individuelle Meldungen in der
letzten Bildschirmzeile ausgeben. MESSAGE ist auch in Verbindung mit
den anderen GET-Optionen einzusetzen.

```
a 8,8 SAY "Match-Code " GET matc PICTURE "9999!!!!"
      MESSAGE "Stellen 1-4 PLZ, 5-8 Die ersten vier
            Buchstaben des Kundennamens"
```

In diesem Fall wird ein Hinweistext zum Aufbau des Match-Codes eingeblendet.

Gerade bei Massendatenerfassungen kommt es vor, daß verschiedene Werte ganz besonders häufig einzugeben sind. Mit der DEFAULT-Klausel

kann ein Wert für die Dateneingabe vorgegeben werden. Einzusetzen ist die Funktion nur in Verbindung mit Datenbankeintragungen.

```
USE <Datenbank>
APPEND BLANK
a 8,8 SAY "Ort " GET ort DEFAULT "Frankfurt"
READ
```

Der Wert wird in dem Datenfeld angezeigt und ist jederzeit mit einem anderen Wert zu überschreiben. Soll der vorgegebene Wert übernommen werden, bedarf es nur der Betätigung der [RETURN]-Taste.

Der Zugang zu einem GET-Feld läßt sich beim Einsatz von dBASE IV von einer bestimmten Konstellation abhängig machen. Hierfür umfaßt die GET-Option mit WHEN und VALID zwei Klauseln. Wurde ein Datenfeld mit einer WHEN-Abfrage hinterlegt, prüft das System beim Zugriff auf das Feld, ob die Bedingung erfüllt ist. Wenn das nicht der Fall ist, kann keine Dateneintragung vorgenommen werden, und der Cursor wird auf das nächste Feld positioniert. Damit läßt sich auf einfache Weise ein Zugriffsschutz für ein Feld definieren. Mittels einer Eröffnungsroutine wird ein Berechtigungscode abgefragt.

```
CLEAR
a 8,0
ACCEPT "Berechtigungsstufe eingeben " TO code
...
a 8,8 SAY "Rechnungsbetrag " GET rech PICTURE 999999.99
        WHEN code = "234"
```

Mit der VALID-Option lassen sich Eingabefelder mit Bedingungen hinterlegen. Nur wenn die VALID-Bedingung erfüllt ist, kann die Eingabe fortgesetzt werden. Dadurch sind entweder komplette Datenbestände oder Teilbereiche vor unberechtigtem Zugriff zu schützen.

```
code = "4321"
USE <Datenbank>
APPEND BLANK
a 8,8 SAY "Mitarbeiter-Schlüssel " GET schl
        VALID code = "4321"
```

In eine VALID-Bedingung lassen sich auch benutzerdefinierte Funktionen einbinden. Dadurch ergibt sich ein unbegrenzter Anwendungsbereich dieser Funktion. Die Definition aufwendiger Paßwort-Systeme gehört damit der Vergangenheit an.

Jeder VALID-Option ist mittels ERROR eine eigene Fehlermeldung zuzuordnen. Diese überschreibt die von dBASE IV ansonsten ausgegebene Standardmeldung.

```
a 8,8 SAY "Mitarbeiter-Schlüssel " GET nume
```

```
        VALID code = "8888" ERROR "Sie haben keinen Zutritt"
```

Letztendlich ist mit der COLOR-Option die Farbeinstellung für ein Datenfeld zu bestimmen. Der erste Farbparameter definiert die Vorder- und Hintergrundfarbe für die Darstellung des SAY-Textes. Die Farbzuweisung für das GET-Eingabefeld geschieht über den zweiten Parameter. Auf diese Weise lassen sich beispielsweise Schlüssel- oder nur Anzeigefelder gegenüber anderen Datenfeldern besonders markieren.

```
    a 8,8 SAY "Kundennummer " GET kunn COLOR W+/B,R/W
```

Damit wird der Text "Kundennummer" in leuchtend Weiß auf blauem Hintergrund und das Eingabefeld "kunn" grau hinterlegt dargestellt. Die Eingabe von Werten erfolgt in rot. Die COLOR-Klausel hat eine höhere Priorität als der SET COLOR-Parameter und ignoriert die vorgegebenen Farbeinstellungen.

Mit den SAY/GET-Kommandos lassen sich Daten und Texte nicht nur am Bildschirm positionieren, sondern alternativ auch über einen Drucker ausgeben. Dazu ist die Bildschirmanzeige mit

```
    SET DEVICE TO PRINTER
```

auf einen Drucker umzuleiten. Selbstverständlich können in diesem Fall alle bildschirmorientierten SAY/GET-Optionen nicht verwendet werden. Bei der Definition der Druckausgabe werden bis zu 255 Spalten unterstützt. Außerdem lassen sich Seiten mit einer maximalen Größe von bis zu 32.767 Zeilen adressieren. Durch diesen theoretischen Wert sind keinerlei Grenzen mehr bei der Druckformatfestlegung gesetzt. Eine auf den Drukker umgeleitete Datenausgabe kann wie folgt definiert werden:

```
   ...
USE <Datenbank>
GO TOP
zeile = 4
SET DEVICE TO PRINT
EJECT
   a zeile,10 SAY "UMSATZBERICHT MONAT "
   a zeile,30 SAY <Variable>
DO WHILE .NOT. EOF()
   zeile = zeile + 2
   a zeile,10 SAY <Datenfeld>
   ...
   SKIP
   IF zeile > 66
      EJECT
      zeile = 6
   ENDIF
ENDDO
```

```
EJECT
SET DEVICE TO SCREEN
...
```

2.3.5 Auf andere Arbeitsbereiche zugreifen

Wie dBASE III PLUS erlaubt auch dBASE IV das gleichzeitige Arbeiten
mit zehn Datenbankdateien. Um die Files parallel zueinander öffnen zu
können, ist die Einrichtung von entsprechend vielen Arbeitsbereichen
notwendig. Realisiert wird das in dBASE III PLUS wie folgt:

```
SELECT 1
USE <Datenbank-1>
SELECT 2
USE <Datenbank-2>
SELECT 3
USE <Datenbank-3>
...
SELECT 10
USE <Datenbank-10>
```

Mit dBASE IV bedarf die Eröffnung von Arbeitsbereichen nur einer Programmzeile:

```
USE <Datenbank-1>
USE <Datenbank-2> IN 2
USE <Datenbank-3> IN 3
...
USE <Datenbank-10> IN 10
```

Statt der Zahlen lassen sich auch Buchstaben (A - J) verwenden.

Um auf die gleiche komfortable Weise auf Datenbanken in nicht ausgewählten Arbeitsbereichen zugreifen zu können, unterstützen 28 Kommandos den erweiterten ALIAS-Support von dBASE IV.

Eine erweiterte ALIAS-Unterstützung bieten auch die nachfolgend näher
beschriebenen sechs Befehle.

```
DISPLAY STRUCTURE IN <Arbeitsbereich>
```

Die Struktur einer Datenbank in einem nicht ausgewählten Arbeitsbereich
zeigt die Befehle DISPLAY STRUCTURE und LIST STRUCTURE. Der
Befehlsaufbau der Kommandos ist identisch. Die beiden Befehle unter-
scheiden sich im wesentlichen dadurch, daß DISPLAY STRUCTURE die
Bildschirmanzeige stoppt, sobald der Monitor gefüllt ist. LIST STRUC-
TURE gibt die einzelnen Datenfelder solange aus, bis es den letzten
erreicht hat. Aus diesem Grund wird LIST STRUCTURE auch für die
Strukturausgabe auf einen Drucker verwendet.

```
GO [TOP/BOTTOM/<Satznummer>] IN <Arbeitsbereich>
```

Der GO- beziehungsweise GOTO-Befehl positioniert den Satzzeiger auf
einen bestimmten Datensatz in einer Datenbank.

```
RESET IN <Arbeitsbereich>
```

Die RESET-Anweisung gibt eine Datenbank für eine neue Transaktion
frei.

```
SKIP [<Variable/zahl>] IN <Arbeitsbereich>
```

Mittels SKIP wird der Satzzeiger auf den nächsten (ohne Wertangabe)
oder um mehrere Sätze (mit Wertangabe) verschoben.

```
UNLOCK [ALL/IN <Arbeitsbereich>]
```

Das UNLOCK-Kommando hebt Satz- und Dateisperren im LAN-Betrieb
auf. Mit ALL werden alle Sperren aufgehoben. IN <Arbeitsbereich> hebt
die Sperre in einem nicht ausgewählten Arbeitsbereich auf. UNLOCK
ohne Zusätze entfernt die Sperren im aktivierten Arbeitsbereich.

Ebenso unterstützen die nachfolgenden 21 Funktionen den Zugriff auf eine Datenbank in einem nicht ausgewählten Arbeitsbereich. Zahlreiche
dieser Funktion stehen ebenfalls erst mit dBASE IV zur Verfügung. Die
LOOKUP()-Funktion und SEEK wird im nächsten Kapitel ausführlich
beschrieben.

```
? BOF([<Arbeitsbereich>])
```

Die BOF()-Funktion teilt mit, ob der Satzzeiger am Anfang einer Datei
steht. Der übergebene Wert ist entweder .F. für nicht zutreffend oder .T.
für zutreffend. Ohne Angabe des Arbeitsbereiches wird die im aktuellen
Arbeitsbereich eröffnete Datenbank abgefragt.

```
? CHANGE()
```

Mittels CHANGE() läßt sich beim Netzwerkbetrieb ermitteln, ob der Inhalt eines Datensatzes verändert wurde.

```
? DBF([<Arbeitsbereich>])
```

Diese Funktion ermittelt den Namen der in einem Arbeitsbereich geöffneten Datenbank. Die Bezeichnung setzt sich aus der Laufwerkskennung,
der Dateibezeichnung und der .DBF-Kennzeichnung zusammen. Auf diese
Weise kann über eine Abfrage sichergestellt werden, daß die richtige Datenbank für die Operation im Zugriff ist.

```
datei = "D:TEMP.DBF"
IF datei = DBF()
   LIST ALL OFF
ENDIF
```

Mit

```
? DELETED([<Arbeitsbereich>])
```

identifiziert dBASE Datensätze die logisch gelöscht wurden. Bekanntlich unterscheidet dBASE zwischen physikalischer und logischer Löschung. Physikalisch (PACK-Kommando) kann ein Datensatz erst dann gelöscht werden, wenn er vorher mit DELETE logisch gelöscht wurde.

```
? EOF([<Arbeitsbereich>])
```

EOF (= End of File) ist das Gegenstück zu BOF (= Beginning of File). Die Funktion teilt mit, ob das Ende einer Datenbank erreicht wurde.

```
? FIELD(<Variable/Zahl> [,<Arbeitsbereich>])
```

Mittels dieser Funktion ist gezielt der Feldname einer Datenbankstruktur abzufragen.

```
? FLOCK([<Arbeitsbereich>])
```

Arbeiten mehrere Benutzer mit dBASE IV in einem Netzwerk läßt sich feststellen, welche Datenbank in welchem Arbeitsbereich gesperrt ist. Gemeinsam mit dem dBASE IV Zugriffswiederholungsparameter SET RE-PROCESS läßt sich damit der Zugriff auf eine Datenbank beliebig oft wiederholen. Sobald die Datei von einem anderen Benutzer freigegeben wurde, wird sie automatisch gesperrt. Der Wiederholungswert kann zwischen 1 und 32.000 Versuchen liegen. Erst nachdem sämtliche Versuche erfolglos waren, gibt er eine Meldung aus.

```
SET REPROCESS TO 1000
IF .NOT. FLOCK(6)
   CLEAR
   ? chr(7), chr(7)
   @ 10,10 SAY "Die Datenbank konnte nicht gesperrt werden"
   WAIT
ELSE
   DO <Aktion>
ENDIF
```

Ebenfalls eine ganz besonders wertvolle Funktion ist

```
? FOUND([<Arbeitsbereich>])
```

Sie wird in Verbindung mit FIND, LOCATE, SEEK oder CONTINUE eingesetzt und übergibt den logischen Wert True (.T.), wenn ein Suchvorgang erfolgreich war.

```
SEEK <Variable>
IF FOUND(6)
   ? "Information in Arbeitsbereich 6 gefunden"
ENDIF
```

Ob gerade Veränderungen an einer Datei vorgenommen werden prüft

```
? ISMARKED([<Arbeitsbereich>])
```

Findet die Funktion einen entsprechenden Eintrag im Datenbank-Header gibt sie ein True, andernfalls ein False aus.

Nicht mit der INKEY()-Funktion ist die

```
? KEY([<.MDX-Dateibezeichnung>,] <Ausdruck> [,<Arbeitsbereich>])
```

Funktion zu verwechseln. Mittels KEY() läßt sich die in einem beliebigen Arbeitsbereich gerade aktivierte Multi-Indexdatei ermitteln. Wird keine Bezeichnung (<Ausdruck>) vorgegeben, werden alle in einem Arbeitsbereich geöffneten Multi-Indexdateien angezeigt.

```
? LUPDATE([<Arbeitsbereich>])
```

Ermittelt, wann eine Datenbank das letzte Mal verändert wurde. Damit ist insbesondere festzustellen, wann die Datei zuletzt benutzt wurde.

```
? MDX(<Ausdruck> [,<Arbeitsbereich>])
```

MDX() hat eine ähnliche Funktion wie KEY(). Sie unterscheidet sich dadurch, daß mittels einer Nummer eine bestimmte, in einer Index-Liste spezifizierte (SET INDEX TO), Multi-Indexdatei abzufragen ist.

```
? NDX(<Ausdruck> [,<Arbeitsbereich>])
```

Hat die gleiche Funktion wie MDX(). Sie wird verwendet, um den "alten" Indexdateityp abzufragen.

```
? RECCOUNT([<Arbeitsbereich>])
```

Gibt die Anzahl der in einer Datei gespeicherten Sätze aus. Damit läßt sich beispielsweise überprüfen, ob eine Datenübernahme erfolgreich war.

```
? RECNO([<Arbeitsbereich>])
```

Die Nummer des Datensatzes wird ausgegeben, auf dem sich der Satzzeiger gerade befindet.

```
? RECSIZE([<Arbeitsbereich>])
```

Die Funktion ermittelt die Länge eines Datensatzes. In Verbindung mit der DISKSPACE()- und RECCOUNT()-Funktion läßt sich feststellen, ob der zur Verfügung stehende Speicherplatz für die Datenbank ausreicht. Die Berechnung ist wie folgt vorzunehmen:

1. Ermittlung der Größe des Datenbankheaders:

```
USE <Datenbank>
zahl = RECCOUNT()
kopf = 32 * (zahl + 35)
```

2. Überprüfung des benötigten Speicherplatzes

```
plat = DISKSPACE()
```

```
satz = RECSIZE()
gsds = satz * zahl
raum = (plat - kopf)/gsds
```

3. Auslösung des Kopiervorgangs

```
IF raum > 1
   ! COPY <Datenbank> TO D:
ELSE
   CLEAR
   @ 10,10 SAY "Verfügbarer Speicherplatz reicht nicht aus !"
   EXIT
ENDIF
```

Die gleiche Funktion wie FLOCK(), jedoch auf einen Datensatz bezogen, haben

```
? RLOCK([<Felderliste>, <Arbeitsbereich>] /
      [<Arbeitsbereich>])
```

und LOCK(). Sie prüfen, ob einer oder mehrere Datensätze durch andere Benutzer gesperrt sind. In die Felderliste sind numerische Werte, entsprechend den Datensatznummern, einzutragen.

Letztendlich mit der TAG()-Funktion

```
TAG([<Indexdatei-Bezeichnung>,]
     <Ausdruck> [, <Arbeitsbereich>])
```

sind die geöffneten Indizes abzufragen.

Mit dBASE IV lassen sich nicht nur bis zu zehn verschiedene Datenbank-dateien gleichzeitig öffnen, sondern auch bis zu neun Mal die gleiche Datenbank in neun verschiedenen Arbeitsbereichen. Zur Kennzeichnung ist der Datenbank ein Alleinstellungsmerkmal in Form eines ALIAS-Namens beim Aufruf zuzuordnen.

```
USE <Datenbank> ALIAS <Alias>
```

Die ALIAS-Bezeichnung der Datenbank des gerade geöffneten Arbeitsbereiches ist mit der ALIAS()-Funktion zu erfragen. Um die ALIAS-Bezeichnung einer Datenbank in einem anderen Arbeitsbereich zu erhalten, ist der ALIAS()-Funktion ein numerischer Wert zuzuordnen.

```
ALIAS([<Numerischer Wert>])
```

Wiederum die Nummer des höchsten nicht benutzten Arbeitsbereiches gibt die SELECT()-Funktion wieder.

2.3.6 LOOKUP beschleunigt den Programmablauf

Eine besonders mächtige, neue dBASE IV-Funktion ist LOOKUP(). Mit ihr wird die Selektion von Daten wesentlich vereinfacht. Desweiteren beschleunigt sie den Programmablauf. Im Gegensatz zu den herkömmlichen Funktionen, sucht sie auch in einem nicht ausgewählten Arbeitsbereich nach einer Eintragung. Eine LOOKUP()-Funktion hat die Struktur

```
? LOOKUP(<Antwortfeld>,<look-for Ausdruck>,
                        <look-in Feld>)
```

Bei dem "Antwortfeld" handelt sich um das Feld, dessen Wert an eine Variable übergeben wird. Wiederum der "look-for Ausdruck" bezeichnet den Suchbegriff. Letztendlich das "look-in Feld" ist das Feld, indem nach dem Ausdruck gesucht wird.

Zum besseren Verständnis wird zuerst auf herkömmliche Weise und anschließend mit LOOKUP() nach einer Information gesucht. Die hierfür verwendete Datenbank (HPMA) beinhaltet unter anderem die Felder "FZSL" und "FZTY". "FZSL" enthält eine Schlüsselnummer und "FZTY" eine Bezeichnung für einen Gegenstand. Die Datei HPMA ist in einem anderen Arbeitsbereich (FZB) geöffnet und beinhaltet eine Index-Datei. Als Index-Schlüssel ist das Feld "FZSL" definiert. Gesucht wird nach der Schlüssel-Nummer, und benötigt wird die in diesem Datensatz gespeicherte Bezeichnung. Der Suchbegriff ist wiederum in der Variablen M_FZSL gespeichert. Wurde der gesuchte Begriff gefunden, ist er in die Variable "M_ERG" zu speichern.

Ohne Verwendung der LOOKUP()-Funktion lautet die Anweisung:

```
SELECT fzb
SEEK m_fzsl
IF FOUND()
   STORE fzty TO m_erg
ENDIF
```

Nur eine Zeile bedarf es, um mittels der LOOKUP-Unterstützung nach der Information zu suchen:

```
m_erg = LOOKUP(fzb->fzty, m_fzsl, fzb->fzsl
```

2.3.7 Memo-Felder richtig einsetzen

Informationen lassen sich mit dBASE IV in sechs verschiedenen Feldtypen ablegen. Eine Sonderstellung unter den dBASE-Datenbankfeldtypen nimmt das Memo-Feld ein. Im Gegensatz zu den Daten der anderen fünf Feldtypen, sind in einem Memo-Feld gespeicherte Informationen nicht Bestandteil einer dBASE-Datenbankdatei (.DBF). Diese Informationen werden in einer getrennten Textdatei (.DBT) verwaltet. Die Verbindung zwischen der dBASE-Datenbank- und dBASE-Textdatei wird über den

Memo-Feld-Eintrag in der dBASE-Datenbank hergestellt. Dieses Feld hat
eine Standardgröße von 10 Zeichen und enthält ausschließlich interne
Steuerinformationen. Die Anzahl der Memo-Felder in einer Datenbank ist
nicht begrenzt. Schon aus Zuordnungsgründen sollte jedoch mindestens
ein Feld von einem anderen Feldtyp sein.

Auf diesen Feldtyp bestand auch bereits beim Arbeiten mit dBASE III
PLUS Zugriff. Allerdings war das Speichervolumen sehr eingeschränkt
und Selektionsmöglichkeiten nicht vorhanden. Ein dBASE III PLUS-
Memo-Feld konnte standardmäßig maximal 5000 Zeichen große Texte
speichern. Durch Einbindung eines externen Editors oder Textsystems
mittels der dBASE-WP-Funktion ist das Volumen allerdings zu vergrößern. Für Entwickler war das keine optimale Lösung, denn sein Kunde
mußte ebenfalls über entsprechende Textsoftware verfügen, um wesentlich größere Texte zu speichern. Andererseits hat die WP-Funktion den
Vorteil, daß zur Textbearbeitung auf die bekannten und meist komfor-
tableren Funktionen des Textsystems zugegriffen werden kann.

Mit dBASE IV hat sich diese Situation grundlegend geändert. Nunmehr
lassen sich bis zu 64.000 Zeichen Text in einem Memo-Feld speichern
und komfortabel editieren. Der Grund dafür ist die Integration eines lei-
stungsfähigen Texteditors in den dBASE IV-Leistungsumfang. Außerdem
wurde die dBASE-Sprache um ein Dutzend Befehle und Funktionen zur
Auswertung von Memo-Feldern erweitert. Damit ist die Anwendung der
Memo-Felder nicht mehr auf editieren, anzeigen und ausdrucken begrenzt. Die dBASE IV-Memo-Feld-Einträge können auch selektiert werden. Die Darstellung der Feldinhalte ist wesentlich erweitert und auch
komfortabler geworden. Hinzu kommt noch, daß auch die Speichertechnik
der dBASE-DBT-Dateien überarbeitet wurde. Dadurch bedingt wird in
Zukunft wesentlich weniger Speicherplatz benötigt. Zusätzlich besteht zur
Optimierung der Blockgröße Zugriff auf den Parameter SET BLOCK-
SIZE. Das Memo-Feld präsentiert sich mit einer zu den anderen Arbeitsbereichen identischen Oberfläche. Voraussetzung ist natürlich, daß über
die WP-Funktion kein externes Textsystem in dBASE IV eingebunden
wurde.

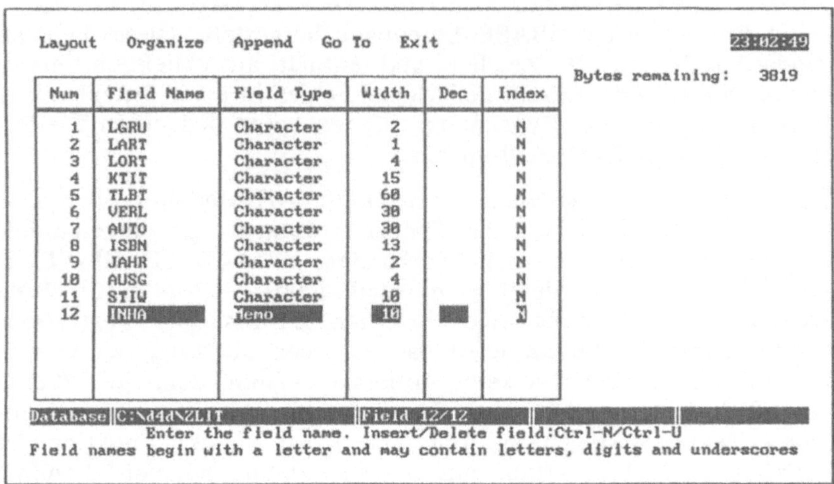

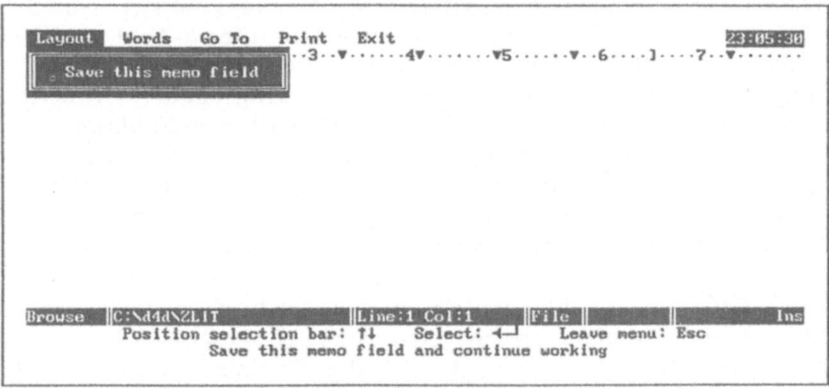

Bilder 2-2 und 2-3

Bei der Eintragung von Informationen in ein Memo-Feld stehen die gleichen Funktionen wie beim Arbeiten mit dem dBASE-Editor zur Verfügung. Die Eingabe in ein Memo-Feld kann entweder direkt über das AP-
PEND- oder EDIT-Kommando vorgenommen werden. Dazu ist der Cursor auf das Feld zu positionieren und die Tastenkombination [CTRL] +
[POS1] zu drücken. In die dBASE-Datenbankdatei zurückgekehrt, wird
durch Betätigung der [CTRL] + [ENDE] Tasten. Eine weitere, wesentlich
komfortablere Vorgehensweise ist die Einbindung von Memo-Feldern in
Bildschirmmasken. Hierfür ist zuerst ein Window zu definieren. Die Koordinaten des Window-Rahmens sind entsprechend der gewünschten Positionierung in der Bildschirmmaske zu wählen. Um ein Memo-Feld in der
Zeile 16 bis 21 mit einer Breite von 40 Zeichen darzustellen, empfiehlt
sich folgende Definition:

```
DEFINE WINDOW <Fensterbezeichnung *)>
       FROM 16,20 TO 21,61 DOUBLE COLOR W+/B,,R
```

*) Zur schnelleren Identifikation ist ein Bezug zum Memo-Feld-Namen zu wählen.

Der DOUBLE-Parameter definiert eine doppelte Linie als Rahmen. Wiederum mittels der COLOR-Option wird diesem Rahmen die Farbe rot (R) zugeteilt. Außerdem stellt W+/B den Text im Fenster in weiß auf blauem Hintergrund dar.

Bei der Maskendefinition mittels der SAY/GET-Anweisungen läßt sich das Fenster wie folgt einbinden:

```
USE <Datenbank>
APPEND BLANK
a 16,10 SAY "Bemerkung " GET <Datenfeld>
        OPEN WINDOW <Fensterbezeichnung>
READ
```

Bei dieser Vorgehensweise wird das Fenster sofort beim Aufruf der Eingaberoutine eingeblendet. Ohne den OPEN-Parameter erfolgt nur die Darstellung des Memo-Feldes hinter dem Hinweistext. Zum Öffnen des Fensters ist in diesem Fall die Tastenkombination [CTRL] + [POS1] zu verwenden. Geschlossen wird das Fenster wiederum mit den [CTRL] + [ENDE] Tasten. Das ist dann empfehlenswert, wenn sehr viele Informationen in einer Maske darzustellen sind und entsprechender Platz für das Memo-Window nicht zur Verfügung steht, beziehungsweise die Übersicht verloren ginge. Dadurch lassen sich auf diese Weise Memo-Fenster wesentlich größer definieren. Da in ein Memo-Feld wesentlich mehr Eintragungen vorzunehmen sind, als mit der maximalen Größe eines Windows darzustellen ist, wird der Text automatisch innerhalb des Fensters verschoben. Mit noch wesentlich weniger Platz kommen Sie aus, wenn nur das Memo-Feld am Bildschirm plaziert wird. Der Hinweistext läßt sich bei dBASE IV auch über die MESSAGE-Option einblenden:

```
USE <Datenbank>
APPEND BLANK
a 16,10 GET <Datenfeld> WINDOW <Fensterbezeichnung>
        MESSSAGE "Bemerkungen"
READ
```

Eine weitere Variante, Texte in Memo-Feldern einzutragen, bietet das BROWSE-Kommando. In diesem Fall ist es sinnvoll, über den SET WINDOW-Parameter ein Fenster hierfür zuzuordnen.

```
SET WINDOW OF MEMO TO <Fensterbezeichnung>
```

Eintragungen in Memo-Felder können alternativ auch durch Übernahme von Text-Dateien erfolgen. Auf diese Weise lassen sich beliebige Informationen (z.B. Statistiken) in einem Memo-Feld speichern. Realisiert wird das über die Menüzeile des Memo-Feld-Editors.

Außerdem lassen sich mit dem neuen APPEND MEMO-Kommando auch Textdateien direkt in ein Memo-Feld übertragen. Zwei Varianten bietet dBASE IV hierfür an:

Mit

```
USE <Datenbank>
LOCATE FOR <Feldbezeichnung> = <Ausdruck>
APPEND MEMO <Memo-Feldname> FROM <.TXT-Datei>
```

wird ein Text an vorhandene Informationen angehängt. Alle bereits in einem Memo-Feld gespeicherten Informationen löscht die Anweisung

```
APPEND MEMO <Memo-Feldname> FROM <.TXT-Datei> OVERWRITE
```

und trägt den neuen Text ein.

Informationen aus einem Memo-Feld in eine Textdatei lassen sich mit COPY MEMO übertragen.

```
USE <Datenbank>
LOCATE FOR <Feldbezeichnung> = <Ausdruck>
COPY MEMO <Memo-Feldname> TO <.TXT-Datei>
```

In diesem Fall wird die Textdatei von dBASE automatisch angelegt. Informationen an den Inhalt einer bestehenden Textdatei hängt die Anweisung

```
COPY MEMO <Memo-Feldname> TO <.TXT-Datei> ADDITIVE
```

an. Zum Austausch von Informationen innerhalb von dBASE-Datenbankfeldern ist das REPLACE-Kommando einzusetzen. Um den Inhalt von dBASE IV-DBT-Dateien in dBASE III PLUS-DBT-Dateien zu übertragen, ist der Befehl

```
USE <Datenbank>
COPY TO <Dateiname> TYPE DBMEMO3
```

zu verwenden. dBASE III PLUS-DBT-Dateien werden automatisch in dBASE IV-Dateien umgesetzt.

Die Textzeile des dBASE-Editors kann bis zu 1024 Zeichen lang sein. Eine Größe, die für die Programmierung, jedoch nicht für die Texteingabe sinnvoll ist. Die Definition der benötigten Zeilenbreite ist mit dem SET MEMOWIDTH-Parameter realisierbar. Es läßt sich ein Wert zwischen 8 und 255 Zeichen wählen. Alternativ ist die Voreinstellung auch über MEMOWIDTH in der CONFIG.DB-Datei vorzunehmen. Der SET-Parameter ist jederzeit zu modifizieren. Die SET-Einstellung hat Priorität vor dem CONFIG.DB-Eintrag.

Um Eintragungen aus einem Memo-Feld in einem Bericht darzustellen, ist das Feld wie alle anderen Felder auch anzuordnen. Durch die flexible Handhabung und dem Editierkomfort des neuen Texteditors lassen sich damit auf einfache Weise Textbaustein-Dateien aufbauen und damit Individual- und Serienbriefe schreiben (Siehe hierzu Kapitel 3).

Für die Manipulation von Memo-Feldeinträgen unterstützt dBASE IV folgende Funktionen:

Die Startposition eines Ausdrucks gibt die Teilfolge Suchfunktion AT() aus.

```
? AT("<Suchbegriff>",<Memo-Feld-Name>)
```

Die Stellenanzahl, der in einem Memo-Feld gespeicherten Informationen, gibt die LEN()-Funktion aus.

```
? LEN(<Memo-Feld-Name>)
```

Eine vordefinierte Anzahl Zeichen eines Memo-Feldes gibt die LEFT()-Funktion, beginnend von links, aus.

```
? LEFT(<Memo-Feld-Name>,<Anzahl Zeichen>)
```

Wiederum von der äußersten rechten Position aus gibt die RIGHT()-Funktion den Wert aus.

```
? RIGHT(<Memo-Feld-Name>,<Anzahl Zeichen>)
```

Die Anzahl der in einem Memo-Feld belegten Zeilen ist mit der MEMLINES()-Funktion zu erfragen.

```
? MEMLINES(<Memo-Feld-Name>)
```

Die in einer bestimmten Zeile eines Memo-Feldes gespeicherten Informationen sind mit der MLINE()-Funktion in ein Ausgabeformular zu übertragen.

```
? MLINE(<Memo-Feld-Name>,<Zeilen-Nummer>)
```

Letztendlich eine bestimmte Zeichenfolge der in einem Memo-Feld gespeicherten Information extrahiert die SUBSTR()-Funktion.

```
? SUBSTR(<Memo-Feld-Name>,<Anfangsposition>

      [,<Anzahl der Zeichen>])
```

2.3.8 Zwischen Einzel- und Gesamtdarstellung wechseln

Einer der mächtigsten dBASE-Befehle ist BROWSE. Mit diesem Kommando lassen sich in Datenbanken gespeicherte Informationen nicht nur tabellarisch anzeigen, sondern auch neue Daten hinzufügen oder vorhandene modifizieren. Das dBASE IV-BROWSE-Kommando ist komplett überarbeitet worden und bietet zahlreiche zusätzliche Funktionen an. Dementsprechend umfangreich ist auch die Syntax des BROWSE-Befehls:

```
BROWSE [NOINT] [NOFOLLOW] [NOAPPEND] [NOMENU]
       [NOEDIT] [NODELETE] [NOCLEAR] [COMPRESS]
       [FORMAT] [LOCK <Ausdruck>]  [WIDTH <Ausdruck>]
       [FREEZE <Feldbezeichnung>]
       [WINDOW <Fensterbezeichnung>]
       [FIELDS <Feldname n> [/R] [/ <Spaltenbreite>]
             / <Name eines berechneten Feldes n> =
               <Ausdruck n> ... ]
```

Die vorgenannten Optionen sind nicht nur alternativ, sondern auch in Kombination zu benutzen. Jede neue BROWSE-Anweisung hebt die vorher eingestellten Parameter wieder auf. Deshalb ist darauf zu achten, welche Voreinstellung erhalten bleiben soll. Beim richtigen Einsatz der Befehlsoptionen kann der Zugang zur Datenbank ohne aufwendige Programmierung reglementiert werden. So läßt sich mit dem Befehl

```
BROWSE NOAPPEND
```

verhindern, daß ein unberechtigter Anwender neue Datensätze in eine Datei hinzufügt. Mit

```
BROWSE NOEDIT
```

wird die Veränderung des Datenbestandes verhindert. Mittels

```
BROWSE NODELET
```

wird sichergestellt, daß keine Datensätze von unberechtigten Benutzern oder auch versehentlich gelöscht werden. Durch Kombination der drei Funktionen

```
BROWSE NOEDIT NOAPPEND NODELETE
```

ist die Zugangsberechtigung automatisch auf "Read only" gesetzt. Auch einzelne Felder lassen sich "Read only" setzen. Zu Realisieren ist das mit

```
BROWSE FIELDS <Datenfeld> /R
```

Allerdings ist in diesem Fall darauf zu achten, daß FIELDS nur die Felder anzeigt, die in der Felderliste eingetragen sind. Bei dem gewählten Beispiel würde nur ein Feld angezeigt werden. Außerdem lassen sich mit der FIELDS-Option auch berechnete Felder in die Darstellung einbeziehen. Weiterhin ist die Spaltenbreite für die Wiedergabe des Feldes zu verändern. Ein Spalte kann bis zu 100 Zeichen breit sein. Mindestens vier Stellen eines Zeichenfeldes (Typ C) und acht Stellen eines numerischen und Datumsfeldes sind anzuzeigen. Auf logische oder Memo-Felder hat die Einstellung keine Auswirkung.

Durch die

```
BROWSE FORMAT
```

Anweisung wird erreicht, daß die in einer aktiven Formatdatei definierten GET-Parameter, mit Ausnahme der Koordinaten, für die Datenpräsentation übernommen werden.

Mit

```
BROWSE LOCK <Anzahl>
```

lassen sich die ersten Felder einer Datenbank "zementieren". Das bedeutet, daß bei Betätigung der [F4]-Taste nur die nachfolgenden Feldinhalte nach links verschoben werden.

Besonders bei der Einbindung des BROWSE-Kommandos in eine Applikation ist es sinnvoll, die Menüleiste abzuschalten. Da ansonsten über die Menüfunktionen einige Voreinstellungen wieder verändert werden könnten. Realisierbar ist das mit

```
BROWSE NOMENU
```

In diesem Fall wird die Anzahl der gleichzeitig darzustellenden Datensätze um einen Datensatz von 17 auf 18 erhöht. Wird dieser Anweisung noch COMPRESS hinzugefügt,

```
BROWSE NOMENU COMPRESS
```

läßt sich der Anzeigebereich um weitere zwei Zeilen auf 20 Datensätze erhöhen. Leider gibt es keine NOSTATUS-Option, denn dann wäre auch noch die Statuszeile am unter Bildschirmrand abzuschalten.

Auch in einem Fenster läßt sich eine BROWSE-Tabelle darstellen.

```
BROWSE WINDOW <Fensterbezeichnung>
```

Auf diese Weise ist jederzeit der Inhalt einer Datenbank in Tabellenform einzublenden, ohne das die restliche Bildschirmanzeige verloren geht. Selbstverständlich lassen sich auch in diesen Parameter andere BROWSE-Option einbeziehen.

Mit

```
BROWSE NOCLEAR
```

geht die Datenbankdarstellung auch nach dem Verlassen des BROWSE-Modus nicht verloren. Lediglich Menü- und Statuszeile werden vom Bildschirm entfernt. Diese Funktion ist besonders auch in Verbindung mit der

Darstellung einer Datenbank in einem Window hilfreich. Informationen bleiben eingeblendet und können so einfach in andere Anwendungsbereiche übertragen werden.

Mit dBASE III PLUS war es standardmäßig nicht realisierbar, zwischen der tabellarischen Darstellung mehrerer Datensätze (BROWSE-Modus) und der Darstellung eines Datensatzes (EDIT-Modus) direkt zu wechseln. Auch hier wurde Abhilfe geschaffen. Durch Betätigung der Funktionstaste [F2] ist jederzeit zwischen der Darstellung mehrerer Datensätze und eines Datensatzes zu wechseln (Bilder 2-4/2-5).

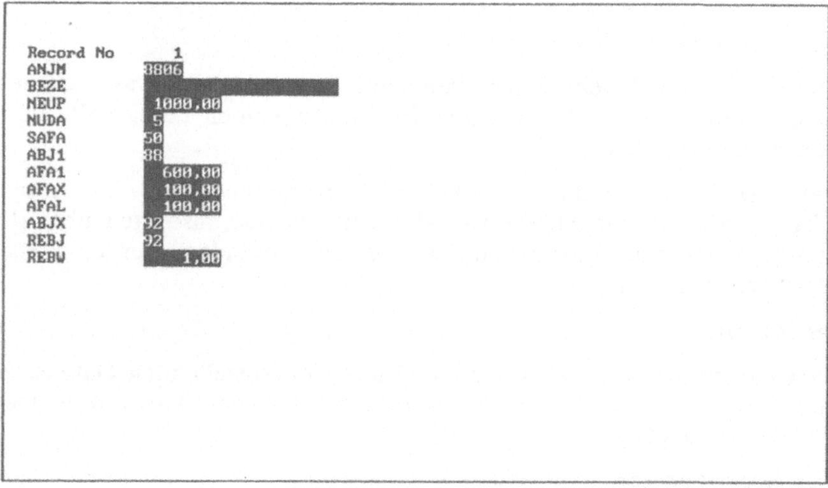

Bild 2-4

```
 Records      Fields      Go To      Exit                        23:08:53
```

NEUP	NUDA	SAFA	ABJ1	AFA1	AFAX	AFAL	ABJX	REBJ	REBW
1000,00	5	50	88	600,00	100,00	100,00	92	92	1,00
2000,00	4	0	88	250,00	500,00	250,00	92	92	1,00
4000,00	10	50	88	2100,00	200,00	100,00	98	93	900,00
5000,00	4	50	88	3125,00	625,00	625,00	91	91	1,00
10000,00	5	0	88	2000,00	2000,00	2000,00	92	92	1,00
20000,00	5	50	88	11000,00	2000,00	1000,00	93	93	1,00
1000,00	5		88	200,00	200,00	200,00	92	92	1,00
2000,00	5		88	200,00	400,00	200,00	93	93	1,00
4000,00	4	50	88	2500,00	500,00	500,00	91	91	1,00
10000,00	4	50	88	5625,00	1250,00	625,00	92	92	1,00
2000,00	5	50	88	1100,00	200,00	100,00	93	93	1,00
1000,00	5	50	88	600,00	100,00	100,00	92	92	1,00
4000,00	4		88	500,00	1000,00	500,00	92	92	1,00
10000,00	5		88	2000,00	2000,00	2000,00	92	92	1,00
2000,00	5		88	200,00	400,00	200,00	93	93	1,00
90000,00	10	50	89	49500,00	4500,00	4500,00	98	93	18000,00
1000,00	4		89	250,00	250,00	250,00	92	89	750,00

```
 Browse    C:\d4d\ZAFA                  Rec 1/17          File

                        View and edit fields
```

Bild 2-5

2.3.9 Arrays, Speicher- und Systemvariablen

Zur temporären Speicherung von Informationen bietet dBASE IV zwei
Variablentypen an: Speichervariable und Arrays. Außerdem umfaßt
dBASE IV Befehle mit denen auf Speichervariable zugegriffen werden
kann. Speichervariable und Arrays unterscheiden sich im wesentlichen
durch die Anzahl der Informationen, die in ihnen zu speichern sind. In
einer Speichervariable ist grundsätzlich nur eine Information abzulegen.
Ein entsprechend großer Hauptspeicher vorausgesetzt, lassen sich mit
dBASE IV bis zu 15.000 Speichervariable verwalten. Dagegen sind in einem Array mehrere Informationen gleichzeitig zu speichern. Ein Array ist
ähnliche einer Tabelle mit zahlreichen Zeilen und mehreren Spalten. Das
dBASE IV-Array kann eine oder zwei Dimensionen umfassen. Arrays mit
einer Dimension sind zu vergleichen mit Zahlenreihen. Zweidimensionale
sind dementsprechend Tabellen, wobei zwei Dimensionen nicht mit zwei
Spalten gleichzusetzen ist. Zwei Dimensionen bedeutet, Ausrichtung
sowohl in die Tiefe (Zeilen) als auch in die Breite (Spalten). Bis zu 1023
Elemente sind in einer Spalte oder entsprechend in einer Zeile zu
speichern. Maximal 585 Spalten können in einem Array mit zwei Zeilen
(usw.) gespeichert werden. Die Anzahl der Arrays, die mit dBASE IV zu
aktivieren sind, begrenzt letztendlich der verfügbare Arbeitsspeicher.

Mit den Kommandos MVMAXBLKS (= Memory-Variables MAXimum BLocKS) und MVBLKSIZE (= Memory-Variables BLocKSIZE) läßt sich interner Speicherplatz den Variablen zuweisen. Dieser Speicherplatz wird von dBASE IV dynamisch verwaltet. Mit dem MVMAXBLKS-Kommando wird die Anzahl der benötigten Blöcke festgelegt. MVBLKSIZE bestimmt die Anzahl der Speichervariablen in einem Block. Jede Speichervariable benötigt 56 Bytes. Anhand dieser Werte läßt sich der Speicherplatz exakt errechnen. Beide Kommandos sind über die CONFIG.DB-Datei einzurichten. Standardmäßig ist der Wert auf zehn Blöcke zu je 50 Speichervariable festgelegt.

Außer zwischen Arrays und Speichervariable unterscheidet dBASE IV noch zwischen Public- und Private-Variable. Public-Variablen stehen grundsätzlich allen Programmen zur Verfügung. Unerheblich ist, an welcher Stelle, beziehungsweise von welchem (Unter-)Programm aus sie eröffnet wurden. Eine Private-Variable kann nur von dem Programm benutzt werden, daß die Variable eröffnet hat. Andere Programme haben keinen Zugriff auf diese Variable. Das hat den Vorteil, daß Werte nicht beliebig geändert oder gelöscht werden können. Manipulationen an einer Private-Variable kann nur das zugeordnete Programm vornehmen.

Desweiteren gibt es wie bei Datenfeldern auch verschiedene Variablentypen. dBASE IV unterstützt auch bei den Variablen den Zeichen- [C], Nummern- [N], Fließkomma- [F], Datum- [D] und logischen [L] Datentyp. Eine Speichervariable kann immer nur von einem Datentyp sein. Ein Array kann aus Informationen verschiedener Datentypen bestehen.

Die Deklaration einer Speichervariable ist äußerst einfach. Um einen Wert in eine Speichervariable zu übertragen reicht die Definition

```
<Variablebezeichnung> = <Wert>
```

Die Bezeichnung einer Speichervariable kann bis zu zehn Stellen lang sein. Um einen Wert in mehrere Variablen zu speichern wird das STORE-Kommando eingesetzt

```
STORE <Wert> = <Variablebezeichnung 1>, <Variable n>
```

Außerdem können Variable auch Werte aus anderen Variablen enthalten

```
<Variablebezeichnung> = <Variable> + <Variable>
```

Ebenso sind Werte aus Datenfeldern zu übertragen:

```
USE <Datenbank>
* Satzzeiger auf einen Satz setzen (z.B. GO TOP = erster
  Satz)
<Variablebezeichnung> = <Datenfeldbezeichnung>
```

Letztendlich lassen sich auch mittels Funktionen ermittelte Werte in eine Variable direkt übertragen

```
<Variablebezeichnung> = <Funktion>


   z.B.: tag = DATE() überträgt das Datum in eine Variable.
```

Zur Speicherung eines alphanumerischen Wertes ist die Information durch Hochkommata (" ") am Anfang und Ende zu kennzeichnen. Um eine Variable ohne Wert zur Verfügung zu stellen, ist für numerische Variable das Kommando

```
wert = 0
```

und für alphanumerische die Anweisung

```
info = " "
```

zu benutzen. Die Leerstellen zwischen den Hochkommatas kennzeichnen die Größe der alphanumerischen Variable.

Darstellen lassen sich Variableninhalte sowohl am Bildschirm als auch über den Drucker. Nachfolgend zwei Beispiele:

1. Darstellung des Inhalts einer Speichervariable mittels SAY/GET am Bildschirm:

```
<Speichervariable> = <Wert>
...
a 10,20 SAY "<Text>" GET <Speichervariable>
```

2. Darstellung in einem Text:

```
? "<Text>", <Speichervariable>, "<Text>"+<Speichervariable>
```

Etwas komplexer als das Arbeiten mit Speichervariablen ist die Anwendung von Arrays. Definiert wird ein Array mit dem Kommando

```
DECLARE <Array-Bezeichnung-1>
        [{Anzahl der Zeilen-1},{Anzahl der Spalten-1}],
        <Array-Bezeichnung-n>
        [{Anzahl der Zeilen-n},{Anzahl der Spalten-n}],
```

Die Array-Bezeichnung kann bis zu zehn Stellen lang sein.

Um die Umsatzwerte für zehn Verkaufsgebiete aus zwei Jahren in den internen Speicher zu übertragen, wird folgendes zweidimensionales Array benötigt:

```
DECLARE umsatz [10,2]
```

Die zu übertragenen Daten sind in einer Datenbank (VERK) mit verschiedenen Feldern zu speichern. Die zehn Verkaufsgebiete (GEBIET) sind durch die Buchstaben A-J gekennzeichnet. Zu übernehmen sind die Eintragungen in den Datenfeldern UMSV (= Umsatz-Vorjahr) und UMSL (= Umsatz laufendes Jahr):

```
USE <Datenbank>
SORT ON gebiet
COPY TO ARRAY umsatz FIELDS umsv, umsl
```

Die Übertragung beginnt beim ersten Feld einer Datenbank, dabei werden
die Feldinhalte fortlaufend übertragen. Diese Übertragung endet entweder
am Ende einer Datenbank oder entsprechend den zu Verfügung stehenden
Zeilen in einem Array.

Die Syntax des gesamten Übertragungsbefehls ist:

```
COPY TO ARRAY <Array-Bezeichnung> [FIELDS <Felder-
            Liste>]
          [<Gültigkeitsbereich>]
          [FOR <Bedingung>]
          [WHILE <Bedingung>]
```

Werte für die Übertragung in Arrays lassen sich auch berechnen. Für das
Beispiel wird ein Array mit drei Elementen zur Speicherung des minima-
len, maximalen Wertes und der Durchschnittswerte erstellt.

```
DECLARE wert[3]
USE <Datenbank>
CALCULATE ALL MIN(Datenfeld), MAX(Datenfeld),
            AVG(Datenfeld)
         TO ARRAY wert
```

Zu beachten ist, daß die Funktion zur Berechnung des Durchschnitts-
wertes nur in Verbindung mit CALCULATE zur Verfügung steht. Dagegen können MIN() und MAX() auch als unabhängige Funktionen genutzt
werden.

In Arrays gespeicherte Werte lassen sich permanent in einer Datenbankdatei speichern. Für die Speicherung der Daten ist das Kommando

```
APPEND FROM ARRAY <Array-Bezeichnung> [FOR <Bedingung>]
```

zu verwenden. Um die Übertragung durchzuführen, muß die Datenbankstruktur bereits vorhanden sein. Beginnend mit dem ersten Datenfeld erfolgt die Speicherung der Informationen. Sind weniger Datenfelder vorhanden als ein Array-Elemente hat, entfallen die restlichen Elemente bei
der Datenspeicherung.

Mit der nachfolgenden Programmroutine läßt sich eine Datenbank selbsttätig in den Hauptspeicher laden.

```
USE <Datenbank>
felder = <Feldanzahl>
sätze = RECCOUNT()
DECLARE daba[sätze,felder]
COPY TO ARRAY daba
```

Der Einsatz von Arrays ist ideal für schnelle Berechnungen. Im Gegensatz
zum Arbeiten mit permanent gespeicherten Datenbanken entfällt der
"zeitaufwendige" Zugriff auf das Speichermedium.

Der Inhalt von Speichervariablen und Arrays ist jederzeit am Bildschirm
mit dem Kommando

```
DISPLAY MEMORY
```

zu überprüfen. Außerdem ist ein einzelner Wert mit

```
? <Speichervariable>
```

oder

```
? <Array>[<zeile>,<Spalte>]
```

abzufragen.

Aus dem Speicher entfernen lassen sich Speichervariable und Arrays mittels der Kommandos RELEASE und CLEAR.

Alle Variable werden mit

```
CLEAR MEMORY   oder   CLEAR ALL   oder   RELEASE ALL
```

gelöscht. Außerdem lassen sich mit dem RELEASE-Kommando

```
RELEASE <Variable>, <Variable n>
```

Variablen gezielt löschen. Eine weitere Variante bieten die Optionen LIKE und EXCEPT in Verbindung mit Wildcards. Damit können
entweder alle auf die der Ausdruck zutrifft oder alle auf die er nicht
zutrifft gelöscht werden. Beispielsweise löscht

```
RELEASE ALL EXCEPT H*
```

alle Speichervariablen und Arrays, die nicht mit "H" anfangen.

Die Deklaration der Speichervariablen oder Arrays wird vom Benutzer
entweder durch direkte Eingabe oder über eine Routine beeinflußt. Dane-
ben gibt es noch Variable, die ausschließlich vom System gebildet und
benutzt werden. Mit dBASE IV besteht erstmals Zugriff auf diese Systemvariablen (= System Memvars). Die 25 Systemvariablen unterscheiden
sich durch eine führende Linie von den anderen dBASE-Befehlen und

Funktionen. Sie unterstützen fast ausschließlich die Druckausgabe und werden im Kapitel 2.3.17 auszugsweise vorgestellt.

2.3.10 Mathematische, finanzmathematische und statistische Berechnungen

Wesentlich erweitert sind in dBASE IV die Funktionen zur Durchführung von Rechenoperationen. So stehen nun erstmals trigonometrische und finanzmathematische Funktionen zur Verfügung. Auch zusätzliche statistische und mathematische Operationen lassen sich durchführen.

Das CALCULATE-Kommando

Der wohl mächtigste neue dBASE-Befehl für die Durchführung von Rechenoperationen ist CALCULATE. Mit ihm verringert sich nicht nur der Codieraufwand, sondern die Befehlsausführung wird wesentlich beschleunigt. Um beim Arbeiten mit dBASE III PLUS beispielsweise zu ermitteln, wieviele Kunden (kund) in einem Verkaufsgebiet (vkg = 8000) welchen Umsatz (umsa) tätigen und wie hoch der durchschnittliche Umsatz (d_ums) ist, ist dafür die folgende Definition notwendig:

```
USE <Datenbank>


COUNT kund TO m_kund FOR vkg = "8000"
SUM umsa TO m_umsa FOR vkg = "8000"
d_ums = m_umsa/m_kund


? "Anzahl der Kunden      ", m_kund
? "Gesamtumsatz           ", m_umsa
? "Durchschnittsumsatz ", d_ums
```

Alle diese bereits im Sprachumfang von dBASE III PLUS enthaltenen Funktionen stehen auch weiterhin mit dBASE IV zur Verfügung. Damit ist sichergestellt, daß Applikationen unverändert mit dBASE IV einzusetzen sind, und die bisherige Arbeitsweise beibehalten werden kann. Wesentlich einfacher vollzieht sich die Definition beim Einsatz von dBASE IV jedoch mit dem CALCULATE-Kommando. Die gleiche Aufgabenstellung ist damit wie folgt zu lösen:

```
USE <Datenbank>


CALCULATE CNT(), SUM(umsa), AVG(umsa)
          FOR vkg = "8000" TO m_kund, m_umsa, d_ums


? "Anzahl der Kunden      ", m_kund
? "Gesamtumsatz           ", m_umsa
? "Durchschnittsumsatz ", d_ums
```

Wie an dem Beispiel bereits deutlich wird, lassen sich mit einem CALCU-
LATE-Befehl mehrere Operationen gleichzeitig ausführen. Drei Befehlszeilen werden damit auf eine Befehlszeile reduziert. Außerdem erweitert
das CALCULATE-Kommando den Funktionsumfang. Entsprechend kom-
plex ist die Syntax des CALCULATE-Kommandos:

```
CALCULATE <Optionen-Liste>
          FOR [<Bedingung>]
          WHILE [<Bedingung>]
          [TO <Speichervariablen-Liste>]
          [TO ARRAY <Array-Bezeichnung>]
```

Die angebotenen Optionen für den Eintrag in die <Optionen-Liste> sind:

```
AVG(<Datenfeld>)
CNT()
MAX(<Datenfeld>)
MIN(<Datenfeld>)
NPV(<Zinssatz>, <Geldfluß>, <Ausgangswert>)
STD(<Datenfeld>)
SUM(<Datenfeld>)
VAR(<Datenfeld>)
```

Mittels AVG() (= Average) läßt sich der mathematische Durchschnitt einer Zahlenreihe ermitteln. Mit CNT() (= Count) ist die Häufigkeit, mit
der eine bestimmte Konstellation gegeben ist, zu berechnen. Die MAX()-
Option bestimmt den größten eingetragenen Wert. Das Gegenstück hierzu
ist MIN(). Mit dieser Funktion läßt sich der kleinste in einem Datenfeld
gespeicherte Wert ermitteln. Den aktuellen Wert einer Zahlungsreihe
errechnet die NPV() (= Net Present Value)-Funktion. Die Standardabweichung errechnet die Option STD() und die Varianz VAR(). Letztendlich den Inhalt von numerischen und Fließkomma-Feldern summiert
die SUM()-Funktion.

Alle mit dem CALCULATE-Kommando angebotenen Funktionen sind
nur mit diesem zu nutzen und lassen sich nicht getrennt einsetzen. Außer
mit CALCULATE besteht auch mittels zwei anderen, unabhängig anzu-
wendenen, Funktionen Zugang zu MIN/MAX-Berechnungen. Diese unterscheiden sich in ihrer Anwendung jedoch entscheidend von den CAL-
CULATE-Optionen.

Den kleinsten und größten Wert einer Zahlenreihe ermittelt die folgende
CALCULATE-Funktion:

```
USE <Datenbank>
CALCULATE MIN(Datenfeld), MAX(Datenfeld) TO v_min, v_max
```

Mit der dBASE-Funktion MIN() ist der kleinere von zwei Werten zu
errechnen.

```
MIN(<Ausdruck-1>/<Wert-1>,<Ausdruck-2>/<Wert-2>)
```

Diese MIN()-Funktion läßt sich in Verbindung mit alphanumerischen, numerischen und Datums-Feldern einsetzen.

```
werta = 1000
wertb = 8742
? MIN(werta, wertb)        Ergebnis = 1000


tag1 = date()                        = 02.08.88
USE <Datenbank>
tag2 = <Fälligkeitsdatum-Feld>       = 08.08.88
? MIN(tag1, tag2)          Ergebnis = 02.08.88
```

In eine Abfrage eingebunden, ist für das letzte Beispiel zu ermitteln, ob eine Rechnung bereits zur Zahlung fällig ist.

```
erg = IIF(MIN(tag1,tag2) = tag2, "fällig.", "nicht fällig.")
? "Der Rechnungsbetrag ist", erg
.Der Rechnungsbetrag ist nicht fällig.
```

Wiederum den größeren von zwei Werten errechnet MAX().

```
MAX(<Ausdruck-1>/<Wert-1>,<Ausdruck-2>/<Wert-2>)


werta = 1000
wertb = 8742
? MAX(werta, wertb)        Ergebnis = 8742
```

Finanzmathematische Funktionen

Weitere drei Funktionen unterstützen die finanzmathematische Berechnungen. Es sind dies FV(), PAYMENT() und PV().

Die Verzinsung laufender Zahlungen läßt sich mit FV() (= Future Value = Zukunftswert) berechnen.

```
FV(<Einzahlungen>, <Zinssatz>, <Zeitraum>)
```

Über einen Zeitraum von 48 Monaten wird ein Betrag von 100,00 DM gespart. Der Zinssatz beträgt 2,4 % jährlich. Einzugeben ist der monatliche Zinssatz dividiert durch Hundert.

```
spar = FV(100,0.002,48)
```

Der angesparte Betrag (spar) (= Future Value) beläuft sich auf DM 5032,68.

Die monatliche Rate für ein Darlehen berechnet die PAYMENT()-Funktion.

```
PAYMENT(<Kreditbetrag>, <Zinssatz>, <Zeitraum>)
```

Ein Darlehen in Höhe von DM 10000,00 ist in einem Zeitraum von 60 Monaten zu tilgen. Der Darlehns-Zinssatz beträgt 12 %. Wiederum ist der Zinssatz durch Hundert und 12 Monate dividiert einzugeben.

```
m_rate = PAYMENT(10000,0.01,60)
```

Die monatliche Rate (m_rate) beträgt in diesem Fall DM 222.44.

Den aktuellen Wert monatlicher Sparraten ermittelt die Present Value-Funktion (= PV).

```
PV(<Einzahlungen>, <Zinssatz>, <Zeitraum>)
```

Über einen Zeitraum von 48 Monaten wird ein Betrag von monatlich 100,00 DM gespart. Der Zinssatz beträgt 2,4 % jährlich. Einzugeben ist der monatliche Zinssatz dividiert durch Hundert. Zu ermitteln ist, welcher Wert (aktu) nach 20 Monaten erreicht wird.

```
aktu = PV(100,0.002,20)
```

Selbstverständlich lassen sich alle Werte auch in Variablen speichern und diese anstatt der "echten" Werte in die Formeln einsetzen. Um weiterer solcher Rechenfunktionen kann der dBASE IV-Sprachumfang auch mittels benutzerdefinierter Funktionen (UDF's) individuell ergänzt werden (siehe hierzu Kapitel 2.3.14).

Mathematische/trigonometrische Funktionen

Keinerlei trigonometrische Funktionen waren bisher im Sprachumfang von dBASE III PLUS integriert. dBASE IV beseitig dieses Manko und stellt 15 mathematische und trigonometrische Funktionen zur Auswahl. Dazu gehören:

```
- SIN()      =    Sinus
- ASIN()     =    Arcussinus
- COS()      =    Cosinus
- ACOS()     =    Arcuscosinus
- TAN()      =    Tangens
- ATAN()     =    Arcustangens
- ATN2()     =    Arcustangens 2
```

Die Zahl 3.1415... stellt die PI()-Funktion für Berechnungen zur Verfügung. Mit CEILING() läßt sich die nächsthöhere Ganzzahl eines Wertes ermitteln.

```
wert1 = 123.45
wert2 = 678.45


? CEILING(wert1/wert2)   =   1


? CEILING(wert2/wert1)   =   6


? CEILING(wert2)         =   679
```

Das Gegenstück zur CEILING()-Funktion ist FLOOR(). FLOOR() ermittelt den niedrigeren ganzzahligen Wert.

```
? FLOOR(wert2,0)    =   678
```

Die LOG10()-Funktion (Basis 10) ergänzt die dBASE LOG()-Funktion. Eine Zufallszahl ist mit der RAND()-Funktion zu ermitteln. Die hiermit ermittelten Werte liegen zwischen 0 und 0,999999. Der Befehl ist entweder mit oder ohne Ausdruck (= Zahl) einzusetzen.

```
? RAND()   oder   ? RAND(88)
```

Sie SIGN()-Funktion gibt eine 1 für einen positiven, -1 für einen negativen Wert oder 0 für eine Null aus. Weitere neue Funktionen sind DTOR() (= Degrees to Radians) und RTOD (= Radians to Degrees).

Mit weiteren neuen Funktionen lassen sich auch Manipulationen an numerischen Feldtypen durchführen. So setzt der Parameter

```
FLOAT(<Wert>)
```

einen numerischen Feldtyp in den Fließkomma-Typ um.

```
FIXED(<Wert>)
```

wandelt Fließkomma-Felder oder -Variable in numerische Felder um.

2.3.11 Internationale Währungsformate

Das die aus den USA stammenden Softwarepakete fast ausschließlich für diesen Markt entwickelt werden, ist kein Geheimnis mehr. Anforderungen insbesondere deutscher Anwender wurden selbst bei den führenden Lösungen erst in jüngster Zeit berücksichtigt. Die Problematik unterschiedlicher Zeichensätze läßt sich mittels internationaler Zeichentabellen zur Zufriedenheit lösen. Etwas schwieriger wird es dann bei anderen nationalen Unterschieden. Gerade bei der Darstellung von Zahlenmaterial gab es bisher beim Arbeiten mit dBASE Probleme. Grund dafür sind unterschiedliche Dezimal- und Tausendertrennzeichen. Erfolgt die Dezimaltrennung in den USA mit einem Punkt und die der Tausenderstellen mit einem Komma, so ist es in den deutschsprachigen Ländern gerade umgekehrt. Andererseits ist für den internationalen Geschäftsverkehr auch die andere Variante notwendig. Diese Problematik läßt sich nunmehr mit den neuen dBASE-Funktionen zur Darstellung von Zahlenmaterial elegant lösen.

Mittels des SET POINT-Parameters ist das gewünschte Dezimaltrennzeichen - Punkt oder Komma - flexibel einzustellen. Die Syntax des Befehls ist wie folgt:

```
SET POINT TO <"."/",">
```

Der vom System automatisch vorgegebene Wert ist ein Punkt. Diese Einstellung ist über DBSETUP oder den SET-Parameter individuell anzupassen. Bei der Generierung von Applikationen sollte zur Sicherheit das Dezimaltrennzeichen am Anfang des Hauptmenüs eingestellt werden.

Die Darstellung des Tausendertrennzeichens läßt sich mit dem Parameter SET SEPARATOR umstellen. Das ist entweder menügesteuert über das dBASE IV-Konfigurationsmenü oder durch direkte Definition mit

```
SET SEPARATOR TO <"."/",">
```

zu realisieren.

Werden die beiden Parameter auf die nationalen Erfordernissen eingestellt, erfolgt die Darstellung einer Zahl nicht mehr wie bisher

```
1,000,000,000.00
```

sondern in der bei uns üblichen Schreibweise

```
1.000.000.000,00
```

Zu beachten ist jedoch, daß bei der Eingabe eines Betrages auch in diesem Fall der Dezimalbetrag durch einen Punkt zu trennen ist. Außerdem muß bei Formatangaben wie "###.##" die US-Schreibweise beibehalten werden.

Auch die Zuordnung des Währungssymbols läßt sich mit dBASE IV regeln. Realisiert wird das mit dem

```
SET CURRENCY TO "<Währungskennzeichen>"
```

Parameter durch die direkte Eingabe oder die CURRENCY-Voreinstellung über die CONFIG.DB-Datei. Es ist darauf zu achten, daß bei der Eingabe des Währungskennzeichens eine Leerstelle voran- und zumindest eine nachgestellt wird. Ansonsten passiert bei einer üblichen Definition wie

```
betrag = 0
CLEAR
@ 8,8 SAY "Honorarbetrag eingeben "
        GET betrag PICTURE "$$$$$$$$$$.99"
READ
```

folgendes

```
Parameter:                      Ergebnis:
------------------------------------------------

SET CURRENCY TO "DM"            DDDDDDDDMO.00

SET CURRENCY TO " DM"               DMO.00

SET CURRENCY TO " DM "             DM 0.00
```

In beiden Fällen ist das Währungskennzeichen dem Betrag vorangestellt.
Die Einstellung regelt der Parameter

```
SET CURRENCY LEFT
```

Soll das Währungskennzeichen einem Betrag nachgestellt sein, ist dieser
SET-PARAMETER wie folgt zu ändern

```
SET CURRENCY RIGHT
```

Damit auch bei der Ausgabe von Feldinhalten die Darstellungsform bestimmt werden kann, enthält dBASE IV die TRANSFORM()-Funktion.
Diese hat die Syntax

```
TRANSFORM (<Feldbezeichnung>, "<Format>")
```

und findet wie folgt Anwendung:

```
betrag = 123456.89

Parametereinstellung:    SET POINT TO ","
                         SET SEPARATOR TO "."
                         SET CURRENCY TO "DM"
                (1) + (2) SET CURRENCY RIGHT
                (3) + (4) SET CURRENCY LEFT


Definition:                     Ergebnis:
------------------------------------------------

(1) TRANSFORM(betrag, "@$ ##,###,###.##")    123.456,89 DM

(2) TRANSFORM(betrag, "@$")                  123456,89 DM

(3) TRANSFORM(betrag, "@$ ##,###,###.##") DM 123.456,89

(4) TRANSFORM(betrag, "@$")                  DM 123456,89
```

Anzuwenden ist TRANSFORM sowohl in Verbindung mit LIST, DIS-
PLAY und dem Fragezeichen.

Außer der Zuordnung von internationalen Währungsangaben und Regelung der Darstellung von Beträgen, läßt sich mit dem neuen SET-Parameter

```
SET PRECISION TO <Zahl von 10 bis 20>
```

auch die Anzahl der Rechenstellen für interne mathematische Operationen bestimmen.

Weiterhin wird von dBASE IV der SET DECIMALS-Parameter in einer überarbeiteten Form unterstützt. Wie der Name schon sagt, kann damit für mathematische, trigonometrische und finanzmathematische Operationen die Anzahl der Dezimalstellen vorgegeben werden. Die Voreinstellung ist zwei Dezimalstellen. Mit

```
SET DECIMALS TO <Zahl>
```

läßt sich ein Wert zwischen 0 und 18 einstellen.

2.3.12 Verarbeitung und Darstellung von Datum und Zeit

Nicht nur Zahlen, sondern auch das Datum und Zeit sind mit dBASE IV entsprechend nationalen Gegebenheiten darzustellen. Mit dem SET DATE-Parameter ist zwischen zehn Varianten, sechs nationalen und vier freien, zu wählen. Die wichtigsten Einstellungen sind

```
Parameter:                  Datumsformat:
----------------------------------------------

SET DATE GERMAN             TT.MM.JJ
SET DATE AMERICAN           MM/TT/JJ
SET DATE ANSI               JJ.MM.TT
SET DATE DMY                TT/MM/JJ
SET DATE MDY                MM/TT/JJ
SET DATE YMD                JJ/MM/TT
```

Besonders innerhalb von Applikation empfiehlt sich die Anwendung des SET MARK-Parameters. Über die Voreinstellung des Datums mit SET DATE hinweg, kann dadurch zusätzlich die Separierung der Zahlen durch ein anderes Zeichen ersetzt werden. Beispielsweise führt die Definition

```
SET MARK TO "-"
```

in Verbindung mit der SET DATE GERMAN-Voreinstellung zu einer Darstellung des Datums in der Form

```
TT-MM-JJ        (z.B. 24-12-88).
```

Aufzuheben ist diese Einstellung jederzeit mit

```
SET MARK TO
```

Weiterhin kann mit dem

```
SET CENTURY ON
```

Parameter die Anzeige auf die volle Jahreszahl (19JJ) ausgedehnt und mit OFF wieder aufgehoben werden.

Den ausgeschriebenen Monatsnamen eines Datums gibt die DMY()- oder MDY()-Funktion in der Reihenfolge Tag, Monat, Jahr oder Monat, Tag, Jahr aus. Hierfür ist das Datum zuerst einer Variable zu übergeben:

```
tag = {24.12.88}   oder   tag = DATE()
? dmy(tag)   =   24 December 1988  oder  24 December 88
```

Sie werden feststellen, daß auch die Definition eines Datums mittels geschweifter Klammern in dBASE IV neu ist. Diese Funktion ist gleichbedeutend mit CTOD("<Datum>") und wandelt ein in einer Zeichenkette gespeichertes Datum in das Datumsformat um. Mit der DTOS()-Funktion läßt sich eine Datumsfeld in eine Zeichenkette umsetzen. Diese Funktion sollte dann eingesetzt werden, wenn ein Datumsfeld gemeinsam mit einem Zeichenfeld zu indizieren ist.

```
USE <Datenbank>


INDEX ON DTOS(<Datumsfeld>) + <Zeichenfeld>
      TO <Indexbezeichnung>
```

Abfragen läßt sich das Datum mit folgenden Funktionen:

```
Eingabe                    Ergebnis *)
--------------------------------------------------
*) SET DATE GERMAN-Einstellung

? DATE()                   TT.MM.JJJJ  oder
                           TT.MM.JJ

? MONTH(<Datumsvariable>)  M oder MM

? YEAR (<Datumsvariable>)  JJ oder JJJJ

? CDOW(<Datumsvariable>)   Wochentag (Name)
                           (z.B. Wednesday)

? DOW(<Datumsvariable>)    Wochentag (Zahl)

? CMONTH(<Datumsvariable>) Monatsname (z.B. May)
```

Für Berechnungen ist das Datumsformat ebenfalls zu nutzen. Die Eingabe

```
tag1 = date()  (z.B. Mietbeginn)
tag2 = date()  (z.B. Mietende)

differenz = tag2 - tag1
```

ergibt einen numerischen Wert vom Typ Fließkomma für weitere Berechnungen. Beispielsweise

```
mietkosten = tagesrate * differenz
```

berechnet die Kosten für einen Mietgegenstand auf Tagesbasis.

Zeitdarstellung und -manipulation

Mit der Anweisung

```
SET CLOCK ON
```

ist die Zeitanzeige in einer dBASE-Applikation einzublenden. Im Gegensatz zur bereits mit dBASE III PLUS verfügbaren TIME()-Funktion

```
zeit = TIME()
@ 1,70 SAY zeit
```

wird mit SET CLOCK ON eine aktive Uhr eingeblendet. Dagegen ermittelt die TIME()-Funktion lediglich die aktuelle Zeit und blendet diese ein. Mit dem Zusatz OFF ist die Uhr jederzeit wieder auszublenden. Außerdem ist zwischen der 12- (am, pm) und 24-Stunden-Zeitdarstellung mit

```
SET HOURS TO [12/24]
```

zu wählen. An eine bestimmte Stelle am Bildschirm positioniert der

```
SET CLOCK TO <Zeile>, <Spalte>
```

Parameter die Zeitangabe.

2.3.13 Phonetische Abfragen

Nunmehr umfaßt auch der dBASE-Sprachumfang eine SOUNDEX()-Funktion zur Abfrage nach gleichlautenden Datenbankeintragungen. Der gleichnamige Soundex-Algorithmus ordnet gleichlautenden Buchstaben einen Wert zu und bildet daraus einen verschlüsselten Begriff. Dieser Code wird dann bei der phonetischen Abfrage selektiert und die entsprechende Informationen ausgegeben. Um die dBASE IV-Soundex-Funktionen zu nutzen ist zuerst eine Index-Datei mit Soundex-"Wörtern" einzurichten.

```
USE <Datenbank>
INDEX ON SOUNDEX(<Datenfeld>) TO <Indexbezeichnung>
```

Anschließend wird mit Unterstützung der gleichen Funktion die Abfrage durchgeführt.

```
USE <Datenbank> INDEX <Indexbezeichnung>
ACCEPT "Gesuchter Begriff " TO s_name
s_name = SOUNDEX(s_name)
SEEK s_name
DISPLAY <Datenfeld>
```

Ein Soundex-Schlüssel ist vier Zeichen groß. Durch die dBASE IV DIF-FERENCE()-Funktion läßt sich die Übereinstimmung von Soundex-Be-griffen nach allen vier Stellen abprüfen. Mit der Anweisung

```
USE <Datenbank>
LIST <Datenfeld>
```

würden alle in einem Feld gespeicherten Informationen ausgegeben. Der gesucht Begriff ist unter Einsatz der Soundex-Option weitgehenst einzu-grenzen.

```
USE <Datenbank>
LIST <Datenfeld> FOR DIFFERENCE(<Datenfeld>, s_name) > <Zahl>
```

Wobei die Eingabe einer Zahl zwischen eins und vier eine unterschied-liche Anzahl von Begriffen auflistet.

Neben der phonetischen Suchfunktion lassen sich Daten in dBASE IV auch mittels Wildcards selektieren. Zu realisieren ist das mit der LIKE()-Funktion. Allerdings werden bei dieser Art der Abfrage keine Daten, sondern lediglich ein logisch .T. (= zutreffend) oder logisch .F. (= nicht zutreffend) ausgegeben.

```
? LIKE(<"Ausdruck">, "Begriff")


? LIKE("?B*", "DBASE")      = .T.
? LIKE("dB*", "DBASE")      = .F.
? LIKE("dB?", "dBASE IV")   = .F.
```

2.3.14 Benutzer definieren Funktionen

Bereits beim Arbeiten mit dBASE III PLUS waren über die CALL-Schnittstelle zusätzliche Funktionen, sogenannte "User Defined Functions" (UDF's), einzubeziehen. Diese meistens sehr schnellen, in Binärdateien gespeicherten Funktionen, haben jedoch den Nachteil, daß sie internen Speicherplatz belegen. Allerdings kann durch das Einbinden dieser Routi-nen der Funktionsumfang erheblich erweitert werden. Im Gegensatz zu einigen dBASE-Clones können mit dBASE III PLUS keine UDF's mittels der dBASE-Sprache erstellt werden. Solche benutzerdefinierte Funktionen sind jetzt mit dBASE IV auch innerhalb des Systems zu definieren. Fremdsprachen müssen somit nicht (unbedingt) mehr benutzt werden, um den Sprachumfang zu erweitern. Außerdem haben die mit dBASE-Befehle erstellten Funktionen den Vorteil, daß sie erst bei Bedarf einen Plattenzugriff bewirken.

Benutzerdefinierte dBASE-Funktionen sind im Prinzip nichts anderes als kleine dBASE-Programme oder besser dBASE-Prozeduren. Der große Unterschied ist die Handhabung, die gleich der von dBASE eigenen Funktionen ist. Eine benutzerdefinierte Funktion erhält die gleiche Kennzeichnung wie ein dBASE-Programm. Der Source-Code ist in einer .PRG-Datei gespeichert und der Object-Code in der .DBO-Datei. Um eine vom Benutzer definierte Funktion in eine Applikation einzubeziehen, muß diese in compilierter Form vorhanden sein. Damit dBASE IV eine Funktion von einem Programm oder einer Prozedur unterscheiden kann, ist diese am Anfang durch den Befehl FUNCTION gekennzeichnet. Bei der Definition ist darauf zu achten, daß jedes UDF durch einen RETURN-Befehl abgeschlossen wird. Weiterhin ist bei der Codierung zu berücksichtigen, daß nicht alle dBASE-Befehle, -Funktionen und SET-Parameter in die Definition einbezogen werden können. Insbesondere handelt es sich dabei um interaktive oder ganz besonders komplexe Kommandos wie beispielsweise APPEND, BROWSE, COPY, CREATE/MODIFY, DEFINE, IMPORT/EXPORT, SAVE/RESTORE, PACK/ZAP, TRANSACTION-/ROLLBACK oder ON-Befehle, um nur einige zu nennen. Außerdem darf die &-Makrofunktion in UDF's nicht verwendet werden. Eine genaue Übersicht über die rund 50 von der Verwendung in UDF's ausgeschlossenen Kommandos gibt das dBASE IV-Programmierhandbuch.

Die Syntax einer benutzerdefinierten Funktion lautet wie folgt:

```
FUNCTION <Funktionsbezeichnung>
        [PARAMETERS <Parameter-Liste>]
...


RETURN <Wert>
```

Nachfolgend einige Beispiele für UDF's und deren Anwendung:

Mit dem UDF "Platz" wird errechnet, ob für die voraussichtliche Anzahl Datensätze einer Datenbank auf dem Speichermedium genügend Platz vorhanden ist.

```
FUNCTION platz
   lang = RECSIZE()
   kopf = 32 * (zahl + 35)
   raum = (lang * zahl) + kopf
RETURN raum
```

Einzusetzen ist die Funktion wie folgt:

```
USE <Datenbank>
INPUT "Anzahl der zu speichernden Datensätze" TO zahl
db = DBF()
ə 8,10
?? "Die Datenbank", db , "benötigt ", platz(),
   "Byte Speicherplatz"
plat = DISKSPACE()
diff = plat-m_raum
if diff > 1
   CLEAR
   ə 10,10 SAY "Der Speicherplatz reicht aus"
ELSE
   CLEAR
   ə 10,10 SAY "Der Speicherplatz reicht nicht aus"
ENDIF
RETURN
```

Mittels der nächsten benutzerdefinierten Funktion lassen sich Fremdwäh-
rungsbeträge in die nationale Währung, beispielsweise Franken in D-
Mark, umrechnen.

```
FUNCTION kurs
   geld = betr*tagk
RETURN geld
```

Einsetzen läßt sich die Funktion wie folgt:

```
SET TALK OFF
CLEAR
4,0
INPUT "    Tageskurs eingeben " TO tagk
betr = 0
eing = " "
DO WHILE eing <> "e"
   CLEAR
   ə 6,20 SAY "Betrag der Fremdwährung " GET betr
         PICTURE "99999.99"
   READ
   ə 9,20
   ?? "Sie erhalten DM ", KURS()
   ə 23,79
   SET CONSOLE OFF
   WAIT TO EING
   SET CONSOLE ON
ENDDO
RETURN
```

Die nächste Funktion ermittelt die Differenz zwischen zwei Tagen. Vorzugeben sind der Wert für das erste Datum in der Variable AD und das
zweite Datum in der Variable LD.

```
AD = date()    und     LD = date()


FUNCTION tage
     diff = ld - ad
RETURN diff


? "Für die Aktivitäten stehen noch ", diff,
  "Tage zur Verfügung"
```

In "dBASE-UDF's" lassen sich auch die in Binärdateien gespeicherten benutzerdefinierten Funktionen (BIN-UDF's) einbinden.

2.3.15 Mit Datenkatalogen arbeiten

Beim Arbeiten mit dem dBASE IV-Regie-Zentrum wird automatisch ein
Datenkatalog geöffnet und alle neu definierten Dateien diesem zugeordnet. Wird die Benutzeroberfläche verlassen, schließt das System den Datenkatalog automatisch. Jedoch auch beim interaktiven Arbeiten oder
beim Einsatz von Applikationen läßt sich die CATALOG-Funktion benutzten. Eröffnet oder definiert wird ein Datenkatalog mit der Anweisung

```
SET CATALOG TO <Katalogbezeichnung>
```

Jedem Katalog ist ein erklärender Text von bis zu 80 Zeichen Länge zuzuordnen. Diese Beschreibung hilft bei der Auswahl der Datenkataloge
mit dem Parameter

```
SET CATALOG TO ?
```

Über ein Fenster wird eine Liste, der auf der Platten befindlichen Datenkataloge ausgegeben. Die Eingabe einer Bezeichnung ist jedoch auch
zu umgehen, wenn der SET TITLE-Parameter vorher auf OFF gesetzt
wird. Soll nachträglich erst eine Bezeichnung eingegeben oder eine bestehende geändert werden, ist das bei einem aktivierten Datenkatalog mit
der Anweisung

```
SELECT 10
EDIT
```

und bei einem nicht geöffneten Datenkatalog mit

```
USE <Katalogbezeichnung>
EDIT
```

zu realisieren. Die Anwendung von Datenkatalogen sichert eine bessere
Gruppierung der Daten, benötigt aber auch einen Arbeitsbereich. Automatisch wird die Katalogdatei in Arbeitsbereich 10 geöffnet.

Um die Zuordnung von Dateien bei einem aktivierten Datenkatalog zu unterbrechen, ist der Parameter SET CATALOG auf OFF zu setzen. Zurückzunehmen ist die Einstellung mit SET CATALOG ON. Allerdings kann damit kein Datenkatalog geschlossen werden. Dafür ist SET CATALOG TO vorgesehen, ohne eine Katalogbezeichnung einzugeben.

2.3.16 Mehr Sicherheit und Komfort im Netz

Komplett überarbeitet und um wichtige Merkmale ergänzt wurde auch das dBASE-Netzwerkkonzept. Gegenüber den elementaren LAN-Funktionen von dBASE III PLUS bietet dBASE IV mehr Komfort und eine wesentlich erhöhte Datensicherheit im Mehrbenutzerbetrieb. Die entsprechende Hard- und Softwareumgebung vorausgesetzt, läßt sich jede dBASE IV-Version alternativ in einem LAN einsetzen. Mit dBASE IV erstellte Applikation sind fast ohne Änderungen sowohl im Einzelplatzbetrieb als auch in einem lokalen Netzwerk einzusetzen. Ob sich ein Benutzer in einer Netzwerk-Umgebung befindet, prüft die NETWORK()-Funktion.

Entscheidend vereinfacht das Installationssystem die Einrichtung der Systemdateien auf dem Netzwerk-File-Server. Wie beim Arbeiten mit dBASE III PLUS werden für den Zugriff von den einzelnen Arbeitsstationen zusätzliche LAN-Lizenzen benötigt. Um nicht das komplette System mit allen Zusatz- und Hilfsprogrammen erwerben zu müssen, gibt es weiterhin sogenannte LAN-Pakete. Die Anzahl der dBASE-LAN-Benutzer wird nur durch die eingesetzte Netzwerklösung reglementiert. Die Hinzunahme neuer und das Löschen alter Benutzer übernimmt das Programm ADD-USER. Beim Einsatz im lokalen Netzwerken ist darauf zu achten, daß der FILES-Parameter der CONFIG.SYS-Datei auf 99 gesetzt ist.

Durch Record- und File-Locking wird der interne Zugriffsschutz geregelt. Zahlreiche dBASE-Kommandos sperren Dateien- und/oder Datensätze automatisch. Voraussetzung ist, daß der SET LOCK-Parameter auf ON gesetzt ist. Sofort nachdem ein Befehl abgearbeitet wurde, wird die Datei, beziehungsweise der Satz, wieder für einen anderen Benutzer freigegeben. Mit der Schalterstellung OFF ist die Zugriffssperre wieder außer Kraft zu setzt. Bei einigen, mit einem Stern (*) gekennzeichneten Kommandos, hat die SET LOCK OFF-Stellung prinzipiell keine Auswirkung auf das Locking. Vorsichtshalber sollte jedoch immer der SET LOCK ON-Parameter beim Netzwerkbetrieb gesetzt sein. Die Anwendung der nachfolgenden Befehle bewirkt eine automatische Sperre auf Satzebene:

* APPEND/APPEND BLANK   Anhängen eines neuen Datensatzes an die
                                           Datenbank

* BROWSE   Editieren mehrerer Datensätze

* CHANGE   Veränderung der Eintragungen in einem
                                         Feld

* DELETE	Logisches Löschen eines Datensatzes
* EDIT	Editieren eines Datensatzes
* GET	Zuweisung eines Feldes oder Variable
* READ	Übergabe einer Eintragung
* RECALL	Aufhebung der Löschmarkierung einer Variable
* REPLACE	Änderung des Datenfeldinhaltes

Eine automatische Sperre der gesamten Datei bewirken die Kommandos:

* APPEND FROM	Datenübernahme aus einer anderen Datei
AVERAGE	Ermittlung des Durchschnittswerts
CALCULATE	Durchführung von Rechenoperationen
COPY	Kopieren einer Datei oder spezifizierten Bereichs
COPY STRUCTURE	Duplizierung der Dateistruktur
COUNT	Ermittlung der Häufigkeit einer bestimmten Eintragung
* DELETE	Logisches Löschen mehrerer Dateieintragungen
INDEX	Zuweisung der Indizes
JOIN	Verknüpfung von zwei Dateien
LABEL	Erstellung von Etiketten
* REPLACE	Änderung des Inhalts mehrerer Datenfelder
REPORT	Aufruf einer Berichtsdatei
* SET CATALOG ON	Zuweisung eines Datenkatalogs
SORT	Sortieren von Dateiinhalten
SUM	Addition numerischer Eintragungen in einer Datei
TOTAL	Erstellung einer Datenbank mit Summen
* UPDATE	Globale Änderungen an einer Datenbank

Außerdem läßt sich beim interaktiven Arbeiten mit der Tastenkombination [CTRL]+[O] ein Datensätze sperren und mit [CTRL]+[C] oder [CTRL]+[R] die Sperre wieder aufheben. Eine ganze Datei vor dem Zugriff anderer Benutzer ist mit SET EXCLUSIVE ON oder USE EXCLU-

SIVE zu sperren. Für das exklusive Sperren von Dateien- und Datensätzen besteht auch weiterhin Zugriff auf die Funktionen FLOCK() (= Dateisperre) und RLOCK() beziehungsweise LOCK() (= Satzsperre). UNLOCK() hebt die gesetzte Zugriffssperre wieder auf. Diese Kommandos sind vorzugsweise innerhalb einer Applikation zu verwenden.

Mit dem RLOCK()-Kommando sind auch mehrere Datensätze gleichzeitig zu sperren. Notwendig ist hierfür die Anweisung

    RLOCK(n1,n2,nn)

Außerdem lassen sich auch Datensätze in einem anderen Arbeitsbereich

    USE <Datenbank>
    RLOCK(<Datensatz>, <Datenbank>)

für den Zugriff sperren. Das ist insbesondere dann sinnvoll, wenn bestimmte Informationen einer Datenbank gemeinsam mit Informationen einer anderen Datenbank auszugeben oder in Verbindung mit der zu ändern sind.

Mit Unterstützung des CONVERT-Kommandos lassen sich einer Datenbankdatei Informationen wie Zeit, Datum und Name des Benutzers der die letzte Änderung vorgenommen hat, hinzufügen. Realisiert wird das, indem dBASE IV automatisch eine zweite Datei (Erweiterung .CVT) anlegt. Alle anschließend mittels der CHANGE()-Funktion durchgeführten Veränderungen werden in einem zusätzlichen _dbaselock-Feld gespeichert. Mit der LKSYS()-Funktion sind die Informationen jederzeit abzufragen. Außerdem lassen sich mit BROWSE und EDIT durchgeführte Veränderungen ,mittels des SET REFRESH-Parameters, ermitteln. Weiterhin können mit diesem Parameter auch automatisch innerhalb einer vorgegebenen Periode von einer bis 3600 Sekunden

    SET REFRESH TO <Sekunden>

Veränderungen festgestellt werden. Durch diesen Parameter wird ein automatischer Bildschirm-Refresh bei der Änderung eines Datensatzes durch einen anderen Benutzer erreicht.

Ist beim Arbeiten mit dBASE III PLUS der Zugriff auf einen Datensatz erfolglos, gibt das System eine Meldung aus und bricht den Zugriff ab. Mit dem Parameter

    SET REPROCESS TO <Wert>

kann beim Arbeiten mit dBASE ein Zugriff bis zu 32.000 Mal automatisch wiederholt werden. Erst dann, wenn der Datensatz immer noch von einem anderen Anwender gesperrt ist, bricht das Programm den Zugriff ab und gibt eine Meldung aus. Mit der Funktion USER() läßt sich jederzeit der Benutzer abfragen und damit feststellen, ob dieser den Datensatz oder die Datei tatsächlich bearbeitet.

Die mit dem Zugangsregelementierungssystem PROTECT für einen Benutzer vergebenen Privilegien sind mit ACCESS() innerhalb einer Applikation komfortabel abzufragen.

Neben den Record- und File-Locking-Basisfunktionen, ist auch das
Transaktionskonzept in dBASE IV realisiert. Dadurch wird beim Start ei-
ner Transaktion (BEGIN TRANSACTION) eine zweite Datei (= Transaction log file (.LOG)) mit dem Urzustand des geänderten Datenbestandes
angelegt. Ob eine Transaktion erfolgreich durchgeführt wurde, läßt sich
mit der COMPLETED()-Funktion ermitteln. Stellt diese fest, daß die
Transaktion vollständig und fehlerfrei durchgeführt wurde, bewirkt das
END TRANSACTION-Kommando die Löschung der Translog-Datei.
Tritt jedoch bei der Ausführung der Transaktion ein Fehler auf, der zum
Abbruch der Verarbeitung, beziehungsweise Absturz des Systems führt,
kann anhand dieser Datei in Verbindung mit dem ROLLBACK-Kom-
mando der Originalzustand vor Beginn der Transaktion wieder rekonstru-
iert werden (= Transaktionsrollback). Außerdem ist diese Funktion auch
zu verwenden, um gezielt den Urzustand einer Datei wieder herzustellen.
Alternativ besteht auch beim Einzelplatzbetrieb Zugriff auf die Trans-
aktions-Kommandos.

Ebenfalls die Datensicherheit, sowohl im Einzelplatz- als auch Netzwerkbetrieb erhöht SET AUTOSAVE. Ist der Parameter auf ON geschaltet,
führt jede Veränderung an einem Datensatz automatisch zur Sicherung
auf der Festplatte. Letztendlich beendet werden die Arbeiten in einem
lokalen Netzwerk mit dem LOGOUT-Kommando.

2.3.17 Druckausgaben besser gestalten

Im Gegensatz zu den Vorgängerversionen bestand beim Arbeiten mit
dBASE kein Zugriff auf spezielle Druckertreiber. Mit dBASE IV hat sich
das grundlegend geändert. Aus zahlreichen Treibern für die verschiedensten Druckertypen ist zu wählen. Über die dBASE IV-CONFIG.DB-Datei
lassen sich Treiber für vier verschiedene Drucker vorgeben. Außerdem ist
ein Drucker als Default-Drucker zu bestimmen. Die Druckertreiber
unterstützen erstmals die individuellen Darstellungsvarianten eines Druk-
kers. Die für die Druckausgabe gewählte Schriftart läßt sich außerdem
mittels drei vorangestellter Fragezeichen (???) ändern. Beispielsweise hat
die nachfolgende Anweisung

```
???  "{ESC}(8U{ESC}(s0p12h12v0s3b6T"
```

beim Einsatz eines Mannesmann Tally Laserdruckers Typ 910 die Folge,
daß von der Standardschrift in einen speziellen Zeichensatz (Letter Go-
thic, 12 Zeichen, Bold) gewechselt wird. Im Gegensatz zu einem Fragezeichen (?) (= Zeilenwechsel) verändert dieses Funktion die Druckposition
nicht. Damit ist der komfortable Wechsel zwischen mehreren Zeichensät-
zen in einer Druckzeile sichergestellt.

Mittels zahlreicher anderer neuer Funktionen lassen sich außerdem Druckausgaben frei gestalten. Insbesondere sind hier die sogenannten "System Memory Variables" anzuführen. Diese mit einer Linie "_" am Anfang gekennzeichneten Befehle ermöglichen die vollkommene Kontrolle des Druckformats. In Verbindung mit anderen dBASE-Befehlen läßt sich damit insbesondere die Ausgabe mit dem Reportgenerator definierter Berichte wesentlich besser steuern.

Zu den System Memory Variables gehören:

_plineno	Bestimmt exakt eine Zeile(nnummer) in einem Bericht.
_pcolno	Hiermit ist eine Druckposition zwischen 0 und 255 exakt zu ermitteln.
_alignment	Positioniert den Text innerhalb des vorgegebenen linken und rechten Randes entweder in der Mitte (_alignment = "CENTER), links (= "LEFT") oder rechts (= "RIGHT").
_wrap	Sätze, die länger eine vorgegeben Zeilenbreite sind, werden bei Verwendung von _wrap automatisch umbrochen.
_box	Bewirkt, daß bei der Druckausgabe ein Rahmen um den Text "gezogen" wird. Die Koordinaten des Rahmens sind individuell zu bestimmen. In Verbindung mit der SPACE()-Funktion lassen sich Teile des Rahmens überblenden und damit besondere Effekte erzielen.
_indent	Hiermit läßt sich der Einzug am Anfang eines Textblocks frei bestimmen. Beispielsweise bewirkt _indent = 10 am Anfang eines Text-blocks einen Einzug von 10 Zeichen.
_lmargin/_rmagring	Bestimmt die erste und letzte Druckposition in einer Zeile.
_ploffset	Ist identisch zum SET MARGIN TO-Parameter und definiert den Blattrand. Die _lmargin-Einstellung ist erst nach letzten mit _ploffset definierten Stelle wirksam.
_padvance	In Verbindung mit "FORMFEED" bewirkt _padvance einen Zeilenvorschub bis zum Anfang der nächsten Seite. Die

	Funktion ist identisch zu ? CHR(12) oder ASCII-Zeichen 12 innerhalb von TEXT-/ENDTEXT- Bereichen. Der Zusatz "LINEFEEDS" bewirkt einen Zeilenvorschub.
_peject	Entweder vor (_peject = "BEFORE"), nach ("AFTER"), vor und nach ("BOTH") der Ausgabe eines Dokuments oder überhaupt nicht ("NONE"), läßt sich mit dieser Einstellung ein Seitenvorschub erzwingen oder unterdrücken.
_pageno	Bewirkt eine automatische Seitennumerierung ab der vorgegebenen Zahl.
_pbpage	Teilt dem System mit, ab welcher Seite der Aus druck zu erfolgen hat.
_pepage	Läßt die letzte auszudruckende Seite eines Berichts exakt bestimmen.
_pspacing	Bestimmt die Leerzeilen zwischen den Druckzeilen. Zwischen 1-, 2- und 3-zeiligen Druck ist zu wechseln.
_pcopies	Ermöglicht die Anzahl der zu druckenden Kopien vorzugeben.

Wie bei einem Textsystem läßt sich mit Unterstützung dieser Funktionen die Druckausgabe exakt steuern. Bei umfangreichen Berichten können damit Teilausgaben ohne großen Programmieraufwand realisiert werden. Wichtig ist, daß die mit _pageno, _pbpage und _pepage getroffenen Vereinbarungen untereinander konsistent sind. Ansonsten ignoriert dBASE IV die Voreinstellungen.

Die Zeichenbreite ist mit _ppitch einzustellen. Die Optionen für diese Vereinbarung sind:

```
_ppitch = "PICA"        (= 10-Zeichen-Zoll)
        = "ELITE"       (= 12-"-)
        = "CONDENSED"   (= 17,16-"-)
        = "DEFAULT"     (= Wie Voreinstellung)
```

Zwischen dem schnelleren "Draft-Mode" und einer besseren Druckqualität "Near-Letter-Quality" ist mittels _pquality umzuschalten. Sogar der Druckertreiber läßt sich mit

```
_pdriver = "<Dateiname>"
```

individuell auswählen. Soll die Druckausgabe nach eine Seitenvorschub unterbrochen werden, ist _pwait in die Definition einzubinden. Die Variablen lassen sich auch in einer Druckformat-Datei (.PRF) eintragen und damit verschiedene Formate für eine Applikation vorgeben. Aktiviert werden diese mit dem Kommando

```
_pform "<PRF-Dateibezeichnung>".
```

Ob der Drucker eingeschaltet ist, läßt sich mit PRINTSTATUS() abfragen.

Eine Druckroutine ist in dBASE IV zusätzlich mit PRINTJOB und END-PRINTJOB zu kennzeichnen. Mit den Voreinstellungen _pscode und _pecode lassen sich Steuerzeichen zum Anfang oder am Ende eines solchen Jobs an den Drucker senden. Damit sind verschiedene Schriftarten bei der Druckausgabe von umfangreichen Berichten zu verwenden.

Außer den System-Memory-Variables enthält dBASE IV zusätzliche und erweiterte Befehle und Funktionen zur Druckersteuerung. Innerhalb einer mit ? oder ?? definierten Druckzeile, läßt sich die Ausgabe (Text oder Variable) genau an eine gewünschte Stelle mit AT positionieren.

In zwei Grundvarianten ist der SET PRINTER-Parameter anzuwenden. Identisch zu dem dBASE III-Parameter SET PRINT ON/OFF ist SET PRINTER ON/OFF der die Datenausgabe auf den Drucker umleitet. Bereits mit der SET PRINTER TO-Anweisung von dBASE III PLUS kann ein DOS-Gerät für die Datenausgabe (z.B. LPT1 oder COM2) direkt angesprochen werden. Zusätzlich kann mit dBASE IV die Ausgabe an eine Druckdatei erfolgen. Einzusetzen ist hierfür der Parameter

```
SET PRINTER TO FILE <Dateibezeichnung>
```

Üblicherweise legt dBASE IV automatisch eine Datei mit der Erweiterung .PRT an und bindet den mit "_pdriver" eingestellten Druckertreiber in die Datei ein. Wird jedoch mit

```
_pdrive = "ASCII.PR2"
```

der ASCII-Zeichensatz einer Druckausgabedatei zugewiesen, erhält diese die Bezeichnung .TXT. Der Vorteil einer ASCII-Datei ist es, daß der Inhalt auch mit anderen Systemen ausgedruckt werden kann.

Kontrolle über die Druckersteuerung am Anfang oder Ende eines Dokuments gibt der ON PAGE-Befehl. Mit diesem Kommando lassen sich Aktionen einer bestimmten Zeile zuordnen

```
ON PAGE [AT LINE <Zeilennummer> >Aktion>]
```

und mit ON PAGE die Funktion wieder abschalten. In der Regel wird die Aktion in einer Prozedur eingebunden.

Neu ist in dBASE IV auch das EJECT PAGE-Kommando. Im Gegensatz zum weiterhin zur Verfügung stehenden EJECT-Kommando bewirkt es nicht nur einen Seitenvorschub, sondern berücksichtigt und beeinflußt auch die System Memory Variables. So setzt es beispielsweise den mit _plineno definierten Wert auf Null. Außerdem bewirkt die Einstellung _padvance = "LINEFEEDS" in Verbindung mit EJECT PAGE, daß einem Blatt so viele Zeilen vorgeschoben wird, wie _plength - _plineno ergibt.

2.3.18 Erweiterte System- und Prüfoperationen

Definitionsfunktionen deaktivieren

Beim Arbeiten mit dBASE IV besteht grundsätzlich Zugriff auf alle Funktionen. Diese lassen sich für einzelne Anwender oder Anwendungen jederzeit abschalten. Im dBASE-Sprachumfang ist hierfür der SET DE-SIGN-Parameter implementiert. Die Schalterstellung dieses Parameters ist üblicherweise ON. Wird sie mit

```
SET DESIGN OFF
```

abgeschaltet, können weder Programme codiert noch modifiziert werden. Auch die Generatoren lassen sich dann nicht mehr benutzen. Besonders hilfreich ist der Einsatz dieser Funktion, wenn dBASE IV ausschließlich in Verbindung mit einer Applikation eingesetzt wird. Der Zugriff auf sämtliche CREATE- und MODIFY-Kommandos ist damit blockiert. Wichtig ist, daß der Parameter an den Anfang des Hauptmenüs gesetzt wird.

Pfadanzeige unterdrücken

Mittels der DBF()-Funktion lassen sich die Namen der aktivierten Datenbankdateien abfragen und Aktionen daraus ableiten. Beim Arbeiten mit dBASE III PLUS übergibt diese Funktion die Laufwerksbezeichnung und die Datenbankbezeichnung (z.B. C:DATA.DBF). Zusätzlich beim Einsatz von dBASE IV kann auch noch der Datenpfad mit ausgegeben werden (z.B. C:\DB\DATA.DBF). Entscheidend ist hierfür die Schalterstellung des FULLPATH-Parameters. Ist dieser auf

```
SET FULLPATH OFF
```

gesetzt, wird der Wert identisch zu dBASE III PLUS ausgegegeben. Ist der Parameter jedoch auf ON geschaltet, wird der Datenpfad zusätzlich mit angegeben. Damit es beim Einsatz von Applikationen, die für dBASE III PLUS entwickelt wurden, nicht zu Problemen kommt (Anwendung DBF()-Funktion), sollte der Parameter für diesen Fall auf OFF gesetzt werden.

Bildschirmtreiber steuern

Im Gegensatz zu seinen Vorgängerversionen unterstützt dBASE IV auch zahlreiche Grafikkarten. Mit dem SET DISPLAY-Parameter läßt sich eine Applikation so programmieren, daß jeder Anwender den Bildschirmtreiber individuell einstellen kann. Nachfolgende Routine ist jeder beliebigen

Applikation voranzustellen oder als Bildschirmtreiber-Installationsprogramm beizufügen.

```
...
CLEAR
EING = " "
a 2,20 SAY "Installation des Bildschirmtreibers"
a 1,18 TO 3,56 DOUBLE
a 5,30 SAY "<1>-Monochrome"
a 6,30 SAY "<2>-Color (CGA)"
a 7,30 SAY "<3>-EGA 25 Zeilen"
a 8,30 SAY "<4>-EGA 43 Zeilen"
a 9,30 SAY "<5>-43 Zeilen Mono"
SET CONSOLE OFF
WAIT TO EING
SET CONSOLE ON
DO CASE
   CASE EING = "1"
      SET DISPLAY TO MONO
   CASE EING = "2"
      SET DISPLAY TO COLOR
   CASE EING = "3"
      SET DISPLAY TO EGA25
   CASE EING = "4"
      SET DISPLAY TO EGA43
   CASE EING = "5"
      SET DISPLAY TO MONO43
ENDCASE
...
```

Freien internen Speicherplatz ermitteln

Der erweiterte Leistungsumfang von dBASE IV bedingt auch einen wesentlich höheren Hauptspeicherbedarf. Mit exakt 397,9 KByte benötigtem internen Speicherplatz, wird es selbst beim Zugriff auf 640 KByte-Hauptspeicher etwas eng. Deshalb ist beim Einsatz von dBASE IV ohne eine Speichererweiterungskarte, Vorsicht bei der Anwendung des RUN/!-Kommandos zum Aufruf von DOS-Programmen geboten. Es kann sonst zu unliebsamen Speicherproblemen und damit zu unkontrollierten Systemabbrüchen kommen. Aus diesem Grund ist im dBASE IV-Sprachumfang eine Funktion zur Abfrage des noch verfügbaren internen Speicherplatzes integriert. Mit

```
MEMORY()
```

wird der noch verfügbare Speicher in KByte ausgegeben. Damit läßt sich vor dem Aufruf eines DOS-Programms oder zum Laden von Binärdateien eine Prüfroutine vorschalten.

```
IF MEMORY() < <Ganzzahl *)>
   ? "Nicht genügend Speicherplatz vorhanden !"
   EXIT
ELSE
   RUN <Programmname/Befehlsbezeichnung>
ENDIF
```

*) Die Ganzzahl (für KByte) sollte gering über dem tatsächlich benötigten Speicherplatz (in KByte) liegen.

Parametereinstellungen prüfen

dBASE IV bietet zahlreiche Parameter für die individuellen Systemeinstellungen an. Damit zu keinem Zeitpunkt die Übersicht über die vorgenommenen Definitionen verloren geht, lassen sich diese mittels der STATUS-Kommandos jederzeit abfragen. Zur Anzeige systemnaher Einstellungen am Bildschirm (Bild 2-6) ist das

```
Currently Selected Database:
Select area:  1, Database in Use: C:\D4D\VERK.DBF    Alias: VERK
Production    MDX file:  C:\D4D\VERK.MDX
           Index TAG:     GEBIET  Key: GEBIET

File search path:
Default disk drive: C:
Print destination:  PRN:
Margin =       0
Refresh count =    0
Reprocess count =  0
Number of files open =   6
Current work area =    1
Decimal point: ,
Separator: .
Currency: DM

ALTERNATE  - OFF   DELIMITERS - OFF   FULLPATH   - OFF   SAFETY     - ON
AUTOSAVE   - OFF   DESIGN     - ON    HEADING    - ON    SCOREBOARD - OFF
BELL       - ON    DEVELOP    - ON    HELP       - ON    SPACE      - ON
CARRY      - OFF   DEVICE     - SCRN  HISTORY    - ON    SQL        - OFF
CATALOG    - OFF   ECHO       - OFF   INSTRUCT   - ON    STATUS     - OFF
CENTURY    - ON    ENCRYPTION - ON    INTENSITY  - ON    STEP       - OFF
Press any key to continue...
```

Bild 2-6

DISPLAY STATUS

Kommando zu verwenden. Für die Ausgabe der Werte auf einen Drucker wiederum

LIST STATUS.

Nunmehr lassen sich mit dBASE IV Parameter-Einstellungen auch gezielt abfragen. Realisiert wird das mit der SET-Funktion.

```
? SET("<Parameter>")
```

Anzuwenden ist diese Funktion in Verbindungen mit allen Parametern die
mittels ON und OFF ein- und auszuschalten sind. Zum Beispiel übergibt
die Anweisung

```
? SET("SCOREBOARD")
```

den Wert OFF, wenn die Anzeige der Tastenfunktionen ausgeschaltet ist,
andernfalls würde die Abfrage den Wert ON anzeigen. Auf diese Weise
lassen sich in Applikationen kritische Einstellungen jederzeit abfragen
und entsprechend verändern. Nachfolgende Routine stellt beispielsweise
sicher, daß bei der Datenausgabe mittels LIST die Kopfzeile unterdrückt
wird.

```
schalter = SET("HEADING")
IF schalter = "ON"
    SET HEADING OFF
ENDIF
```

Funktionstasten individuell belegen

Beim Arbeiten mit dBASE IV besteht erstmals die Möglichkeit, auf mehr
als neun Funktionstasten zuzugreifen. In Verbindung mit der [CTRL]-
und [SHIFT]-Taste lassen sich 28 "Tasten" mit Texten und Kommandos
hinterlegen. Vom System reserviert sind die Funktionstasten [F1] als Hil-
fe-Taste und die Tastenkombination [SHIFT] + [F10] für Makro-Auf-
zeichnungen. Außerdem wurden die Tasten [F2] bis [F10] bereits standardmäßig mit sehr oft benötigten dBASE-Kommandos, z.B. [F2] mit AS-
SIST, zum Umschalten in das Regie-Zentrum, belegt. Die Belegung der
übrigen Tasten ist vollkommen frei zu wählen, und die neun Voreinstellungen können jederzeit geändert werden. Innerhalb von Applikationen
läßt sich damit die Programmsteuerung vereinfachen. Beim interaktiven
Arbeiten, der Anwendungsentwicklung und dem Programmtest sind sie
sinnvoller Weise mit häufig wiederkehrenden Kommandos oder (langen)
Textpassagen zu hinterlegen. Bis zu 238 Zeichen kann eine An-weisung
oder ein Text lang sein. Ein Strichpunkt (;) am Ende der Definition
simuliert die [RETURN]-Taste und führt einen Befehl aus. Ansonsten
wartet das System auf weitere Eingaben. Mehrere Anweisungen sind
durch das gleiche Zeichen (;) voneinander zu trennen und werden nacheinander ausgeführt.

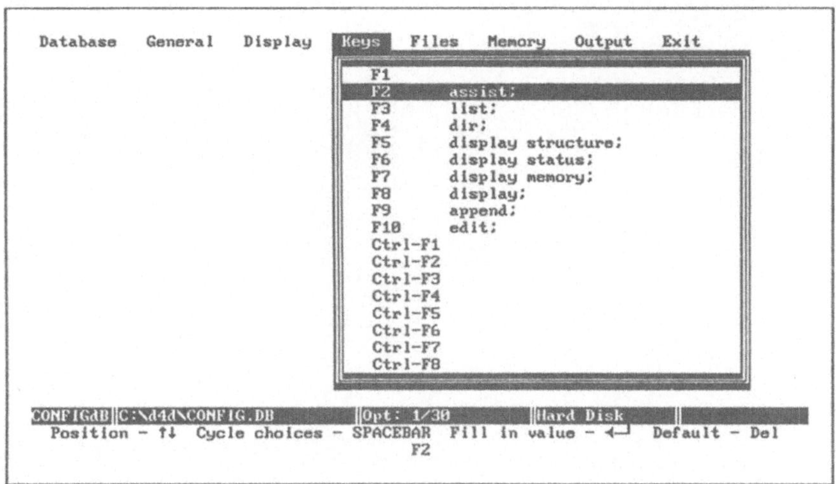

Bild 2-7

Durchzuführen ist die Tastenbelegung am einfachsten über das DBSET-
UP-Konfigurationsprogramm (Bild 2-7). Interaktiv ist wie folgt zu verfahren:

```
SET FUNCTION <Zahl> TO <Ausdruck>
```

Um mittels der Tastenkombination [CTRL] + [F4] die Uhrzeit in der linken statt in der rechten oberen Ecke einzublenden und diese mit [CTRL]
+ [F5] wieder auszublenden, ist zu definieren:

```
SET FUNCTION 14 TO "SET CLOCK ON; SET CLOCK TO 0,0;"
SET FUNCTION 15 TO "SET CLOCK IFF;"
```

Eine Übersicht über die Belegung der Funktionstasten gibt jederzeit das
DISPLAY STATUS-Kommando. Wie beim Arbeiten mit dBASE III PLUS,
gehen alle nicht in der CONFIG.DB-Datei manifestierten Voreinstellungen beim Verlassen des Systems verloren.

3 Die neuen dBASE IV-Kommandos wirkungsvoll einsetzen

Mit der inzwischen mehrere Hundert Befehle und Funktionen umfassenden dBASE-Sprache können fast alle, zumindest kommerzielle, Aufgabenstellungen realisiert werden. Die nachfolgenden Programme sind als Anregung und zum besseren Verständnis der Zusammenhänge bei der Entwicklung von Applikationen auf der Basis von dBASE IV gedacht. Schon aus Platzgründen lassen sich nicht alle denkbaren Varianten berücksichtigen. Alle Programme sind bewußt allgemeinverständlich codiert. Oberstes Ziel bei der Definition war, daß alle Anregungen leicht und schnell nachzuvollziehen sind. Sie können jederzeit verändert und auf individuelle Bedürfnisse umgestellt werden. Zur besseren Übersicht sind alle dBASE-Kommandos in Groß- und Variablen etc. in Kleinbuchstaben geschrieben.

Die folgende Applikation wurde auf einem und für den Einsatz mit einem PC-AT 386 (ACER 1100), Farbbildschirm (EGA Enhanced, 16-Color, Text 80x25) und Laserdrucker (HP Laserjet II) entwickelt. In dieser Konfiguration arbeiten alle Programme problemlos. Bei systemnahen Einstellungen und insbesondere bei den Farbdefinitionen können eventuell in einer anderen Hardwareumgebung geringe Änderungen notwendig sein. Für Schäden, die beim Einsatz der Programme entstehen, übernimmt der Autor keine Haftung. Zu starten ist die Anwendung entweder mit

```
C:>DBASE ZH
```

von der DOS-Ebene aus oder mit

```
.DO ZH
```

von der dBASE-Befehlsebene aus.

Die Applikation setzt sich aus den Bereichen Adressenverwaltung, Einnahmen-/Ausgaben-Rechnung, Literaturverwaltung, Schriftverkehr und Rechnungsschreibung sowie Arbeitshilfen zusammen. Eine Übersicht über die Zuordnung der zahlreichen Prozeduren gibt das nachfolgende Diagramm (Bild 3-1). Die Zuordnung der Datenbank-, Textdaten- und Index-Dateien ist den einzelnen Kapiteln der Anwendungsbeschreibung zu entnehmen. Format-, Berichts- und andere interaktiv zu generierenden Dateien wurden in die Anwendung bewußt nicht einbezogen.

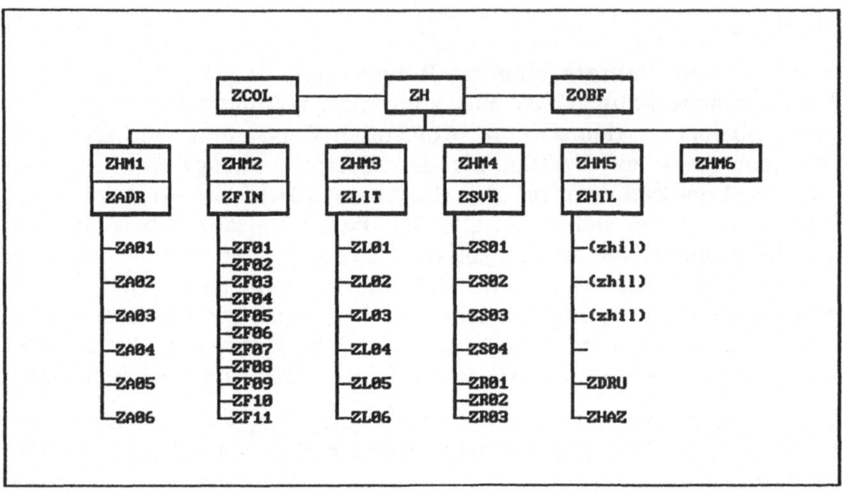

Bild 3-1

Eventuell kann es auch auf Grund veränderter Schalterstellungen (SET-Parameter) zu Fehlermeldungen kommen. Damit das bei Ihren Applikationen nicht passiert, sollten Sie immer im Eröffnungsprogramm einer Applikation alle Schalterstellungen festlegen. Auch die, denen Sie sonst keinerlei Beachtung schenken. Damit stellen Sie außerdem sicher, daß Dritte keine Manipulationen an Ihrer Applikation vornehmen können.

Bedingt durch das Format dieses Buches, sind in einer Zeile maximal 60 Zeichen darzustellen. Dagegen kann eine dBASE IV Befehlszeile bis zu 1024 Zeichen lang sein. Einige Programmzeilen der Beispielprogramme sind länger als 60 Zeichen. Zur Darstellung im Buch wurden diese mit einem Semikolon (;) getrennt. Dieses Zeichen erlaubt es, dBASE-Programmzeilen auf mehrere Druck- oder Bildschirmzeilen zu verteilen und damit übersichtlicher darzustellen, ohne daß der Zusammenhang verloren geht.

3.1 Eine individuelle Menüumgebung schaffen

Wie Kapitel 2 zu entnehmen ist, umfaßt dBASE IV zahlreiche neue Kommandos zur Gestaltung ganz besonders bedienerfreundlicher Menüs. Wie die Beispielanwendung zeigt, ist mit Unterstützung dieser Kommandos eine einheitliche Benutzeroberfläche (Bild 3-2), wie bei professionellen Applikationen, zu entwickeln. Als Vorbild für die definierte Benutzeroberfläche diente Framework. Die Benutzeroberfläche bleibt, wie bei diesem

Programm, in allen Bereichen gleich. Über Lichtbalken und Pull-Down-
Menüs lassen sich die einzelnen Funktionen auswählen.

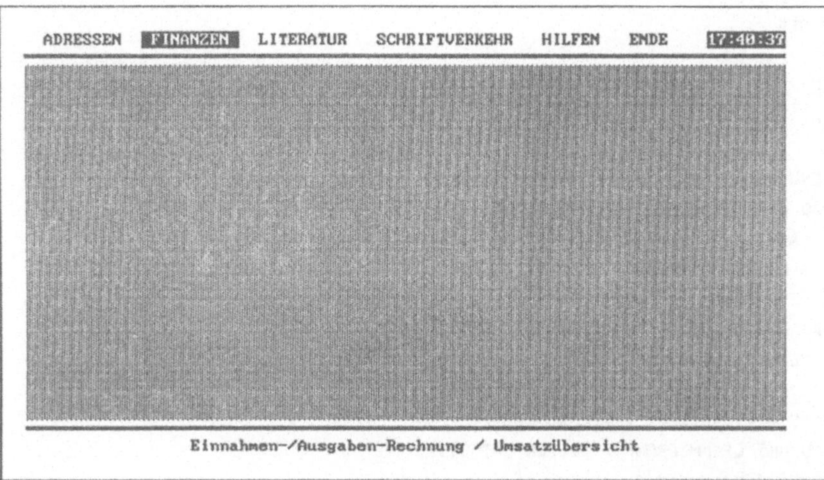

Bild 3-2

Damit die Oberfläche kontinuierlich zur Verfügung steht, sind die einzelnen Programme als Prozeduren zu speichern. Im ersten Schritt ist das
Lichtbalkenmenü (PAD's) zu erstellen. Anschließend sind den PAD's die
Pull-Down-Fenster zuzuordnen und die Balkenmenüs der POPUP's festzulegen. Zur Aktivierung der Optionen bedarf es für jeden Bereich (=
Fenster) eines Auswahlprogrammes. Über CASE-Programmkonstruktionen
lassen sich damit die BAR's (= Balkenmenüs) abfragen sowie Unterpro-
gramme und Routinen zuordnen. Die Uhr wird über das ebenfalls neue
SET CLOCK-Kommando eingeblendet.

```
Programm: Hauptmenü                    Datei: ZH.PRG
* ZH.PRG
* Hauptmenü
* und Startroutinen
* Definition der SET-Parameter
SET BORDER TO 205, 196, 179, 179, 209, 209, 192, 217
SET CLOCK ON
SET CLOCK TO 0,70
SET DECIMAL TO 2
SET DESIGN OFF
SET DISPLAY TO EGA25
SET ESCAPE OFF
SET FIXED ON
```

```
SET FULLPATH OFF
SET HEADING OFF
SET MEMOWIDTH TO 60
SET SCOREBOARD OFF
SET STAT OFF
SET TALK OFF
DO ZCOL
CLEAR ALL
CLOSE ALL
CLEAR
DEFINE MENU hm
DEFINE PAD hm1 OF hm PROMPT "ADRESSEN" AT 0,1;
 MESSAGE "Adressenverwaltung"
DEFINE PAD hm2 OF hm PROMPT "FINANZEN" AT 0,12;
 MESSAGE "Einnahmen-/Ausgaben-Rechnung / Umsatzübersicht"
DEFINE PAD hm3 OF hm PROMPT "LITERATUR" AT 0,23;
 MESSAGE "Literaturverwaltung"
DEFINE PAD hm4 OF hm PROMPT "SCHRIFTVERKEHR" AT 0,35;
 MESSAGE "Schriftverkehr / Rechnungen"
DEFINE PAD hm5 OF hm PROMPT "HILFEN" AT 0,52;
 MESSAGE "Hilfsprogramme"
DEFINE PAD hm6 OF hm PROMPT "ENDE" AT 0,61;
 MESSAGE "Hiermit können Sie zum Regie-Zentrum oder zur DOS-Ebene zurückkehren"
linie = REPLICATE("=", 78)
hint = REPLICATE(" ",78)
@ 1,0 SAY linie
zeile = 2
SET COLOR OF NORMAL TO RG+
DO WHILE zeile < 23
   @ zeile,0 say hint
   zeile = zeile + 1
ENDDO
SET COLOR OF NORMAL TO RG
@ 23,0 SAY linie
ON SELECTION PAD hm1 OF hm DO zhm1
ON SELECTION PAD hm2 OF hm DO zhm2
ON SELECTION PAD hm3 OF hm DO zhm3
ON SELECTION PAD hm4 OF hm DO zhm4
ON SELECTION PAD hm5 OF hm DO zhm5
ON SELECTION PAD hm6 OF hm DO zhm6
ACTIVATE MENU hm
Programm: Farbeinstellung                Datei: ZCOL.PRG
* ZCOL.PRG
* Farbeinstellung
PROCEDURE zcol
SET COLOR OF NORMAL TO RG
```

```
SET COLOR OF HIGHLIGHT TO GR+/BG
SET COLOR OF MESSAGES TO G/N
SET COLOR OF TITLES TO R+G
SET COLOR OF FIELDS TO N/BG
SET COLOR OF INFORMATION TO B/W
SET COLOR OF BOX TO GR
RETURN
```

```
Programm: Oberfläche                    Datei: ZOBF.PRG
* ZOBF.PRG
* Oberfläche
PROCEDURE zobf
linie = REPLICATE("-", 78)
hint = REPLICATE(" ",78)
a 1,0 SAY linie
zeile = 2
SET COLOR OF NORMAL TO RG+
DO WHILE zeile < 23
   a zeile,0 say hint
   zeile = zeile + 1
ENDDO
SET COLOR OF NORMAL TO RG
a 23,0 SAY linie
RETURN
```

3.2 Die Adressenverwaltung

Die Option "ADRESSEN" umfaßt eine komplette Adressenverwaltung. Die
sechs Menüpunkte (Bild 3-3) sind über ein Pull-Down-Fenster zu aktivieren. Der Aufruf erfolgt entweder durch die Eingabe des ersten Buchsta-
bens der Option oder durch Positionierung des Lichtbalkens mittels der
Cursor-Tasten. Zusätzliche Steuerinformationen und Eingabeaufforderungen werden in der dBASE-Zeile 24 ausgegeben. Soweit sich die Anzahl
der möglichen Antworten beziehungsweise Eingaben eingrenzen läßt, ist
die entsprechende Option mittels der Leertaste bequem zu wählen. Programmtechnisch wird das realisiert mit der neuen GET-Befehlserweite-
rung FUNCTION in Verbindung mit "M", dem "Multiple Choice"-Feld.
Um eine gleichbleibende Benutzeroberfläche zu erhalten, wird für die
Darstellung von Daten immer nur der Bereich zwischen den beiden, die
Arbeitsfläche begrenzenden, Linien verwendet. Zum gezielten Löschen
dieses Bereichs wird die erweiterte CLEAR-Funktion unter Angabe der
Koordinaten eingesetzt. Da die beiden über den SET BORDER-Parameter
definierten "Klammern" (= Fensterverbindungslinie) auf diese Weise nicht
zu löschen sind, wird die ganze Zeile jeweils durch eine neue Zeile über-

schrieben (REPLICATE ...). Um beim Verlassen einer Anwendung den Hintergrund wieder zu erhalten, ist der Bildschirmaufbau in einer getrennten Prozedur (ZOBF.PRG) gespeichert. Diese wird jeweils automatisch mit DO ZOBF aktiviert.

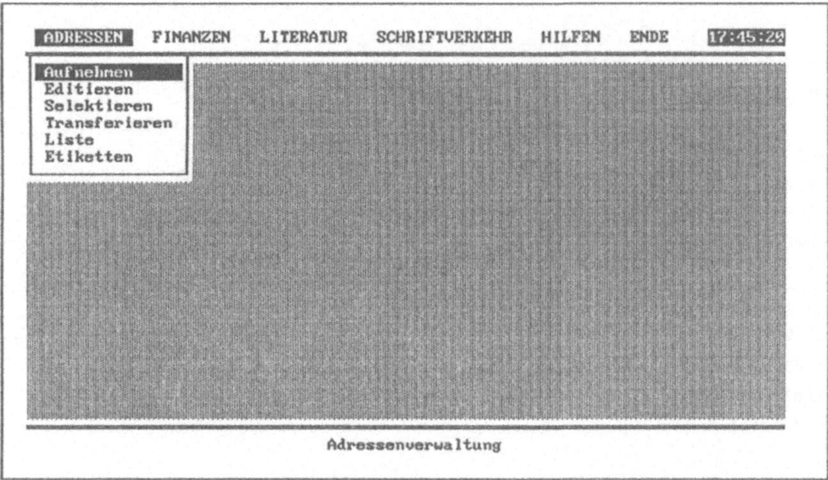

Bild 3-3

Die Definition der Lichtbalken der Auswahlfenster und die Anbindung an das Hauptmenü wird mit dem Programm ZHM1.PRG realisiert. Wiederum die Zuordnung der Prozeduren zu den einzelnen Menübalken übernimmt das Programm ZADR.PRG. Diese beiden im Source-Code vorliegenden Programme sind jederzeit zu ergänzen.

In Verbindung mit den hier erfaßten Werten lassen sich Rechnungen sowie Einzel- und Serienbriefe drucken. Über den Adressenschlüssel wird die Verbindung beim Druck eines einzelnen Briefes oder Rechnung hergestellt. Wiederum die Adressengruppe gilt als Selektionskriterium für Serienbriefe (z.B. für Mailings). Achten Sie deshalb bei der Zuordnung der Adressengruppen und Vergabe der Schlüssel auf diese wichtige Verbindung.

Gespeichert werden die Informationen in der Datenbankdatei ZADR.DBF. Zur Speicherung der MEMO-Feldinhalte wird diese von einer dBASE-Textdatei (.DBT) gleichen Namens ergänzt. Die Struktur u.ä. der Dateien ist den nachfolgenden Tabellen zu entnehmen. Sie ist auf die Gegebenheiten im deutschsprachigen Raum (LKZ = A oder D oder CH) abgestimmt. Für die Erfassung und Verwaltung von beispielsweise USA-Adressen sollte wegen der unterschiedlichen Anordnung des Ortsfeldes und postalischen Kennzeichens eine eigene Datei eingerichtet werden. Zur schnelleren Datenselektion wurde das Feld ADSL als Schlüsselfeld bestimmt.

```
Datenbank: ZADR.DBF


Indexdatei:  ZASL.NDX          Schlüsselfeld:  ADSL


Struktur:


Feld  Feld-Bez.  F-Typ  Länge  Dez.-St.  : Feldbeschreibung
- - - - - - - - - - - - - - - - - - - - - - - - - - - - - - - - - - - - -

  1    AGRU        C      2                Adressengruppe
  2    ADSL        C      6                Adressenschlüssel
  3    NAM1        C      25               Vor-u. Familien/
                                           Firmenbezeichnung
  4    NAM2        C      25               Firmenbez. 2
  5    ANSP        C      30               Ansprechpartner
  6    STPF        C      30               Straße/Postfach
  7    LKZ         C      2                Länderkennzeichen
  8    PLZ         C      4                Postleitzahl
  9    ORT         C      30               Bestimmungsort
 10    ANRE        C      30               Anrede
 11    TELE        C      16               Telefon-Nummer
 12    TFAX        C      16               Telefax-Nummer
 13    TLEX        C      10               Telexkennzeichen
 14    BEME        M      10               Bemerkung *)
```

*) Der Inhalt des MEMO-Feld's wird in der Datei ZADR.DBT gespeichert.

```
Programm: Auswahlfenster               Datei: ZHM1.PRG
* ZHM1.PRG
* Adressenverwaltung
PROCEDURE zhm1
DEFINE POPUP hm1a FROM 1,0 TO 8,16
DEFINE BAR 1 OF hm1a PROMPT " Aufnehmen"
DEFINE BAR 2 OF hm1a PROMPT " Editieren" MESSAGE;
 "[CTRL]+[W] Änderungen speichern / [CTRL]+[U];
 Datensatz löschen"
DEFINE BAR 3 OF hm1a PROMPT " Selektieren"
DEFINE BAR 4 OF hm1a PROMPT " Transferieren"
DEFINE BAR 5 OF hm1a PROMPT " Liste"
DEFINE BAR 6 OF hm1a PROMPT " Etiketten" MESSAGE;
 "Etikettenformat 1-bahnig, 8-Zeilen, 35-Spalten"
ON SELECTION POPUP hm1a DO ZADR
ACTIVATE POPUP hm1a
RETURN
```

```
Programm: Zuordnung Prozeduren        Datei: ZADR.PRG


* ZADR.PRG
* Zuweisung der Programme zu den Balkenmenüs
PROCEDURE zadr
DO CASE
   CASE BAR() = 1
      DO za01
   CASE BAR() = 2
      DO za02
   CASE BAR() = 3
      DO za03
   CASE BAR() = 4
      DO za04
   CASE BAR() = 5
      DO za05
   CASE BAR() = 6
      DO za06
ENDCASE
RETURN
```

3.2.1 Option "Aufnehmen"

Wie die Bezeichnung der Option bereits aussagt, sind damit die Eintragungen in die Datenbank vorzunehmen. Eingaben werden über die Erfassungsmaske (Bild 3-4) solange durchgeführt, bis am Ende einer Erfassung
die [E]-Taste betätigt wird. Das Gruppenkennzeichen ist unbedingt zu
vergeben. Ohne die Eingabe eines Wertes kann die Erfassung nicht fortgesetzt werden. Abgefragt wird die Eintragung über eine weitere neue
GET-Funktion VALID. Das Schlüsselfeld und alle anderen Felder sind
Kann-Felder. Es sollte jedoch jedem Adressen-Datensatz ein Schlüssel
zugeteilt werden (Zuordnung Einzeldruck !). Das MEMO-Feld ist mit der
üblichen Tastenkombination zu Öffnen und zu Schließen. Bei der Eingabe
in das MEMO-Feld stehen alle Funktionen des dBASE-Texteditors für
Seitenumbruch, Fremdtexte einlesen etc. zur Verfügung.

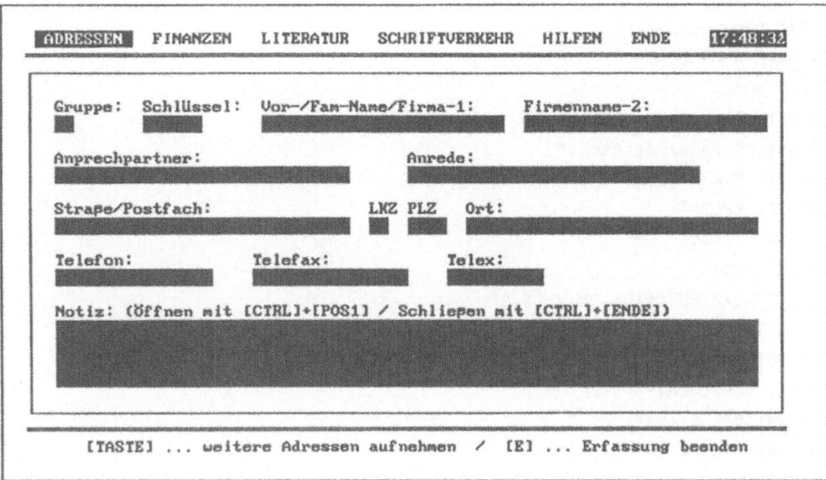

Bild 3-4

Programm: Adressen aufnehmen   Datei: ZA01.PRG

```
* ZA01.PRG
* Adressen aufnehmen
PROCEDURE za01
eing = " "
DEFINE WINDOW beme FROM 17,3 TO 20,74 NONE
linie = REPLICATE("=", 78)
a 1,0 SAY linie
a 2,0 CLEAR TO 22,79
SET COLOR OF NORMAL TO G+
a 24,0 CLEAR TO 24,79
a 24,6 SAY "[TASTE] ... weitere Adressen aufnehmen  /;
  [E] ... Erfassung beenden"
SET COLOR OF NORMAL TO RG
USE zadr INDEX zasl
a 2,0 TO 22,77 196,,,,218,191
SET COLOR OF NORMAL TO RG+
DO WHILE eing <> "e"
   APPEND BLANK
   a 4,3 SAY "Gruppe:"
   a 4,12 SAY "Schlüssel:"
   a 4,24 SAY "Vor-/Fam-Name/Firma-1:"
   a 4,51 SAY "Firmenname-2:"
   a 5,3 GET agru PICTURE "!!" VALID agru <> "  "
```

```
@ 5,12 GET adsl PICTURE "!!!!!!"
@ 5,24 GET nam1
@ 5,51 GET nam2
@ 7,3 SAY "Anprechpartner:"
@ 7,39 SAY "Anrede:"
@ 8,3 GET ansp
@ 8,39 GET anre
@ 10,3 SAY "Straße/Postfach:"
@ 10,35 SAY "LKZ"
@ 10,39 SAY "PLZ"
@ 10,45 SAY "Ort:"
@ 11,3 GET stpf
@ 11,35 GET lkz FUNCTION "M D,CH,A"
@ 11,39 GET plz PICTURE "9999"
@ 11,45 GET ort
@ 13,3 SAY "Telefon:"
@ 13,23 SAY "Telefax:"
@ 13,43 SAY "Telex:"
@ 14,3 GET tele
@ 14,23 GET tfax
@ 14,43 GET tlex
@ 16,3 SAY "Notiz: (Öffnen mit [CTRL]+[POS1] /;
Schließen mit [CTRL]+[ENDE])"
@ 17,3 GET beme OPEN WINDOW beme
@ 22,79
READ
IF anre = " "
   REPLACE anre WITH "e Damen und Herren"
ENDIF
SET COLOR OF NORMAL TO G+
@ 24,0 CLEAR TO 24,79
@ 24,6 SAY "[TASTE] ... weitere Adressen aufnehmen  /;
[E] ... Erfassung beenden"
SET COLOR OF NORMAL TO RG+
SET CONSOLE OFF
WAIT TO eing
SET CONSOLE ON
ENDDO
SET COLOR OF NORMAL TO RG
CLEAR GETS
RELEASE eing
RELEASE WINDOW beme
DO ZOBF
RETURN
```

3.2.2 Option "Editieren"

Zu editieren sind alle Adressen mit Unterstützung des BROWSE-Kommandos. Damit dieses Kommando den Bildschirminhalt nicht löscht, ist es in ein Window "eingebettet". Der Weg über die BROWSE-Funktion wurde zur schnelleren Bearbeitung gewählt.

```
Programm: Adressen editieren          Datei: ZA02.PRG


* ZA02.PRG
* Adressen editieren
PROCEDURE za02
linie = REPLICATE("=", 78)
a 1,0 SAY linie
a 2,0 CLEAR TO 22,79
DEFINE WINDOW edtn FROM 3,3 TO 21,74 NONE
USE zadr
BROWSE NOMENU WINDOW edtn
DO ZOBF
PACK
RELEASE eing
RELEASE WINDOW edtn
RETURN
```

3.2.3 Option "Selektieren"

Zu selektieren sind die Adressen nach den verschiedensten Kriterien. Direkt ist ein Datensatz über den Adressenschlüssel [S] zu adressieren. Wiederum über Merkmale [M] lassen sich Adressen über die Adressengruppe entweder anhand einer der beiden Namensfelder ([NAM1] oder [NAM2]) oder alternativ in einer Kombination über das Landeskennzeichen, die Postleitzahl und/oder den Bestimmungsort selektieren. Die Abfrageparameter sind über ein Window einzugeben. Eine zur Erfassungsmaske identische Bildschirmmaske zeigt anschließend das Ergebnis an. Über die Abfrage in der "Abfragezeile" können weitere Selektionskriterien eingegeben werden, oder die Applikation ist zu verlassen und zum Hauptmenü zurückzukehren.

```
Programm: Adressen selektieren        Datei: ZA03.PRG


* ZA03.PRG
* Adressen selektieren
PROCEDURE za03
DEFINE WINDOW frag FROM 18,3 TO 20,74 196,,,,218,191
SET COLOR OF NORMAL TO G+
a 24,0 CLEAR TO 24,79
selk = " "
```

```
@ 24,2 SAY "Selektionskriterien eingeben - [S]CHLÜSSEL/;
[M]ERKMALE/[E]NDE  " GET selk FUNCTION "M S,M,E"
READ
SET COLOR OF NORMAL TO RG
DO WHILE selk <> "E"
   IF selk = "S"
      USE zadr
      @ 24,0 CLEAR TO 24,79
      schl = "       "
      SET COLOR OF NORMAL TO G+
      @ 24,2 SAY "Adress-Schlüssel eingeben " GET;
      schl PICTURE "!!!!!!!"
      READ
      SET COLOR OF NORMAL TO RG
      LOCATE FOR adsl = schl
   ENDIF
   DO WHILE selk = "M"
      ACTIVATE WINDOW frag
      SET COLOR OF NORMAL TO RG+
      zeil = VAL(LTRIM(STR(ROW())))
      spal = VAL(LTRIM(STR(COL())))
      adrg = "  "
      @ zeil,spal SAY "   Adressengruppe  " GET;
      adrg PICTURE "!!"
      READ
      DO WHILE adrg = "  "
         @ zeil,spal SAY "   Adressengruppe  " GET;
      adrg PICTURE "!!"
         READ
      ENDDO
      adrn = "                   "
      @ zeil,spal SAY " Name-1 / Name-2  " GET;
      adrn PICTURE "XXXXXXXXXXXXXXXXXXXXX"
      READ
      IF adrn = "  "
         @ zeil,spal CLEAR TO zeil,66
         adrl = "  "
         @ zeil,spal SAY "Landeskennzeichen  " GET;
      adrl FUNCTION "M D,CH,A"
         READ
         adrp = "     "
         @ zeil,spal SAY "     Postleitzahl  " GET;
      adrp PICTURE "9999"
         READ
         adro = "                         "
         @ zeil,spal SAY "              Ort  " GET;
```

```
adro PICTURE "XXXXXXXXXXXXXXXXXXXXXXXXXXXXXXX"
   READ
ENDIF
DEACTIVATE WINDOW frag
USE zadr
SET FILTER TO agru = adrg
IF adrn <> " "
   LOCATE FOR nam1 = adrn .or. nam2 = adrn
ELSE
   IF adrl <> " " .AND. (adrp = " " .OR. adro = " ")
      LOCATE FOR lkz = adrl .AND.;
(plz = adrp .OR. ort = adro)
   ENDIF
   IF adrl <> " " .AND. adrp <> " " .AND. adro <> " "
      LOCATE FOR lkz = adrl .AND. plz = adrp .AND.;
ort = adro
   ENDIF
ENDIF
linie = REPLICATE("=", 78)
@ 1,0 SAY linie
@ 2,0 CLEAR TO 22,79
SET COLOR OF NORMAL TO RG
@ 2,0 TO 22,77 196,,,,218,191
SET COLOR OF NORMAL TO RG+
@ 4,3 SAY "Gruppe:"
@ 4,13 SAY "Schlüssel:"
@ 4,26 SAY "Vor-/Firmenname-1:"
@ 4,51 SAY "Familien-/Firmenname-2:"
SET COLOR OF NORMAL TO GB+
@ 6,3 SAY agru
@ 6,13 SAY adsl
@ 6,26 SAY nam1
@ 6,51 SAY nam2
SET COLOR OF NORMAL TO RG+
@ 8,3 SAY "Anprechpartner:"
@ 8,39 SAY "Anrede:"
SET COLOR OF NORMAL TO GB+
@ 10,3 SAY ansp
@ 10,39 SAY anre
SET COLOR OF NORMAL TO RG+
@ 12,3 SAY "Straße/Postfach:"
@ 12,35 SAY "LKZ"
@ 12,39 SAY "PLZ"
@ 12,45 SAY "Ort:"
SET COLOR OF NORMAL TO GB+
@ 14,3 SAY stpf
```

```
      @ 14,35 SAY lkz
      @ 14,39 SAY plz
      @ 14,45 SAY ort
      SET COLOR OF NORMAL TO RG+
      @ 16,3 SAY "Telefon:"
      @ 16,23 SAY "Telefax:"
      @ 16,43 SAY "Telex:"
      SET COLOR OF NORMAL TO GB+
      @ 18,3 SAY tele
      @ 18,23 SAY tfax
      @ 18,43 SAY tlex
      SET COLOR OF NORMAL TO G+
      @ 24,0 CLEAR TO 24,79
      @ 24,2 SAY "Wollen Sie weitere Informationen;
      selektieren ? [M]EHR / [E]NDE  " GET selk FUNCTION "M M,E"
      READ
      SET COLOR OF NORMAL TO RG+
ENDDO
linie = REPLICATE("=", 78)
@ 1,0 SAY linie
@ 2,0 CLEAR TO 22,79
SET COLOR OF NORMAL TO RG
@ 2,0 TO 22,77 196,,,,218,191
SET COLOR OF NORMAL TO RG+
@ 4,3 SAY "Gruppe:"
@ 4,13 SAY "Schlüssel:"
@ 4,26 SAY "Vor-/Firmenname-1:"
@ 4,51 SAY "Familien-/Firmenname-2:"
SET COLOR OF NORMAL TO GB+
@ 6,3 SAY agru
@ 6,13 SAY adsl
@ 6,26 SAY nam1
@ 6,51 SAY nam2
SET COLOR OF NORMAL TO RG+
@ 8,3 SAY "Anprechpartner:"
@ 8,39 SAY "Anrede:"
SET COLOR OF NORMAL TO GB+
@ 10,3 SAY ansp
@ 10,39 SAY anre
SET COLOR OF NORMAL TO RG+
@ 12,3 SAY "Straße/Postfach:"
@ 12,35 SAY "LKZ"
@ 12,39 SAY "PLZ"
@ 12,45 SAY "Ort:"
SET COLOR OF NORMAL TO GB+
@ 14,3 SAY stpf
```

```
a 14,35 SAY lkz
a 14,39 SAY plz
a 14,45 SAY ort
SET COLOR OF NORMAL TO RG+
a 16,3 SAY "Telefon:"
a 16,23 SAY "Telefax:"
a 16,43 SAY "Telex:"
SET COLOR OF NORMAL TO GB+
a 18,3 SAY tele
a 18,23 SAY tfax
a 18,43 SAY tlex
SET COLOR OF NORMAL TO G+
a 24,0 CLEAR TO 24,79
a 24,2 SAY "Selektionskriterien eingeben - [S]CHLÜSSEL/;
[M]ERKMALE/[E]NDE  " GET selk FUNCTION "M S,M,E"
READ
ENDDO
SET COLOR OF NORMAL TO RG
RELEASE selk, adrg, adrn, adrl, adrp, adro, schl
RELEASE WINDOW frag
DO ZOBF
RETURN
```

3.2.4 Option "Transferieren"

Die Adressdatei läßt sich menügesteuert auch zur Weiterverarbeitung in
andere Softwarelösungen übergeben. Die Transfer-Option bietet standardmäßig die drei Formate ASCII-SDF (feste Feldlängen), dBASE III und
Framework II an. Lediglich die Leertaste ist zu betätigen, um zwischen
den drei Varianten zu wählen.

```
Programm: Adressen transferieren       Datei: ZA04.PRG


* ZA04.PRG
* Adressen transferieren
PROCEDURE za04
SET COLOR OF NORMAL TO G+
a 24,0 CLEAR TO 24,79
form = " "
a 24,2 SAY "Daten im [A]SCII-SDF-, [D]BASE III-,;
 [F]RAMEWORK II-Format speichern ?" GET form;
 FUNCTION "M A,D,F"
READ
USE zadr
```

```
DO CASE
   CASE form = "A"
      a 24,0 CLEAR TO 24,79
      a 24,3 SAY "Die Daten werden in das ASCII-SDF-Format;
      übertragen (Datei: ADRESS.TXT)"
      COPY TO adress TYPE SDF
   CASE form = "D"
      a 24,0 CLEAR TO 24,79
      a 24,1 SAY "Die Daten werden in das dBASE III-Format;
      übertragen (Datei: ADRESS.DBF/.DBT)"
      COPY TO adress TYPE DBMEMO3
   CASE form = "F"
      a 24,0 CLEAR TO 24,79
      a 24,1 SAY "Die Daten werden in das FRAMEWORK;
      II-Format übertragen (Datei: ADRESS.FW2)"
      EXPORT TO adress TYPE FW2
ENDCASE
SET COLOR OF NORMAL TO RG
RELEASE form
RETURN
```

3.2.5 Option "Liste"

Mittels der Listen-Option lassen sich alternativ alle gespeicherten Adress-
daten [A] oder alle Adressen nach Gruppen [nn] getrennt ausgeben. Für
die Druckausgabe stehen in dBASE nunmehr zahlreiche Varianten zur
Verfügung. Um fast alle Möglichkeiten vorzustellen, wurde für dieses
Beispiel die SET DEVICE TO PRINT-Variante gewählt.

```
Programm: Adressenliste                Datei: ZA05.PRG


* ZA05.PRG
* Adressenlisten drucken
PROCEDURE za05
drau = "   "
datu = DATE()
SET COLOR OF NORMAL TO G+
a 24,0 CLEAR TO 24,79
a 24,1 SAY "[nn]-Gruppe oder [A]lle ausgeben - Drucker;
 einschalten !  " GET drau PICTURE "!!"
READ
a 24,0 CLEAR TO 24,79
DO WHILE .NOT. PRINTSTATUS()
   SET COLOR OF NORMAL TO G+*
   a 24,30 SAY "Drucker einschalten !"
   LOOP
```

```
ENDDO
@ 24,0 CLEAR TO 24,79
SET COLOR OF NORMAL TO RG
IF drau = "A "
   USE zadr
   SORT ON agru, lkz, plz, nam2 TO zads
   USE zads
ENDIF
IF drau <> "A "
   USE zadr
   SORT ON lkz, plz, nam2 TO zads
   USE zads
   SET FILTER TO agru = drau
ENDIF
data = DBF()
SET DEVICE TO PRINT
zeil = 4
seit = 1
DO WHILE .NOT. EOF()
   @ zeil,10 SAY "ADRESSENLISTE - Seite"
   @ zeil,30 SAY seit
   @ zeil,44 SAY "Datei:"
   @ zeil,51 SAY data
   @ zeil,64 SAY "Tag:"
   @ zeil,69 SAY datu
   zeil = zeil + 2
   @ zeil,10 SAY REPLICATE("=",67)
   zeil = zeil + 2
   DO WHILE zeil < 63 .AND. .NOT. EOF()
      @ zeil,10 SAY "-"
      @ zeil,11 SAY agru
      @ zeil,13 SAY "-"
      @ zeil,18 SAY nam1
      @ zeil,44 SAY nam2
      zeil = zeil + 1
      @ zeil,18 SAY adsl
      @ zeil,26 SAY ansp
      zeil = zeil + 1
      @ zeil,18 SAY lkz
      @ zeil,21 SAY plz
      @ zeil,26 SAY ort
      zeil = zeil + 1
      @ zeil,18 SAY tele
      @ zeil,38 SAY tfax
      @ zeil,58 SAY tlex
      zeil = zeil + 2
```

```
    SKIP
  ENDDO
  EJECT
  zeil = 4
  seit = seit + 1
ENDDO
SET DEVICE TO SCREEN
SET COLOR OF NORMAL TO RG
CLOSE ALL
ERASE ZADS.DBF
ERASE ZADS.DBT
RELEASE drau, datu, data, zeil
DO ZOBF
RETURN
```

3.2.6 Option "Etiketten"

Auf die Verwendung des gebräuchlichsten Standard-Etikettenformates wurde bei der Definition der Adressenlabels geachtet. Auszugeben sind die Adressen auf 1-bahnige Labels mit acht Zeilen und 35 Spalten. Wiederum ist zwischen Allen [A] und Adressgruppen [nn] zu wählen. Verwendet wurde die Variante mit SET PRINT in Verbindung mit der "?"-Option. Zur Einstellung der Druckposition lassen sich jeweils Probedrucke vornehmen. Eine Probedruck-Prozedur gibt drei Etiketten aus und kann beliebig oft wiederholt und auch übergangen werden. Die Druckausgabe ist zusätzlich über ein Fenster zu verfolgen.

```
Programm: Etiketten drucken        Datei: ZA06.PRG


* ZA06.PRG
* Etiketten drucken
PROCEDURE za06
DEFINE WINDOW druf FROM 2,0 TO 22,40 196,,,,218,191
SET COLOR OF NORMAL TO G+
@ 24,0 CLEAR TO 24,79
etti = "  "
@ 24,28 SAY "[nn]-Gruppe oder [A]lle ausgeben" GET etti;
 PICTURE "!!"
READ
@ 24,0 CLEAR TO 24,79
ents = " "
@ 24,10 SAY "Probedruck [J]A / [N]EIN - Drucker;
 einschalten ! " GET ents FUNCTION "M J,N"
READ
@ 24,0 CLEAR TO 24,79
```

```
DO WHILE .NOT. PRINTSTATUS()
   SET COLOR OF NORMAL TO G+*
   a 24,30 SAY "Drucker einschalten !"
   LOOP
ENDDO
SET COLOR OF NORMAL TO RG
linie = REPLICATE("=", 78)
a 1,0 SAY linie
USE zadr
DO WHILE ents = "J"
   zahl = 1
   DO WHILE zahl < 4 .AND. .NOT. EOF()
      ACTIVATE WINDOW druf
      SET PRINT ON
      SET MARG TO 3
      ?
      IF nam2 = " "
         ?
      ENDIF
      ? nam1
      IF nam2 <> " "
         ? nam2
      ENDIF
      IF ansp <> " "
         ? ansp
      ENDIF
      ? stpf
      ?
      IF lkz = "CH"
         ? lkz+"-"+plz, ort
      ELSE
         ? lkz+"- "+plz, ort
      ENDIF
      ?
      IF ansp = " "
         ?
      ENDIF
      zahl = zahl + 1
      SKIP
   ENDDO
   DEACTIVATE WINDOW druf
   SET MARG TO 0
   SET PRINT OFF
   a 24,0 CLEAR TO 24,79
   ents = "N"
   SET COLOR OF NORMAL TO G+
```

```
   @ 24,0 CLEAR TO 24,79
   ents = " "
   @ 24,14 SAY "Nochmals ein Probedruck gewünscht [J]A;
/ [N]EIN  " GET ents FUNCTION "M N,J"
   READ
   SET COLOR OF NORMAL TO RG
   IF ents = "N"
      SET COLOR OF NORMAL TO G+
      @ 24,0 CLEAR TO 24,79
      @ 24,2 SAY "Es erfolgt der Druck der Etiketten;
      entsprechend der getroffenen Auswahl !"
      SET COLOR OF NORMAL TO RG
      zahl = 1
      DO WHILE zahl < 500
         zahl = zahl+1
      ENDDO
   ENDIF
ENDDO
IF etti ="A"
   GO TOP
   ACTIVATE WINDOW druf
   SET PRINT ON
   SET MARG TO 3
   GO TOP
   DO WHILE .NOT. EOF()
      ?
      IF nam2 = " "
         ?
      ENDIF
      ? nam1
      IF nam2 <> " "
         ? nam2
      ENDIF
      IF ansp <> " "
         ? ansp
      ENDIF
      ? stpf
      ?
      IF lkz = "CH"
         ? lkz+"-"+plz, ort
      ELSE
         ? lkz+"- "+plz, ort
      ENDIF
      ?
      ?
```

```
      IF ansp = " "
         ?
      ENDIF
      SKIP
   ENDDO
   SET MARG TO 0
   SET PRINT OFF
   DEACTIVATE WINDOW druf
ELSE
   SET FILTER TO agru = etti
   GO TOP
   ACTIVATE WINDOW druf
   SET PRINT ON
   SET MARG TO 3
   GO TOP
   DO WHILE .NOT. EOF()
      ?
      IF nam2 = " "
         ?
      ENDIF
      ? nam1
      IF nam2 <> " "
         ? nam2
      ENDIF
      IF ansp <> " "
         ? ansp
      ENDIF
      ? stpf
      ?
      IF lkz = "CH"
         ? lkz+"-"+plz, ort
      ELSE
         ? lkz+"- "+plz, ort
      ENDIF
      ?
      ?
      IF ansp = " "
         ?
      ENDIF
      SKIP
   ENDDO
   SET MARG TO 0
   SET PRINT OFF
   DEACTIVATE WINDOW druf
ENDIF
SET COLOR OF NORMAL TO RG
```

```
RELEASE etti, ents, zahl
RELEASE WINDOW druf
RETURN
```

3.3 Die Einnahmen-/Ausgaben Rechnung

Die nachfolgende Einnahmen-/Ausgaben-Rechnung (Bild 3-5) entspricht
den Bestimmungen des § 4.3 des EST-Gesetzes. Es lassen sich damit bis
zu neun Einnahmenkonten und maximal 900 Kostenkonten verwalten. Das
Schema für die Ausgabe des Jahresergebnisses ist fest vorgegeben und
wird nicht über ein Zusatzprogramm generiert. Eine solche Vorgehensweise bietet sich insbesondere dann an, wenn die Anwendung weitgehenst
auf die Bedürfnisse eines Anwenders ausgerichtet ist. Die Texte und
Kontennummern lassen sich individuell modifizieren. Die Textänderungen
haben keinerlei Einfluß auf den Aufbau des Programmes.

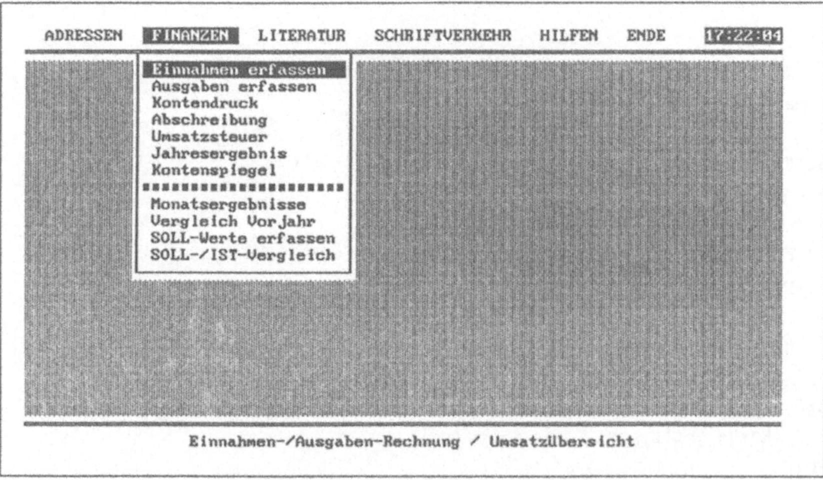

Bild 3-5

Im zweiten Teil lassen sich die Zahlen der Überschußrechnung auswerten
und durch Soll-Werte ergänzen. Das Spektrum der vordefinierten Jahreszahlen reicht von 1986 bis 1991. Über die jeweilige FUNCTION-Option
(= FUNCTION "M 86,87,88,89,90) ist diese Voreinstellung flexibel, wie
alle Definitionen, zu ändern und zu erweitern.

Datenbanken: ZFEI.DBF (= Einnahmen)

Indexdatei: ZEIS.NDX   Schlüsselfeld: EART, SODA

Struktur:

```
Feld  Feld-Bez.  F-Typ  Länge  Dez.-St.  : Feldbeschreibung
-----------------------------------------------------------
 1    SODA        C      6                Sortierdatum
 2    ZEDA        C      8                Tag des Zahlungseingangs
 3    BUTE        C      35               Buchungstext
 4    BANK        C      2                Ort des Zahlungs-
                                          eingangs (z.B.:
                                          PS = Postscheck,
                                          SK = Sparkasse,
                                          GB = Bank,
                                          KA = Kasse)
 5    EART        C      1                Art der Tätigkeit / Leistung
 6    ZABE        N      8       2        Zahlungseingang
 7    VSBE        N      8       2        Vorsteuerbetrag
 8    NEBE        N      8       2        Nettobetrag
 9    USTS        C      2                Umsatzsteuerschlüssel
10    QUAT        C      1                Quartal
```

Datenbanken: ZFAU.DBF (= Ausgaben)

Indexdatei: ZAUS.NDX   Schlüsselfeld: KOGR, SODA

Struktur:

Feld	Feld-Bez.	F-Typ	Länge	Dez.-St.	: Feldbeschreibung
1	SODA	C	6		Sortierdatum
2	ZADA	C	8		Tag des Zahlungsausgangs
3	BUTE	C	35		Buchungstext
4	BANK	C	2		Ort des Zahlungs-
					ausgangs (z.B.:
					PS = Postscheck,
					SK = Sparkasse,
					GB = Bank,
					KA = Kasse)
5	KOGR	C	3		Kostengruppe
6	ZABE	N	8	2	Zahlbetrag
7	VSBE	N	8	2	Vorsteuerbetrag
8	NEBE	N	8	2	Nettobetrag
9	QUAT	C	1		Quartal

Datenbanken: ZAFA.DBF (= Abschreibungen)

Struktur:

Feld	Feld-Bez.	F-Typ	Länge	Dez.-St.	: Feldbeschreibung
1	ANJM	C	4		Anschaffungsjahr/-monat
2	BEZE	C	20		Objektbezeichnung
3	NEUP	N	8	2	Neupreis (Netto)
4	NUDA	N	2		Nutzungsdauer
5	SAFA	N	2		Sonder-AfA
6	ABJ1	N	2		Erstes Jahr der Abschreibung
7	AFA1	N	8	2	Erster AfA-Betrag
8	AFAX	N	8	2	Laufender Abschreibungsbetrag
9	AFAL	N	8	2	Letzter Abschreibungsbetrag
10	ABJX	N	2		Letztes Jahr der Abschreibung
11	REBJ	N	2		Jahr des Restbuchwertes
12	REBW	N	8	2	Restbuchwert

Datenbanken: ZFSO.DBF (= SOLL-Werte)

Indexdatei: ZFSO.NDX   Schlüsselfeld: JAH

Struktur:

```
Feld  Feld-Bez.  F-Typ  Länge  Dez.-St. : Feldbeschreibung
------------------------------------------------------------
 1    JAH         C      2                 Modelljahr
 2    SO1         N      8       2         Sollwert Moant 01
 3    SO2         N      8       2         Sollwert Moant 02
 4    SO3         N      8       2         Sollwert Moant 03
 5    SO4         N      8       2         Sollwert Moant 04
 6    SO5         N      8       2         Sollwert Moant 05
 7    SO6         N      8       2         Sollwert Moant 06
 8    SO7         N      8       2         Sollwert Moant 07
 9    SO8         N      8       2         Sollwert Moant 08
10    SO9         N      8       2         Sollwert Moant 09
11    S10         N      8       2         Sollwert Moant 10
12    S11         N      8       2         Sollwert Monat 11
13    S12         N      8       2         Sollwert Monat 12
```

Programm: Auswahlfenster   Datei: ZHM2.PRG

```
* ZHM2.PRG
* Finanzen
PROCEDURE zhm2
DEFINE POPUP hm2f FROM 1,11 TO 14,33
DEFINE BAR 1 OF hm2f PROMPT " Einnahmen erfassen"
DEFINE BAR 2 OF hm2f PROMPT " Ausgaben erfassen"
DEFINE BAR 3 OF hm2f PROMPT " Kontendruck"
DEFINE BAR 4 OF hm2f PROMPT " Abschreibung"
DEFINE BAR 5 OF hm2f PROMPT " Umsatzsteuer"
DEFINE BAR 6 OF hm2f PROMPT " Jahresergebnis"
DEFINE BAR 7 OF hm2f PROMPT " Kontenspiegel"
DEFINE BAR 8 OF hm2f PROMPT REPLICATE("•",21) SKIP
DEFINE BAR 9 OF hm2f PROMPT " Monatsergebnisse"
DEFINE BAR 10 OF hm2f PROMPT " Vergleich Vorjahr"
DEFINE BAR 11 OF hm2f PROMPT " SOLL-Werte erfassen"
DEFINE BAR 12 OF hm2f PROMPT " SOLL-/IST-Vergleich"
ON SELECTION POPUP hm2f DO ZFIN
ACTIVATE POPUP hm2f
RETURN
```

Programm: Zuordnung Prozeduren   Datei: ZFIN.PRG

```
* ZFIN.PRG
* Zuweisung der Finanz-Programme
PROCEDURE zfin
DO CASE
   CASE BAR() = 1
      DO zf01
   CASE BAR() = 2
      DO zf02
   CASE BAR() = 3
      DO zf03
   CASE BAR() = 4
      DO zf04
   CASE BAR() = 5
      DO zf05
   CASE BAR() = 6
      DO zf06
   CASE BAR() = 7
      DO zf07
   CASE BAR() = 9
      DO zf08
   CASE BAR() = 10
      DO zf09
   CASE BAR() = 11
      DO zf10
   CASE BAR() = 12
      DO zf11
ENDCASE
RETURN
```

3.3.1   Option "Einnahmen erfassen"

Alle Einnahmen sind zu dem Datum zu erfassen, an dem der Betrag entweder bar gezahlt oder einem Konto gutgeschrieben wurde. Jedem Zahlungseingang ist ein Buchungstext von maximal 35-Zeichen zuzuordnen.
Die Eintragungen in das "Bank"-Feld sind über die FUNCTION-Option
der SAY/GET-Anweisung bereits vorgegeben. Diese lassen sich jederzeit
durch andere Buchstabenkombinationen ersetzen. Auch die Art der Ein-
nahme ist bereits vorbelegt. In dem gewählten Beispiel lassen sich Einnahmen für Handels- oder Dienstleistungstätigkeiten erfassen. Im Feld
"Einnahmen" ist der tatsächlich erhaltene Betrag einzutragen. Der Vor-
steuerschlüssel kennt die Steuersätze 14-, 7- und 0-Prozent. Nachdem alle
Werte in einer Zeile eingetragen sind, ermittelt das Programm automatisch
den Vorsteuer- und Nettobetrag und ersetzt die Felder in der Datenbank
selbsttätig um diese neuen Werte. Auch das Buchungsdatum wird vom

Programm zugeordnet. Außerdem wird für jeden Zahlungseingang das Quartal errechnet und in den Datensatz eingetragen. Damit läßt sich die Umsatzsteuer wesentlich besser bei der UST-Erklärung zuordnen. Nach jeder Zeile besteht die Wahl, entweder die Erfassung fortzusetzen oder diese zu beenden. Zur besseren Übersicht werden die Buchungen fortlaufend am Bildschirm erfaßt (Bild 3-6).

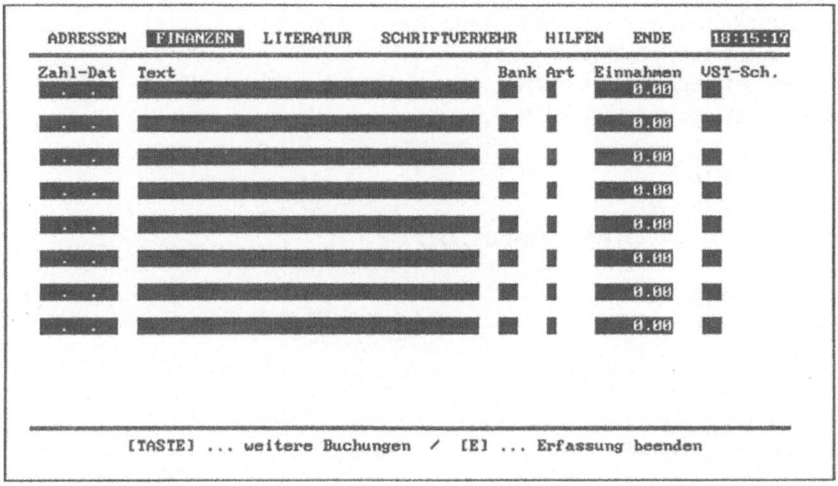

Bild 3-6

Programm: Einnahmen erfassen   Datei: ZF01.PRG

```
* ZF01.PRG
* Zahlungseingänge erfassen
PROCEDURE zf01
zeile = 3
erfa = ""
vst = "  "
datu = "          "
linie = REPLICATE("=", 78)
a 1,0 SAY linie
a 2,0 CLEAR TO 22,79
SET COLOR OF NORMAL TO G+
a 24,0 CLEAR TO 24,79
a 24,10 SAY "[TASTE] ... weitere Buchungen /;
   [E] ... Erfassung beenden"
SET COLOR OF NORMAL TO RG
a 2,1 SAY "Zahl-Dat"
a 2,11 SAY "Text"
```

```
a 2,48 SAY "Bank"
a 2,53 SAY "Art"
a 2,58 SAY "Einnahmen"
a 2,69 SAY "VST-Sch."
USE zfei INDEX zeis
DO WHILE erfa <> "e"
   APPEND BLANK
   a zeile,1 GET datu PICTURE "99.99.99"
   a zeile,11 GET bute
   a zeile,48 GET bank FUNCTION "M PS,SK,DB,KA"
   a zeile,53 GET eart FUNCTION "M H,D"
   a zeile,58 GET zabe PICTURE "99999.99"
   a zeile,69 GET vst FUNCTION "M 14,7,0"
   READ
   REPLACE zeda WITH datu
   REPLACE usts WITH vst
   datu = SUBSTR(datu,7,2)+SUBSTR(datu,4,2)+;
   SUBSTR(datu,1,2)
   REPLACE soda WITH datu
   datu = "        "
   IF vst = "14"
      vstb = (zabe/1.14) * 0.14
      REPLACE vsbe WITH vstb
      REPLACE nebe WITH zabe-vstb
   ENDIF
   IF vst = "7"
      vstb = (zabe/1.07) * 0.07
      REPLACE vsbe WITH vstb
      REPLACE nebe WITH zabe-vstb
   ENDIF
   IF vst = "0"
      REPLACE nebe WITH zabe
   ENDIF
   IF substr(soda,3,2) > "09"
      REPLACE quat WITH "4"
   ELSE
      IF substr(soda,3,2) > "06"
         REPLACE quat WITH "3"
      ELSE
         IF substr(soda,3,2) > "03"
            REPLACE quat WITH "2"
         ELSE
            REPLACE quat WITH "1"
         ENDIF
      ENDIF
   ENDIF
```

```
   zeile = zeile+2
   SET CONSOLE OFF
   WAIT TO erfa
   SET CONSOLE ON
   IF zeile >= 22
      zeile = 3
   ENDIF
ENDDO
DO ZOBF
CLEAR GETS
RELEASE zeile, erfa, vst, datu
RETURN
```

3.3.2   Option "Ausgaben erfassen"

Die Arbeitsweise dieses Programms ist fast identisch zum Einnahmenerfassungsprogramm. Der wesentliche Unterschied ist das Kostengruppen-
Feld. Prinzipiell sind die Kostengruppen zwischen 100 und 999 frei zu
wählen. Es ist jedoch darauf zu achten, daß sie mit dem Kontenspiegel
und dem Schema zur Ermittlung des Jahresergebnisses übereinstimmen. In
diesem Beispiel sind Kostenkonten mit den Nummern 200 bis 300 angelegt. Eine Besonderheit ist die Kostengruppe 300. Sie dient zur Erfassung
von Investitionsgütern, die nur indirekt in die Einnahmen-/Ausgaben-
Rechnung einfließen (Vorsteuer, Abschreibungsbetrag). Um sofort die
AfA-Daten vergeben zu können, wird nach Abschluß einer Buchungszeile
ein Fenster eingeblendet (Bild 3-7), über das die spezifischen AfA-Werte
einzutragen sind. Für das Beispiel wurde die lineare Abschreibungsmetho-
de gewählt. Es ist aber jederzeit um das degressive Abschreibungsverfah-
ren zu ergänzen. Sind die Daten eingetragen, schaltet sich das Fenster
automatisch wieder ab, und die Erfassung ist wie gewohnt fortzusetzen.
Programmtechnisch findet hier die dBASE IV-Window-Technik Verwendung. Geöffnet wird das Fenster mit ACTIVATE WINDOW und geschlossen mit dem DEACTIVATE WINDOW-Kommando.

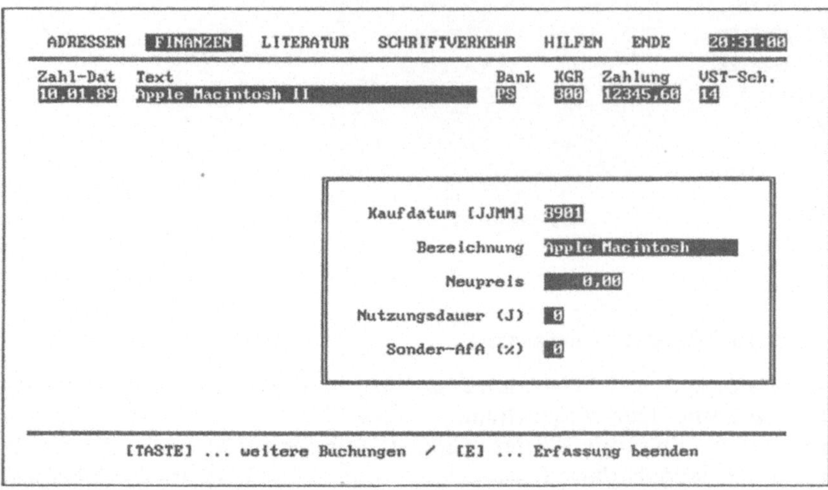

Bild 3-7

Programm: Ausgaben erfassen   Datei: ZF02.PRG

```
* ZF02.PRG
* Zahlungsausgänge erfassen
PROCEDURE zf02
DEFINE WINDOW afa FROM 8,30 TO 20,76 DOUBLE
zeile = 3
erfa = ""
vst = "  "
datu = "        "
linie = REPLICATE("-", 78)
@ 1,0 SAY linie
@ 2,0 CLEAR TO 22,79
SET COLOR OF NORMAL TO G+
@ 24,0 CLEAR TO 24,79
@ 24,10 SAY "[TASTE] ... weitere Buchungen  /;
   [E] ... Erfassung beenden"
SET COLOR OF NORMAL TO RG
@ 2,1 SAY "Zahl-Dat"
@ 2,11 SAY "Text"
@ 2,48 SAY "Bank"
@ 2,54 SAY "KGR"
@ 2,59 SAY "Zahlung"
@ 2,69 SAY "VST-Sch."
USE zfau INDEX zaus
```

```
DO WHILE erfa <> "e"
   APPEND BLANK
   @ zeile,1 GET datu PICTURE "99.99.99"
   @ zeile,11 GET bute
   @ zeile,48 GET bank FUNCTION "M PS,SK,DB,KA"
   @ zeile,54 GET kogr PICTURE "999" RANGE "200","300"
   @ zeile,59 GET zabe PICTURE "99999.99"
   @ zeile,69 GET vst FUNCTION "M 14,7,0"
   READ
   SET COLOR OF NORMAL TO G+
   @ 24,0 CLEAR TO 24,79
   @ 24,10 SAY "[TASTE] ... weitere Buchungen  /;
   [E] ... Erfassung beenden"
   SET COLOR OF NORMAL TO RG
   REPLACE zada WITH datu
   datu = SUBSTR(datu,7,2)+SUBSTR(datu,4,2)+;
   SUBSTR(datu,1,2)
   REPLACE soda WITH datu
   datu = "        "
   IF vst = "14"
      vstb = (zabe/1.14) * 0.14
      REPLACE vsbe WITH vstb
      REPLACE nebe WITH zabe-vstb
   ENDIF
   IF vst = "7"
      vstb = (zabe/1.07) * 0.07
      REPLACE vsbe WITH vstb
      REPLACE nebe WITH zabe-vstb
   ENDIF
   IF vst = "0"
      REPLACE nebe WITH zabe
   ENDIF
   IF substr(soda,3,2) > "09"
      REPLACE quat WITH "4"
   ELSE
      IF substr(soda,3,2) > "06"
         REPLACE quat WITH "3"
      ELSE
         IF substr(soda,3,2) > "03"
            REPLACE quat WITH "2"
         ELSE
            REPLACE quat WITH "1"
         ENDIF
      ENDIF
   ENDIF
   zeile = zeile+2
```

```
IF kogr = "300"
   ACTIVATE WINDOW afa
   SET COLOR OF NORMAL TO RG+
   zeil = VAL(LTRIM(STR(ROW())))
   spal = VAL(LTRIM(STR(COL())))
   USE zafa IN B
   SELECT B
   APPEND BLANK
   zeil = zeil+1
   @ zeil,spal SAY "     Kaufdatum [JJMM] " GET anjm;
   PICTURE "9999"
   zeil = zeil+2
   @ zeil,spal SAY "            Bezeichnung " GET beze
   zeil = zeil+2
   @ zeil,spal SAY "               Neupreis " GET neup
   zeil = zeil+2
   @ zeil,spal SAY "   Nutzungsdauer (J) " GET nuda
   zeil = zeil+2
   @ zeil,spal SAY "       Sonder-AfA (%) " GET safa
   READ
   jahr = VAL(SUBSTR(anjm,1,2))
   mona = VAL(SUBSTR(anjm,3,2))
   REPLACE abj1 WITH jahr
   IF mona > 6
      REPLACE abjx WITH (jahr+nuda)
      REPLACE rebj WITH jahr
      IF safa = 0
         REPLACE afa1 WITH ((neup/nuda)/2)
         REPLACE afax WITH (neup/nuda)
         REPLACE afal WITH ((neup/nuda)/2)
         REPLACE rebw WITH (neup-((neup/nuda)/2))
      ELSE
         m_a1 = (neup*safa)/100
         m_a2 = ((neup-m_a1)/nuda)/2
         REPLACE afa1 WITH (m_a1+m_a2)
         REPLACE afax WITH ((neup-m_a1)/nuda)
         REPLACE afal WITH m_a2
         REPLACE rebw WITH (neup-(m_a1+m_a2))
      ENDIF
   ELSE
      REPLACE abjx WITH (jahr+(nuda-1))
      REPLACE rebj WITH jahr
      IF safa = 0
         REPLACE afa1 WITH (neup/nuda)
         REPLACE afax WITH (neup/nuda)
         REPLACE afal WITH (neup/nuda)
```

```
            REPLACE rebw WITH (neup-(neup/nuda))
        ELSE
            m_a1 = (neup*safa)/100
            m_a2 = (neup-m_a1)/nuda
            REPLACE afa1 WITH (m_a1+m_a2)
            REPLACE afax WITH m_a2
            REPLACE afal WITH m_a2
            REPLACE rebw WITH (neup-(m_a1+m_a2))
        ENDIF
    ENDIF
    SELECT A
    DEACTIVATE WINDOW afa
    SET COLOR OF NORMAL TO RG
  ENDIF
  SET CONSOLE OFF
  WAIT TO erfa
  SET CONSOLE ON
  IF zeile >= 22
     zeile = 3
  ENDIF
ENDDO
DO ZOBF
CLOSE ALL
CLEAR GETS
RELEASE jahr, mona, zeile, zeil, spal, erfa, vst,;
 datu, m_a1, m_a2
RELEASE WINDOW afa
RETURN
```

3.3.3   Option "Kontendruck"

Sowohl alle [A] oder nur die Kosten- [K] oder Einnahme- [E] Konten
lassen sich mit der Option "Kontendruck" ausgeben. Zu Drucken sind die
Konten auf normales DIN-A-4-Papier. Damit die Oberfläche beim Druck
erhalten bleibt, wird die Ausgabe in ein Fenster gelegt.

```
Programm: Kontendruck                  Datei: ZF03.PRG


* ZF03.PRG
* Kontendruck
PROCEDURE zf03
DEFINE WINDOW kodr FROM 16,3 TO 20,74 NONE
SET COLOR OF NORMAL TO G+
datu = date()
dran = " "
@ 24,0 CLEAR TO 24,79
```

```
@ 24,2 SAY "[K]-Kosten-/[E]-Einnahmenkonten oder [A]lle;
 ausgeben ?  " GET dran FUNCTION "M K,E,A"
READ
IF dran = "K"
   ekto = "   "
   jahr = "  "
   @ 24,0 CLEAR TO 24,79
   @ 24,2 SAY "Kostenkonto-Nummer [nnn] und Jahr [nn];
 eingeben ! " GET ekto PICTURE "999"
   READ
   @ 24,60 GET jahr PICTURE "99"
   READ
   SET COLOR OF NORMAL TO RG
   lini = REPLICATE("=",82)
   lins = REPLICATE("-",31)
   line = REPLICATE("=",31)
   USE zfau INDEX zaus
   SET FILTER TO substr(soda,1,2) = jahr .and. kogr = ekto
   CALCULATE SUM(nebe), SUM(vsbe), SUM(zabe)  TO a, b, c
   a = TRANSFORM(a,"999999.99")
   b = TRANSFORM(b,"999999.99")
   c = TRANSFORM(c,"999999.99")
   GO TOP
   ACTIVATE WINDOW kodr
   SET PRINT ON
   _plength = 70
   _padvance = "FORMFEED"
   ? CHR(27)+"("+"8"+"U"
   ? CHR(27)+"("+"s"+"0"+"p"+"12"+"h"+"12"+"v"+"0"+"s"+;
   "3"+"b"+"6"+"T"
   ? "Konto:" AT 8, ekto STYLE "B" AT 16, datu AT 82
   ? lini AT 8
   ? "Zahlungs-" AT 8, "Vorgang" AT 18, "Bank" AT 54,;
   "Netto-" AT 60, "Vor-" AT 71, "Zahl-" AT 82
   ? "ausgang" AT 8, "betrag" AT 60, "steuer" AT 71,;
   "betrag" AT 82
   ? lini AT 8
   ?
   zeile = 8
   DO WHILE .NOT. EOF()
      ? zada AT 8, bute AT 18, bank AT 54, nebe AT 60,;
   vsbe AT 71, zabe AT 82
      ?
      SKIP
      zeile = zeile + 2
      IF zeile >= 61
```

```
        EJECT
        ?
        ?
        ? "Konto:" AT 8, kogr STYLE "B" AT 16, datu AT 82
        ? lini AT 8
        ? "Zahlungs-" AT 8, "Vorgang" AT 18, "Bank";
        AT 54, "Netto-" AT 60, "Vor-" AT 71, "Zahl-" AT 82
        ? "ausgang" AT 8, "betrag" AT 60, "steuer";
        AT 71, "betrag" AT 82
        ? lini AT 8
        ?
        zeile = 8
     ENDIF
   ENDDO
   ? lins AT 59
   ? a AT 59, b AT 70, c AT 81
   ? line AT 59
   SET PRINT OFF
   EJECT
   DEACTIVATE WINDOW kodr
ENDIF
IF dran = "E"
   ekto = " "
   jahr = "  "
   @ 24,0 CLEAR TO 24,79
   @ 24,2 SAY "Einnahmekonto und Jahr auswählen ! ";
   GET ekto FUNCTION "M H,D"
   READ
   @ 24,40 GET jahr FUNCTION "M 88,89,90,91,87"
   READ
   SET COLOR OF NORMAL TO RG
   lini = REPLICATE("=",82)
   lins = REPLICATE("-",31)
   line = REPLICATE("=",31)
   USE zfei INDEX zeis
   SET FILTER TO substr(soda,1,2) = jahr .and. eart = ekto
   CALCULATE SUM(nebe), SUM(vsbe), SUM(zabe)  TO a, b, c
   a = TRANSFORM(a,"999999.99")
   b = TRANSFORM(b,"999999.99")
   c = TRANSFORM(c,"999999.99")
   GO TOP
   ACTIVATE WINDOW kodr
   SET PRINT ON
   _plength = 70
   _padvance = "FORMFEED"
   ? CHR(27)+"("+"8"+"U"
```

```
? CHR(27)+"("+"s"+"0"+"p"+"12"+"h"+"12"+"v"+"0"+"s"+;
"3"+"b"+"6"+"T"
IF ekto = "H"
   ? "Einnahmen aus Handel" AT 8, datu AT 82
ELSE
   ? "Einnahmen aus Dienstleistungen" AT 8, datu AT 82
ENDIF
? lini AT 8
? "Zahlungs-" AT 8, "Vorgang" AT 18, "Bank" AT 54,;
"Netto-" AT 60, "Vor-" AT 71, "Zahl-" AT 82
? "eingang" AT 8, "betrag" AT 60, "steuer" AT 71,;
"betrag" AT 82
? lini AT 8
?
zeile = 8
DO WHILE .NOT. EOF()
   ? zeda AT 8, bute AT 18, bank AT 54, nebe AT 60,;
vsbe AT 71, zabe AT 82
   ?
   SKIP
   zeile = zeile + 2
   IF zeile >= 61
      EJECT
      ?
      ?
      IF ekto = "H"
         ? "Einnahmen aus Handel" AT 8, datu AT 82
      ELSE
         ? "Einnahmen aus Dienstleistungen" AT 8,;
      datu AT 82
      ENDIF
      ? lini AT 8
      ? "Zahlungs-" AT 8, "Vorgang" AT 18, "Bank";
      AT 54, "Netto-" AT 60, "Vor-" AT 71, "Zahl-" AT 82
      ? "eingang" AT 8, "betrag" AT 60, "steuer";
      AT 71, "betrag" AT 82
      ? lini AT 8
      ?
      zeile = 8
   ENDIF
ENDDO
? lins AT 59
? a AT 55, b AT 66, c AT 77
? line AT 59
SET PRINT OFF
EJECT
```

```
   DEACTIVATE WINDOW kodr
ENDIF
IF dran = "A"
   @ 24,0 CLEAR TO 24,79
   jahr = "  "
   @ 24,30 SAY "Jahr auswählen ! " GET jahr FUNCTION;
   "M 88,89,90,91,87"
   READ
   @ 24,0 CLEAR TO 24,79
   @ 24,20 SAY "Es erfolgt der Druck der Einnahmekonten !"
   SET COLOR OF NORMAL TO RG
   lini = REPLICATE("=",82)
   lins = REPLICATE("-",31)
   line = REPLICATE("=",31)
   ekto = "D"
   DO WHILE ekto = "D" .OR. ekto = "H"
      USE zfei INDEX zeis
      SET FILTER TO substr(soda,1,2) = jahr .and.;
      eart = ekto
      CALCULATE SUM(nebe), SUM(vsbe), SUM(zabe)  TO a, b, c
      a = TRANSFORM(a,"999999.99")
      b = TRANSFORM(b,"999999.99")
      c = TRANSFORM(c,"999999.99")
      GO TOP
      ACTIVATE WINDOW kodr
      SET PRINT ON
      _plength = 70
      _padvance = "FORMFEED"
      ? CHR(27)+"("+"8"+"U"
      ? CHR(27)+"("+"s"+"0"+"p"+"12"+"h"+"12"+"v"+"0"+;
      "s"+"3"+"b"+"6"+"T"
      IF ekto = "H"
         ? "Einnahmen aus Handel" AT 8, datu AT 82
      ELSE
         ? "Einnahmen aus Dienstleistungen" AT 8,;
      datu AT 82
      ENDIF
      ? lini AT 8
      ? "Zahlungs-" AT 8, "Vorgang" AT 18, "Bank" AT 54,;
      "Netto-" AT 60, "Vor-" AT 71, "Zahl-" AT 82
      ? "eingang" AT 8, "betrag" AT 60, "steuer" AT 71,;
      "betrag" AT 82
      ? lini AT 8
      ?
      zeile = 8
```

```
   DO WHILE .NOT. EOF()
      ? zeda AT 8, bute AT 18, bank AT 54, nebe AT 60,;
   vsbe AT 71, zabe AT 82
      ?
      SKIP
      zeile = zeile + 2
      IF zeile >= 61
         EJECT
         ?
         ?
         IF ekto = "H"
            ? "Einnahmen aus Handel" AT 8, datu AT 82
         ELSE
            ? "Einnahmen aus Dienstleistungen" AT 8,;
         datu AT 82
         ENDIF
         ? lini AT 8
         ? "Zahlungs-" AT 8, "Vorgang" AT 18, "Bank";
         AT 54, "Netto-" AT 60, "Vor-" AT 71, "Zahl-" AT 82
         ? "eingang" AT 8, "betrag" AT 60, "steuer";
         AT 71, "betrag" AT 82
         ? lini AT 8
         ?
         zeile = 8
      ENDIF
   ENDDO
   ? lins AT 59
   ? a AT 55, b AT 66, c AT 77
   ? line AT 59
   SET PRINT OFF
   EJECT
   IF ekto = "D"
      ekto = "H"
   ELSE
      ekto = "X"
   ENDIF
   DEACTIVATE WINDOW kodr
ENDDO
SET COLOR OF NORMAL TO G+
@ 24,0 CLEAR TO 24,79
@ 24,20 SAY "Es erfolgt der Druck der Kostenkonten !"
SET COLOR OF NORMAL TO RG
USE zfau INDEX zaus
ekto = "200"
lini = REPLICATE("=",82)
lins = REPLICATE("-",31)
```

```
line = REPLICATE("=",31)
DO WHILE .NOT. EOF()
   SET FILTER TO substr(soda,1,2) = jahr
   CALCULATE FOR kogr = ekto SUM(nebe), SUM(vsbe),;
   SUM(zabe) TO a, b, c
   a = TRANSFORM(a,"999999.99")
   b = TRANSFORM(b,"999999.99")
   c = TRANSFORM(c,"999999.99")
   SEEK ekto
   ACTIVATE WINDOW kodr
   SET PRINT ON
   _plength = 70
   _padvance = "FORMFEED"
   ? CHR(27)+"("+"8"+"U"
   ? CHR(27)+"("+"s"+"0"+"p"+"12"+"h"+"12"+"v"+"0"+;
   "s"+"3"+"b"+"6"+"T"
   ? "Konto:" AT 8, ekto STYLE "B" AT 16, datu AT 82
   ? lini AT 8
   ? "Zahlungs-" AT 8, "Vorgang" AT 18, "Bank" AT 54,;
   "Netto-" AT 60, "Vor-" AT 71, "Zahl-" AT 82
   ? "ausgang" AT 8, "betrag" AT 60, "steuer" AT 71,;
   "betrag" AT 82
   ? lini AT 8
   ?
   zeile = 8
   DO WHILE kogr = ekto .AND. .NOT. EOF()
      ? zada AT 8, bute AT 18, bank AT 54, nebe AT 60,;
      vsbe AT 71, zabe AT 82
      ?
      SKIP
      zeile = zeile + 2
      IF zeile >= 61
         EJECT
         ?
         ?
         ? "Konto:" AT 8, kogr STYLE "B" AT 16,;
         datu AT 82
         ? lini AT 8
         ? "Zahlungs-" AT 8, "Vorgang" AT 18, "Bank";
         AT 54, "Netto-" AT 60, "Vor-" AT 71, "Zahl-" AT 82
         ? "ausgang" AT 8, "betrag" AT 60, "steuer";
         AT 71, "betrag" AT 82
         ? lini AT 8
         ?
         zeile = 8
      ENDIF
```

```
      ENDDO
      ? lins AT 59
      ? a AT 55, b AT 66, c AT 77
      ? line AT 59
      SET PRINT OFF
      EJECT
      DEACTIVATE WINDOW kodr
      SKIP
      ekto = kogr
   ENDDO
ENDIF
DO ZOBF
CLOSE ALL
RELEASE dran, ekto, jahr, a, b, c
RELEASE WINDOW kodr
RETURN
```

3.3.4   Option "Abschreibung"

Die Option "Abschreibung" wertet alle in der ZAFA-Datei geführten Objekte aus und übergibt den AfA-Betrag an die Ausgaben-Datenbank. Um sicherzustellen, daß der AfA-Betrag nicht doppelt gebucht wird, prüft das Programm nach der Auswahl eines Jahres, ob nicht bereits eine Buchung vorliegt. Die Werte werden anhand der Eintragungen über das Abschreibungsfenster im Programm "Ausgaben erfassen" ermittelt. Außerdem lassen sich Eintragungen individuell editieren, d.h. Objekte die verkauft oder unbrauchbar geworden sind, können aus der AfA-Datei entfernt werden.

```
Programm: Abschreibungen                Datei: ZF04.PRG


* ZF04.PRG
* AfA-(Spiegel)
PROCEDURE zf04
SET COLOR OF NORMAL TO G+
a 24,0 CLEAR TO 24,79
ents = " "
a 24,25 SAY "AfA-Daten [B]UCHEN / [E]EDITIEREN " GET;
 ents FUNCTION "M B,E"
READ
SET COLOR OF NORMAL TO RG
IF ents = "B"
   SET COLOR OF NORMAL TO G+
   a 24,0 CLEAR TO 24,79
   jahr = "   "
   a 24,32 SAY "AfA-Jahr ? " GET jahr FUNCTION;
```

```
"M 88,89,90,91,92,93,94,95,96,97,98,99"
  READ
  SET COLOR OF NORMAL TO RG
  USE zfau
  LOCATE FOR bank = jahr
  DO WHILE FOUND()
     SET COLOR OF NORMAL TO G+
     @ 24,0 CLEAR TO 24,79
     ?? chr(7)
     @ 24,15 SAY "AfA-Betrag für das Jahr 19"+jahr
     ?? " ist bereits gebucht."
     zahl = 1
     DO WHILE zahl < 5000
        zahl = zahl + 1
     ENDDO
     SET COLOR OF NORMAL TO RG
     EXIT
  ENDDO
  jah2 = val(jahr)
  IF .NOT. FOUND()
     USE zafa
     CALCULATE MAX(abjx) TO jahm
     GO TOP
     DO WHILE (abjx >= jah2 .OR. jah2 <= jahm) .AND.;
     .NOT. EOF()
        IF ((abj1 <> jah2 .AND. abjx <> jah2) .OR.;
        (abj1 <> jah2 .AND. abjx >= jah2)) .AND. .NOT. rebj = abjx
           REPLACE rebw WITH (rebw-afax)
           REPLACE rebj WITH jah2
        ENDIF
        IF abjx = jah2
           REPLACE rebw WITH 1
           REPLACE rebj WITH jah2
        ENDIF
        SKIP
     ENDDO
     SUM afa1 TO b1 FOR abj1 = jah2
     SUM afax TO b2 FOR ((abj1 <> jah2 .AND. abjx <>;
     jah2) .OR. (abj1 <> jah2 .AND. abjx > jah2)) .AND.;
     .NOT. rebj = abjx
     SUM afal TO b3 FOR abjx = jah2
     COUNT TO b4 FOR abjx = jah2
     bg = b1 + b2 + b3 - b4
     USE zfau
     APPEND BLANK
     REPLACE soda WITH (jahr + "1231")
```

```
      REPLACE bute WITH ("Abschreibungsbetrag 19" + jahr)
      REPLACE bank WITH jahr
      REPLACE kogr WITH "270"
      REPLACE zabe WITH bg
   ENDIF
ENDIF
IF ents = "E"
   linie = REPLICATE("=", 78)
   a 1,0 SAY linie
   a 2,0 CLEAR TO 22,79
   DEFINE WINDOW afal FROM 3,3 TO 21,74 NONE
   USE zafa
   BROWSE NOMENU WINDOW afal
   DO ZOBF
   PACK
   RELEASE WINDOW afal
ENDIF
DO ZOBF
RELEASE ents, jahr, jah2, bg, b1, b2, b3, b4
RETURN
```

3.3.5   Option "Umsatzsteuer"

Für die Ermittlung der Umsatzsteuer ist zwischen der monatlichen und
der Quartalsabrechnung zu unterscheiden. Die ermittelten Werte lassen
sich direkt in die Umsatzsteuererklärung übernehmen. Zum Ausdrucken
der Daten ist die [PRINT SCREEN]-Funktion zu verwenden.

```
Programm: Umsatzsteuer              Datei: ZF05.PRG


* ZF05.PRG
* Umsatzsteuer ermitteln
PROCEDURE zf05
SET COLOR OF NORMAL TO G+
a 24,0 CLEAR TO 24,79
SET COLOR OF NORMAL TO G+
a 24,0 CLEAR TO 24,79
jahr = "  "
a 24,25 SAY "Umsatzsteuer für 19[nn] " GET jahr FUNCTION;
 "M 88,89,90,91,92"
READ
a 24,0 CLEAR TO 24,79
mona = "  "
a 24,20 SAY "Für Monat [nn] oder [ ] = Quartal " GET;
 mona PICTURE "99"
READ
```

```
IF mona = "  "
   @ 24,0 CLEAR TO 24,79
   quar = "  "
   @ 24,30 SAY "Für welches Quartal " GET quar PICTURE "9"
   READ
ENDIF
SET COLOR OF NORMAL TO RG
IF mona <> "  "
   jamo = jahr+mona
   USE zfei
   SET FILTER TO substr(soda,1,4) = jamo
   CALCULATE SUM(nebe), SUM(vsbe) FOR usts = "14";
 TO nb1, ms1
   CALCULATE SUM(nebe), SUM(vsbe) FOR usts = "7";
 TO nb2, ms2
   USE zfau
   SET FILTER TO substr(soda,1,4) = jamo
   CALCULATE SUM(vsbe) TO vs
ELSE
   USE zfei
   SET FILTER TO substr(soda,1,2) = jahr .AND.;
 quat = quar
   CALCULATE SUM(nebe), SUM(vsbe) FOR usts = "14";
 TO nb1, ms1
   CALCULATE SUM(nebe), SUM(vsbe) FOR usts = "7";
 TO nb2, ms2
   USE zfau
   SET FILTER TO substr(soda,1,2) = jahr .AND. quat = quar
   CALCULATE SUM(vsbe) TO vs
ENDIF
mg = ms1 + ms2
us = mg - vs
zeile = 3
linie = REPLICATE("=", 78)
@ 1,0 SAY linie
@ 2,0 CLEAR TO 22,79
SET COLOR OF NORMAL TO G+
@ 24,0 CLEAR TO 24,79
@ 24,7 SAY "Für die Druckausgabe ist die;
 Print-Screen-Funktion zu verwenden"
SET COLOR OF NORMAL TO RG+
IF mona <> "  "
   moja = mona+" / "+jahr
   @ 5,18 SAY "Ermittelte Umsatzsteuer für " + moja
   @ 6,17 SAY REPLICATE("-",37)
```

```
ELSE
   quja = quar+" / "+jahr
   @ 5,15 SAY "Ermittelte Umsatzsteuer für Quartal " + quja
   @ 6,14 SAY REPLICATE("-",44)
ENDIF
@ 8,5 SAY "Nettobetrag:"
@ 8,20 SAY nb1
@ 8,35 SAY "Mehrwertsteuer 14 % : DM"
@ 8,60 SAY ms1
@ 9,20 SAY nb2
@ 9,51 SAY "7 % : DM"
@ 9,60 SAY ms2
@ 10,57 SAY "----------------"
@ 11,36 SAY "MWSt - Gesamtsumme : DM"
@ 11,60 SAY mg
@ 12,36 SAY "Vorsteuer - Gesamt : DM"
@ 12,60 SAY vs
@ 13,57 SAY "----------------"
IF mg > vs
   @ 14,37 SAY "USt-Vorauszahlung : DM"
ELSE
   @ 14,42 SAY "UST-Guthaben : DM"
ENDIF
@ 14,60 SAY us
@ 15,57 SAY "================="
SET CONSOLE OFF
WAIT
SET CONS ON
SET COLOR OF NORMAL TO RG
RELEASE jahr, jamo, moja, quja, quar, mona
RELEASE nb1, nb2, ms1, ms2, vs, mg, us
DO ZOBF
RETURN
```

3.3.6 Option "Jahresergebnis"

Mit dem neuen CALCULATE-Befehl lassen sich mehrere Rechenoperationen gleichzeitig definieren. Dadurch bedingt sind wesentlich weniger
Befehlszeilen notwendig. Die ermittelten Beträge werden in Speichervariablen abgelegt und über das vordefinierte Schema ausgegeben. Per Menü
vorzugeben sind die Prozentwerte für die Privatnutzung.

Programm: Jahresergebnis   Datei: ZF06.PRG

```
* ZF06.PRG
* Jahresergebnis ermitteln
PROCEDURE zf06
DEFINE WINDOW jedr FROM 16,3 TO 20,74 NONE
SET COLOR OF NORMAL TO G+
a 24,0 CLEAR TO 24,79
jaeg = "  "
a 24,25 SAY "Jahresergebnis für 19[nn] " GET jaeg;
 FUNCTION "M 88,89,90,91,87"
READ
a 24,0 CLEAR TO 24,79
pkfz = 0
a 24,25 SAY "Privatnutzung PkW in % [nn] " GET pkfz;
 PICTURE "99"
READ
a 24,0 CLEAR TO 24,79
ptel = 0
a 24,24 SAY "Privatanteil Telefon in % [nn]" GET ptel;
 PICTURE "99"
READ
dran = "N"
a 24,0 CLEAR TO 24,79
DO WHILE dran = "N"
   a 24,25 SAY "Drucker bereit ? [J]A / [N]EIN " GET dran;
 FUNCTION "M J,N"
   READ
ENDDO
SET COLOR OF NORMAL TO RG
ACTIVATE WINDOW jedr
lini = REPLICATE("=",65)
USE zfei
SET FILTER TO substr(soda,1,2) = jaeg
CALCULATE sum(vsbe), sum(zabe) FOR eart = "H" TO hs, he
CALCULATE sum(vsbe), sum(zabe) FOR eart = "D" TO ds, de
mwst = ds + hs
bein = he + de
USE zfau
CALCULATE sum(zabe) FOR kogr = "200" TO k200
CALCULATE sum(zabe) FOR kogr = "210" TO k210
CALCULATE sum(zabe) FOR substr(kogr,1,2) = "22" TO k220
CALCULATE sum(zabe) FOR kogr = "230" TO k230
CALCULATE sum(zabe) FOR kogr = "240" TO k240
CALCULATE sum(zabe) FOR kogr = "250" TO k250
CALCULATE sum(zabe) FOR substr(kogr,1,2) = "26" TO k260
```

```
CALCULATE sum(zabe) FOR kogr = "270" TO k270
CALCULATE sum(zabe) FOR substr(kogr,1,2) = "28" TO k280
CALCULATE sum(zabe) FOR kogr = "282" TO k282
CALCULATE sum(zabe) FOR kogr = "290" TO k290
CALCULATE sum(vsbe), sum(zabe) TO vst, baus
ust = mwst - vst
pkfz = (pkfz*k260)/100
ptel = (ptel*k282)/100
IF bein > baus
   guv = bein - baus - ust + pkfz + ptel
ELSE
   guv = bein - baus + ust - pkfz - ptel
ENDIF
SET PRINT ON
* Textfonts laden
? CHR(27)+"("+"8"+"U"
? CHR(27)+"("+"s"+"0"+"p"+"12"+"h"+"12"+"v"+"0"+"s"+;
"3"+"b"+"6"+"T"
?
?
? lini AT 10
? "BETRIEBSEINNAHMEN/-AUSGABEN 19" AT 10, jaeg AT 40
? lini AT 10
?
?
? "- Einnahmen aus Handelstätigkeit:" AT 10, "DM";
 AT 60, he AT 62
?
? "- Einnahmen aus Dienstleistungen:" AT 10, "DM";
 AT 60, de AT 62
? "--------------" AT 60
? "* BETRIEBSEINNAHMEN" AT 10, "DM" AT 60, bein AT 62
? "================" AT 60
?
? "- Personalkosten:" AT 10, "DM" AT 60, k200 AT 62
?
? "- Miete und Raumkosten:" AT 10, "DM" AT 60, k210 AT 62
?
? "- Beratungskosten:" AT 10, "DM" AT 60, k220 AT 62
?
? "- Betriebliche Versicherungen und Abgaben:" AT 10,;
 "DM" AT 60, k230 AT 62
?
? "- Kosten des Finanz- und Geldverkehrs:" AT 10, "DM";
 AT 60, k240 AT 62
?
```

```
? "- Reise- und Bewirtungskosten:" AT 10, "DM" AT 60,;
 k250 AT 62
?
? "- Fahrzeugkosten:" AT 10, "DM" AT 60, k260 AT 62
?
? "- Abschreibungen:" AT 10, "DM" AT 60, k270 AT 62
?
? "- Verwaltungskosten:" AT 10, "DM" AT 60, k280 AT 62
?
? "- Wareneinsatz:" AT 10, "DM" AT 60, k290 AT 62
? "---------------" AT 60
? "** BETRIEBSAUSGABEN" AT 10, "DM" AT 60, baus AT 62
? "===============" AT 60
?
? "./. Gezahlte Umsatzsteuer" AT 10, "DM" AT 60, ust AT 62
?
? " + Privatnutzung PkW" AT 10, "DM" AT 60, pkfz AT 62
?
? " + Privatanteil Telefon" AT 10, "DM" AT 60, ptel AT 62
? "---------------" AT 60
?
? "***  GEWINN / VERLUST - 19" AT 10, jaeg AT 36, "DM";
 AT 60, guv AT 62
?
? "===============" AT 60
SET PRINT OFF
EJECT
DEACTIVATE WINDOW jedr
SET COLOR OF NORMAL TO RG
DO ZOBF
CLOSE ALL
RELEASE hs, he, ds, de, baus, bein, ust, guv
RELEASE k200, k210, k220, k230, k240, k250, k260, k270,;
 k280, k282, k290
RELEASE lini, dran, jaeg, pkfz, ptel
RELEASE WINDOW jedr
RETURN
```

3.3.7 Option "Kontenspiegel"

Die Daten für den Kontenspiegel sind direkt in dem Programm gespeichert und können jederzeit modifiziert werden. Realisierbar ist diese Vorgehensweise durch die dBASE-Kommandos TEXT/ENDTEXT. Zur besseren Gestaltung wurde über die CHR()-Funktion ein spezifischer Zeichensatz zugeordnet. Diese Werte sind entweder an den eigenen Drucker anzupassen oder mittels eines Markierungssterns "*" zu unterdrücken.

Programm: Kontenspiegel   Datei: ZF07.PRG

```
* ZF07.PRG
* Kontenspiegel drucken
PROCEDURE zf07
DEFINE WINDOW kodr FROM 16,3 TO 20,74 NONE
SET COLOR OF NORMAL TO G+
@ 24,0 CLEAR TO 24,79
dran = "N"
DO WHILE dran = "N"
   @ 24,20 SAY "Drucker bereit ? [J]A / [N]EIN " GET;
 dran FUNCTION "M J,N"
   READ
ENDDO
SET COLOR OF NORMAL TO RG
ACTIVATE WINDOW kodr
SET PRINT ON
SET MARG TO 36
* Textfonts laden
? CHR(27)+"("+"8"+"U"
? CHR(27)+"("+"s"+"1"+"p"+"14"+"v"+"0"+"s"+"3"+"b"+"4"+"T"
TEXT
---------------------------
   K O N T E N S P I E G E L
---------------------------'
ENDTEXT
?
?
* Schriftart wechseln
?
?
? CHR(27)+"("+"s"+"0"+"p"+"12"+"h"+"12"+"v"+"0"+"s"+;
"3"+"b"+"6"+"T"
SET MARGIN TO 10
TEXT
Einnahmen:      H - Handel
----------
               D - Dienstleistung
```

```
Ausgaben:     200 - Personalkosten
.........

              210 - Miete und Raumkosten

              220 - Beratungskosten
                    221 - Rechtsberatung
                    222 - Steuerberatung

              230 - Betriebliche Versicherungen
                    und Abgaben

              240 - Kosten des Finanz- und Geldverkehrs

              250 - Reise- und Bewirtungskosten

              260 - Fahrzeugkosten
                    261 - Betriebsmittel
                    262 - Service- und Reparaturen
                    263 - Sonstige Kfz-Kosten

              270 - Abschreibungen

              280 - Verwaltungskosten
                    281 - Porto und Frachten
                    282 - Telefon, Fax, Telex, DFÜ
                    283 - Anzeigen, Werbemittel, Geschenke
                    284 - Fachliteratur
                    285 - Verbrauchsmaterialien
                    286 - Reparaturen und Ersatzteile

              290 - Wareneinsatz



              300 - Investitionen
ENDTEXT
SET MARGIN TO 0
SET PRINT OFF
EJECT
DEACTIVATE WINDOW kodr
SET COLOR OF NORMAL TO RG
DO ZOBF
CLOSE ALL
RELEASE dran
RELEASE WINDOW kodr
RETURN
```

3.3.8   Option "Monatsergebnisse"

Die Monatsumsätze und die monatlichen Kosten werden mit diesem Programm für ein ganzes Jahr gegenübergestellt. Die Auswertung der Eintragungen findet mittels der Einnahmen- und Ausgaben-Datenbank statt. Das Jahr, für daß die Auswertung durchgeführt werden soll, ist frei zu wählen.

```
Programm: Monatsergebnisse             Datei: ZF08.PRG


* ZF08.PRG
* Monatsergebnisse listen
PROCEDURE zf08
jahr = "  "
a 24,0 CLEAR TO 24,79
SET COLOR OF NORMAL TO G+
a 24,10 SAY "Für welches Jahr wird die Auswertung;
 gewünscht ? " GET jahr FUNCTION "M 86,87,88,89,90"
SET COLOR OF NORMAL TO RG
READ
USE zfei
SET FILTER TO substr(soda,1,2) = jahr
SUM nebe TO e01 FOR substr(soda,3,2) = "01"
SUM nebe TO e02 FOR substr(soda,3,2) = "02"
SUM nebe TO e03 FOR substr(soda,4,1) = "3"
SUM nebe TO e04 FOR substr(soda,4,1) = "4"
SUM nebe TO e05 FOR substr(soda,4,1) = "5"
SUM nebe TO e06 FOR substr(soda,4,1) = "6"
SUM nebe TO e07 FOR substr(soda,4,1) = "7"
SUM nebe TO e08 FOR substr(soda,4,1) = "8"
SUM nebe TO e09 FOR substr(soda,4,1) = "9"
SUM nebe TO e10 FOR substr(soda,3,2) = "10"
SUM nebe TO e11 FOR substr(soda,3,2) = "11"
SUM nebe TO e12 FOR substr(soda,3,2) = "12"
SUM nebe TO gein
USE zfau
SET FILTER TO substr(soda,1,2) = jahr
SUM nebe TO a01 FOR substr(soda,3,2) = "01"
SUM nebe TO a02 FOR substr(soda,3,2) = "02"
SUM nebe TO a03 FOR substr(soda,4,1) = "3"
SUM nebe TO a04 FOR substr(soda,4,1) = "4"
SUM nebe TO a05 FOR substr(soda,4,1) = "5"
SUM nebe TO a06 FOR substr(soda,4,1) = "6"
SUM nebe TO a07 FOR substr(soda,4,1) = "7"
SUM nebe TO a08 FOR substr(soda,4,1) = "8"
SUM nebe TO a09 FOR substr(soda,4,1) = "9"
SUM nebe TO a10 FOR substr(soda,3,2) = "10"
```

```
SUM nebe TO a11 FOR substr(soda,3,2) = "11"
SUM nebe TO a12 FOR substr(soda,3,2) = "12"
SUM nebe TO gaus
zeile = 3
linie = REPLICATE("=", 78)
@ 1,0 SAY linie
@ 2,0 CLEAR TO 22,79
SET COLOR OF NORMAL TO G+
@ 24,0 CLEAR TO 24,79
@ 24,7 SAY "Für die Druckausgabe ist die;
 Print-Screen-Funktion zu verwenden"
SET COLOR OF NORMAL TO RG+
@ 3,19 SAY "MONATSUMSÄTZE und -KOSTEN FÜR 19"+jahr
@ 4,18 SAY REPLICATE(" ",36)
@ 5,18 SAY "Monat          Einnahmen        Ausgaben"
@ 6,18 SAY REPLICATE("-",36)
@ 7,18 SAY "    Januar"
@ 7,27 SAY e01
@ 7,41 SAY a01
@ 8,18 SAY "   Februar"
@ 8,27 SAY e02
@ 8,41 SAY a02
@ 9,18 SAY "      März"
@ 9,27 SAY e03
@ 9,41 SAY a03
@ 10,18 SAY "     April"
@ 10,27 SAY e04
@ 10,41 SAY a04
@ 11,18 SAY "       Mai"
@ 11,27 SAY e05
@ 11,41 SAY a05
@ 12,18 SAY "      Juni"
@ 12,27 SAY e06
@ 12,41 SAY a06
@ 13,18 SAY "      Juli"
@ 13,27 SAY e07
@ 13,41 SAY a07
@ 14,18 SAY "    August"
@ 14,27 SAY e08
@ 14,41 SAY a08
@ 15,18 SAY "September"
@ 15,27 SAY e09
@ 15,41 SAY a09
@ 16,18 SAY " Oktober"
@ 16,27 SAY e10
@ 16,41 SAY a10
```

```
a 17,18 SAY " November"
a 17,27 SAY e11
a 17,41 SAY a11
a 18,18 SAY " Dezember"
a 18,27 SAY e12
a 18,41 SAY a12
a 19,18 SAY REPLICATE("-",36)
a 20,27 SAY gein
a 20,41 SAY gaus
a 21,18 SAY REPLICATE(" ",36)
a 22,79
SET CONSOLE OFF
WAIT
SET CONS ON
SET COLOR OF NORMAL TO RG
RELEASE e01, e02, e03, e04, e05, e06
RELEASE e07, e08, e09, e10, e11, e12, gein
RELEASE a01, a02, a03, a04, a05, a06
RELEASE a07, a08, a09, a10, a11, a12, gaus
DO ZOBF
RETURN
```

3.3.9   Option "Vergleich Vorjahr"

Monatsumsätze aus beliebig zu wählenden Jahren sind mit diesem Programm gegenüberzustellen. Für die Auswahl der Jahre wurde wiederum
die FUNCTION-Option verwendet. Das Spektrum der vorgegebenen Jahreszahlen ist beliebig zu erweitern und zu ändern.

```
Programm: Vergleich Vorjahr          Datei: ZF09.PRG
```

```
* ZF09.PRG
* Vergleich Vorjahr
PROCEDURE zf09
jah1 = "  "
jah2 = "  "
a 24,0 CLEAR TO 24,79
SET COLOR OF NORMAL TO G+
a 24,10 SAY "Für welche Jahre wird die Auswertung gewünscht ? ";
 GET jah1 FUNCTION "M 86,87,88,89,90"
a 24,70 GET jah2 FUNCTION "M 86,87,88,89,90"
SET COLOR OF NORMAL TO RG
READ
USE zfei
SET FILTER TO substr(soda,1,2) = jah1
SUM nebe TO a01 FOR substr(soda,3,2) = "01"
```

```
SUM nebe TO a02 FOR substr(soda,3,2) = "02"
SUM nebe TO a03 FOR substr(soda,4,1) = "3"
SUM nebe TO a04 FOR substr(soda,4,1) = "4"
SUM nebe TO a05 FOR substr(soda,4,1) = "5"
SUM nebe TO a06 FOR substr(soda,4,1) = "6"
SUM nebe TO a07 FOR substr(soda,4,1) = "7"
SUM nebe TO a08 FOR substr(soda,4,1) = "8"
SUM nebe TO a09 FOR substr(soda,4,1) = "9"
SUM nebe TO a10 FOR substr(soda,3,2) = "10"
SUM nebe TO a11 FOR substr(soda,3,2) = "11"
SUM nebe TO a12 FOR substr(soda,3,2) = "12"
SUM nebe TO galt
SET FILTER TO substr(soda,1,2) = jah2
SUM nebe TO n01 FOR substr(soda,3,2) = "01"
SUM nebe TO n02 FOR substr(soda,3,2) = "02"
SUM nebe TO n03 FOR substr(soda,4,1) = "3"
SUM nebe TO n04 FOR substr(soda,4,1) = "4"
SUM nebe TO n05 FOR substr(soda,4,1) = "5"
SUM nebe TO n06 FOR substr(soda,4,1) = "6"
SUM nebe TO n07 FOR substr(soda,4,1) = "7"
SUM nebe TO n08 FOR substr(soda,4,1) = "8"
SUM nebe TO n09 FOR substr(soda,4,1) = "9"
SUM nebe TO n10 FOR substr(soda,3,2) = "10"
SUM nebe TO n11 FOR substr(soda,3,2) = "11"
SUM nebe TO n12 FOR substr(soda,3,2) = "12"
SUM nebe TO gneu
zeile = 3
linie = REPLICATE("=", 78)
a 1,0 SAY linie
a 2,0 CLEAR TO 22,79
SET COLOR OF NORMAL TO G+
a 24,0 CLEAR TO 24,79
a 24,7 SAY "Für die Druckausgabe ist die;
 Print-Screen-Funktion zu verwenden"
SET COLOR OF NORMAL TO RG+
a 3,20
?? "       MONATSUMSÄTZE 19"+jah1, "/ 19"+jah2
a 4,20 SAY REPLICATE(" ",36)
a 5,20
?? "Monat            19"+jah1, "          19"+jah2
a 6,20 SAY REPLICATE("-",36)
a 7,20 SAY "   Januar"
a 7,29 SAY a01
a 7,43 SAY n01
a 8,20 SAY " Februar"
a 8,29 SAY a02
```

```
@ 8,43 SAY n02
@ 9,20 SAY "     März"
@ 9,29 SAY a03
@ 9,43 SAY n03
@ 10,20 SAY "    April"
@ 10,29 SAY a04
@ 10,43 SAY n04
@ 11,20 SAY "      Mai"
@ 11,29 SAY a05
@ 11,43 SAY n05
@ 12,20 SAY "     Juni"
@ 12,29 SAY a06
@ 12,43 SAY n06
@ 13,20 SAY "     Juli"
@ 13,29 SAY a07
@ 13,43 SAY n07
@ 14,20 SAY "   August"
@ 14,29 SAY a08
@ 14,43 SAY n08
@ 15,20 SAY "September"
@ 15,29 SAY a09
@ 15,43 SAY n09
@ 16,20 SAY "  Oktober"
@ 16,29 SAY a10
@ 16,43 SAY n10
@ 17,20 SAY " November"
@ 17,29 SAY a11
@ 17,43 SAY n11
@ 18,20 SAY " Dezember"
@ 18,29 SAY a12
@ 18,43 SAY n12
@ 19,20 SAY REPLICATE("-",36)
@ 20,29 SAY galt
@ 20,43 SAY gneu
@ 21,20 SAY REPLICATE(" ",36)
@ 22,79
SET CONSOLE OFF
WAIT
SET CONS ON
SET COLOR OF NORMAL TO RG
DO ZOBF
RELEASE n01, n02, n03, n04, n05, n06
RELEASE n07, n08, n09, n10, n11, n12, gnei
```

```
RELEASE a01, a02, a03, a04, a05, a06
RELEASE a07, a08, a09, a10, a11, a12, galt
RELEASE jah1, jah2
RETURN
```

3.3.10 Option "SOLL-Werte erfassen"

Mit diesem Programm sind für beliebige Jahre SOLL-Werte zu erfassen.
Um einen Doppeleintrag auszuschließen, vergleicht das Programm die
ausgewählte Jahreszahl mit den vorhandenen Daten. Stellt es fest, daß
bereits Werte gespeichert sind, verzweigt es in eine Routine, die die
Optionen Löschen [L], Editieren [E] und Verlassen [V] zur Verfügung
stellt.

```
Programm: SOLL-Werte erfassen          Datei: ZF10.PRG


* ZF10.PRG
* Erfassung SOLL-Werte
PROCEDURE zf10
jahs = "  "
a 24,0 CLEAR TO 24,79
SET COLOR OF NORMAL TO G+
a 24,10 SAY "Für welches Jahr sind die SOLL-Werte zu;
 erfassen ? " GET jahs FUNCTION "M 87,88,89,90,91"
SET COLOR OF NORMAL TO RG
READ
zeile = 3
linie = REPLICATE("=", 78)
a 1,0 SAY linie
a 2,0 CLEAR TO 22,79
CLOSE ALL
USE zfso INDEX zfso
SEEK jahs
IF jah = jahs
   ents = "  "
   SET COLOR OF NORMAL TO G+
   a 24,0 CLEAR TO 24,79
   a 24,1 SAY "Es sind bereits Werte vorhanden !;
  [L]öschen, [E]ditieren, [V]erlassen" GET ents;
  FUNCTION "M E,L,V"
     READ
     SET COLOR OF NORMAL TO RG
     IF ents = "E"
        m_s01 = s01
        m_s02 = s02
        m_s03 = s03
```

```
m_s04 = s04
m_s05 = s05
m_s06 = s06
m_s07 = s07
m_s08 = s08
m_s09 = s09
m_s10 = s10
m_s11 = s11
m_s12 = s12
a 3,23 TO 19,46 DOUBLE
a 21,21 SAY "SOLL-Werte für das Jahr 19"+jahs
erfa = "N"
DO WHILE erfa = "N"
   a 4,25 SAY "    Januar"
   a 4,37 GET m_s01 PICTURE "99999.99"
   a 5,25 SAY "   Februar"
   a 5,37 GET m_s02 PICTURE "99999.99"
   a 6,25 SAY "     März"
   a 6,37 GET m_s03 PICTURE "99999.99"
   a 8,25 SAY "    April"
   a 8,37 GET m_s04 PICTURE "99999.99"
   a 9,25 SAY "      Mai"
   a 9,37 GET m_s05 PICTURE "99999.99"
   a 10,25 SAY "     Juni"
   a 10,37 GET m_s06 PICTURE "99999.99"
   a 12,25 SAY "     Juli"
   a 12,37 GET m_s07 PICTURE "99999.99"
   a 13,25 SAY "   August"
   a 13,37 GET m_s08 PICTURE "99999.99"
   a 14,25 SAY "September"
   a 14,37 GET m_s09 PICTURE "99999.99"
   a 16,25 SAY "  Oktober"
   a 16,37 GET m_s10 PICTURE "99999.99"
   a 17,25 SAY " November"
   a 17,37 GET m_s11 PICTURE "99999.99"
   a 18,25 SAY " Dezember"
   a 18,37 GET m_s12 PICTURE "99999.99"
   SET COLOR OF NORMAL TO G+
   a 24,0 CLEAR TO 24,79
   a 24,33 SAY "Werte OK ?" GET erfa FUNCTION "M J,N"
   SET COLOR OF NORMAL TO RG
   READ
ENDDO
REPLACE s01 WITH m_s01
REPLACE s02 WITH m_s02
REPLACE s03 WITH m_s03
```

```
      REPLACE s04 WITH m_s04
      REPLACE s05 WITH m_s05
      REPLACE s06 WITH m_s06
      REPLACE s07 WITH m_s07
      REPLACE s08 WITH m_s08
      REPLACE s09 WITH m_s09
      REPLACE s10 WITH m_s10
      REPLACE s11 WITH m_s11
      REPLACE s12 WITH m_s12
   ENDIF
   IF ents = "L"
      DELETE for jah = jahs
      PACK
      jahs = "  "
   ENDIF
ENDIF
IF jah <> jahs
   APPEND BLANK
   @ 3,23 TO 19,46 DOUBLE
   @ 21,21 SAY "SOLL-Werte für das Jahr 19"+jahs
   erfa = "N"
   DO WHILE erfa = "N"
      @ 4,25 SAY "   Januar"
      @ 4,37 GET s01 PICTURE "99999.99"
      @ 5,25 SAY "  Februar"
      @ 5,37 GET s02 PICTURE "99999.99"
      @ 6,25 SAY "     März"
      @ 6,37 GET s03 PICTURE "99999.99"
      @ 8,25 SAY "    April"
      @ 8,37 GET s04 PICTURE "99999.99"
      @ 9,25 SAY "      Mai"
      @ 9,37 GET s05 PICTURE "99999.99"
      @ 10,25 SAY "     Juni"
      @ 10,37 GET s06 PICTURE "99999.99"
      @ 12,25 SAY "     Juli"
      @ 12,37 GET s07 PICTURE "99999.99"
      @ 13,25 SAY "   August"
      @ 13,37 GET s08 PICTURE "99999.99"
      @ 14,25 SAY "September"
      @ 14,37 GET s09 PICTURE "99999.99"
      @ 16,25 SAY "  Oktober"
      @ 16,37 GET s10 PICTURE "99999.99"
      @ 17,25 SAY " November"
      @ 17,37 GET s11 PICTURE "99999.99"
      @ 18,25 SAY " Dezember"
      @ 18,37 GET s12 PICTURE "99999.99"
```

```
        SET COLOR OF NORMAL TO G+
        @ 24,0 CLEAR TO 24,79
        @ 24,35 SAY "Werte OK ?" GET erfa FUNCTION "M J,N"
        SET COLOR OF NORMAL TO RG
        READ
        REPLACE jah WITH jahs
    ENDDO
ENDIF
DO ZOBF
CLEAR GETS
RELEASE m_s01, m_s02, m_s03, m_s04, m_s05, m_s06, m_s07
RELEASE m_s08, m_s09, m_s10, m_s11, m_s12, erfa, ents, jahs
RETURN
```

3.3.11 Option "SOLL-/IST-Vergleich"

Letztendlich lassen sich auch die beiden Jahreszahlen für den SOLL-/IST-Vergleich frei wählen. Die SOLL-Werte entnimmt das Programm der Datei ZFSO und die IST-Werte der Einnahmen-Datenbank ZFEI.

```
Programm: SOLL-/IST-Vergleich          Datei: ZF11.PRG


* ZF11.PRG
* Vergleich Vorjahr
PROCEDURE zf11
jah1 = "  "
jah2 = "  "
@ 24,0 CLEAR TO 24,79
SET COLOR OF NORMAL TO G+
@ 24,1 SAY "Für welche Jahre ist der SOLL-/IST-Vergleich;
 vorzunehmen ? " GET jah1 FUNCTION "M 86,87,88,89,90"
@ 24,70 GET jah2 FUNCTION "M 87,88,89,90,91"
SET COLOR OF NORMAL TO RG
READ
USE zfei
SET FILTER TO substr(soda,1,2) = jah2
SUM nebe TO e01n FOR substr(soda,3,2) = "01"
SUM nebe TO e02n FOR substr(soda,3,2) = "02"
SUM nebe TO e03n FOR substr(soda,4,1) = "3"
SUM nebe TO e04n FOR substr(soda,4,1) = "4"
SUM nebe TO e05n FOR substr(soda,4,1) = "5"
SUM nebe TO e06n FOR substr(soda,4,1) = "6"
SUM nebe TO e07n FOR substr(soda,4,1) = "7"
SUM nebe TO e08n FOR substr(soda,4,1) = "8"
SUM nebe TO e09n FOR substr(soda,4,1) = "9"
SUM nebe TO e10n FOR substr(soda,3,2) = "10"
```

```
SUM nebe TO e11n FOR substr(soda,3,2) = "11"
SUM nebe TO e12n FOR substr(soda,3,2) = "12"
SUM nebe TO gsn
USE zfso
LOCATE FOR jah = jah1
gsa = s01+s02+s03+s04+s05+s06+s07+s08+s09+s10+s11+s12
zeile = 3
linie = REPLICATE("=", 78)
a 1,0 SAY linie
a 2,0 CLEAR TO 22,79
SET COLOR OF NORMAL TO G+
a 24,0 CLEAR TO 24,79
a 24,8 SAY "Für die Druckausgabe ist die;
 Print-Screen-Funktion zu verwenden"
SET COLOR OF NORMAL TO RG+
a 3,16
?? "SOLL-/IST-VERGLEICH FÜR DIE JAHRE 19"+jah1, "/ 19"+jah2
a 4,16 SAY REPLICATE(" ",45)
a 5,16
?? "Monat             19"+jah1, "           19"+jah2
a 6,16 SAY REPLICATE("-",45)
a 7,16 SAY "   Januar"
a 7,32 SAY s01
a 7,42 SAY e01n
a 8,16 SAY " Februar"
a 8,32 SAY s02
a 8,42 SAY e02n
a 9,16 SAY "     März"
a 9,32 SAY s03
a 9,42 SAY e03n
a 10,16 SAY "    April"
a 10,32 SAY s04
a 10,42 SAY e04n     ,
a 11,16 SAY "      Mai"
a 11,32 SAY s05
a 11,42 SAY e05n
a 12,16 SAY "     Juni"
a 12,32 SAY s06
a 12,42 SAY e06n
a 13,16 SAY "     Juli"
a 13,32 SAY s07
a 13,42 SAY e07n
a 14,16 SAY "   August"
a 14,32 SAY s08
a 14,42 SAY e08n
a 15,16 SAY "September"
```

```
@ 15,32 SAY s09
@ 15,42 SAY e09n
@ 16,16 SAY "  Oktober"
@ 16,32 SAY s10
@ 16,42 SAY e10n
@ 17,16 SAY "  November"
@ 17,32 SAY s11
@ 17,42 SAY e11n
@ 18,16 SAY "  Dezember"
@ 18,32 SAY s12
@ 18,42 SAY e12n
@ 19,16 SAY REPLICATE("-",45)
@ 20,27 SAY gsa
@ 20,42 SAY gsn
@ 21,16 SAY REPLICATE(" ",45)
@ 22,79
SET CONSOLE OFF
WAIT
SET CONS ON
SET COLOR OF NORMAL TO RG
DO ZOBF
RELEASE e01n, e02n, e03n, e04n, e05n, e06n, e07n, e08n
RELEASE e09n, e10n, e11n, e12n, gsa, gsn, jah1, jah2
RETURN
```

3.4 Die Literaturverwaltung

Im Arbeitsbereich Literaturverwaltung (Bild 3-8) lassen sich sowohl Artikel [A], Bücher [B], Handbücher (Manuale) [H], Informationsbroschüren-/Prospekte [I] und Preislisten [P] verwalten. Die gespeicherten Daten sind nach den verschiedensten Kriterien zu selektieren und als Einzel- oder Gesamtliste auszugeben. Außerdem kann die Literaturdatei in andere Arbeitsbereiche transferiert werden.

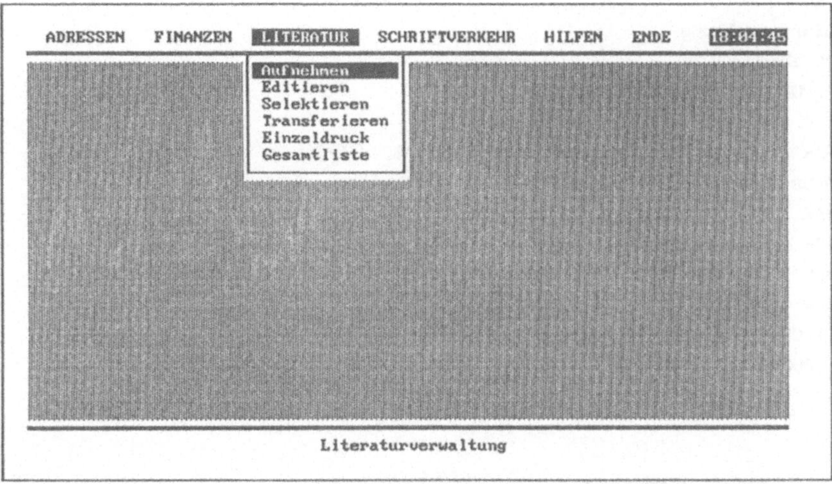

Bild 3-8

Gespeichert sind die Informationen in der Datenbank ZLIT.DBF. Die individuellen Beschreibungen zu jedem Objekt wiederum in der dBASE-Textdatei ZLIT.DBT.

```
Datenbank: ZLIT.DBF


Struktur:


Feld  Feld-Bez.  F-Typ  Länge  Dez.-St. : Feldbeschreibung
--------------------------------------------------------------

  1   LGRU         C       2              Literaturgruppe
  2   LART         C       1              Literaturart
  3   LORT         C       4              Lagerort
  4   KTIT         C      15              Kurztitel
  5   TLBT         C      60              Titel
  6   VERL         C      30              Verlag/Redaktion
  7   AUTO         C      30              Autor
  8   ISBN         C      13              ISBN-Nummer
  9   JAHR         C       2              Erscheinungsjahr
 10   AUSG         C       4              Ausgabe
 11   STIW         C      10              Stichwort
 12   INHA         M      10              Beschreibung *)
```

*) Der Inhalt des MEMO-Feld's wird in der Datei ZLIT.DBT gespeichert.

```
Programm: Auswahlfenster          Datei: ZHM3.PRG


* ZHM3.PRG
* Literaturverwaltung
PROCEDURE zhm3
DEFINE POPUP hm3l FROM 1,22 TO 8,38
DEFINE BAR 1 OF hm3l PROMPT " Aufnehmen"
DEFINE BAR 2 OF hm3l PROMPT " Editieren" MESSAGE "[CTRL]+;
[W] Änderungen speichern / [CTRL]+[U] Datensatz löschen"
DEFINE BAR 3 OF hm3l PROMPT " Selektieren"
DEFINE BAR 4 OF hm3l PROMPT " Transferieren"
DEFINE BAR 5 OF hm3l PROMPT " Einzeldruck"
DEFINE BAR 6 OF hm3l PROMPT " Gesamtliste"
ON SELECTION POPUP hm3l DO ZLIT
ACTIVATE POPUP hm3l
RETURN



Programm: Zuordnung Prozeduren        Datei: ZLIT.PRG


* ZLIT.PRG
* Literaturdaten
PROCEDURE zlit
DO CASE
   CASE BAR() = 1
      DO zl01
   CASE BAR() = 2
      DO zl02
   CASE BAR() = 3
      DO zl03
   CASE BAR() = 4
      DO zl04
   CASE BAR() = 5
      DO zl05
   CASE BAR() = 6
      DO zl06
ENDCASE
RETURN
```

3.4.1 Option "Aufnehmen"

Die Dateneingabemaske (Bild 3-9) ist zur schnelleren und besseren Orien-
tierung, ähnlich der Maske der Adressenverwaltung, aufgebaut. Bei der
Definition der Eingabefelder sind die erweiterten GET-Funktionen einbezogen worden. Die Literaturgruppe (2-Stellen) muß eingetragen werden.
Die Literaturart ist aus den vorgegebenen Varianten mittels der Leertaste

zu wählen. Das Ort-Feld beschreibt den Lagerplatz des Objekts. Der
Kurztitel kennzeichnet den Inhalt das Literaturobjekts (z.B. DBASE-
PROGRAMM). Entweder ein Buchtitel oder die Headline eines Artikels
ist im Buchtitel/Beitrag-Feld einzutragen. Für die Zuordnung des Verlags
(z.B. Friedr. Vieweg) oder der Redaktion (z.B. MICRO) sowie den Namen
des Autors sind die nächsten beiden Felder vorgesehen. Das Stichwort ist
zur Vergabe eines weiteren Alleinstellungsmerkmals gedacht. Über das
MEMO-Feld sind umfangreiche Beschreibungen und Hinweise zu einem
Objekt vorzunehmen.

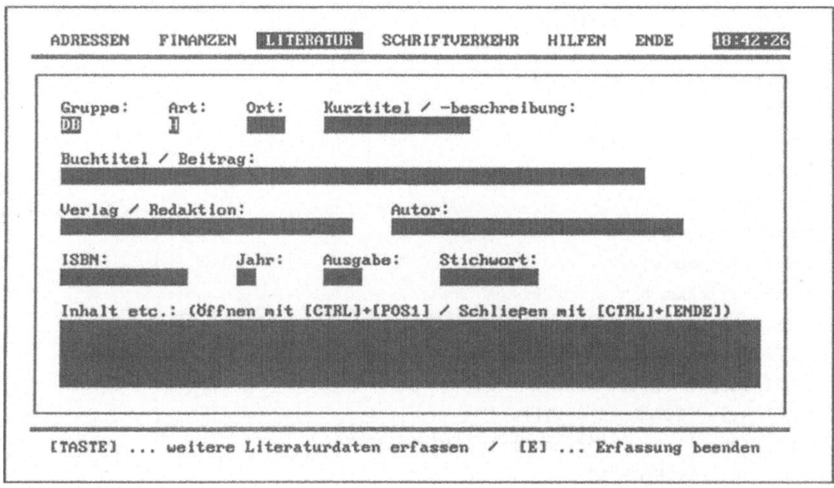

Bild 3-9

Programm: Literaturdaten aufnehmen   Datei: ZL01.PRG

```
* ZL01.PRG
* Literaturdaten aufnehmen
PROCEDURE zl01
eing = " "
DEFINE WINDOW inha FROM 17,3 TO 20,74 NONE
linie = REPLICATE("=", 78)
@ 1,0 SAY linie
@ 2,0 CLEAR TO 22,79
SET COLOR OF NORMAL TO G+
@ 24,0 CLEAR TO 24,79
@ 24,2 SAY "[TASTE] ... weitere Literaturdaten erfassen  /;
  [E] ... Erfassung beenden"
SET COLOR OF NORMAL TO RG
USE zlit
```

```
@ 2,0 TO 22,77 196,,,,218,191
SET COLOR OF NORMAL TO RG+
DO WHILE eing <> "e"
   APPEND BLANK
   @ 4,3 SAY "Gruppe:"
   @ 4,14 SAY "Art:"
   @ 4,22 SAY "Ort:"
   @ 4,30 SAY "Kurztitel / -beschreibung:"
   @ 5,3 GET lgru PICTURE "!!" VALID lgru <> "  "
   @ 5,14 GET lart FUNCTION "M A,B,H,I,P"
   @ 5,22 GET lort PICTURE "!!!!"
   @ 5,30 GET ktit PICTURE "!!!!!!!!!!!!!!!!"
   @ 7,3 SAY "Buchtitel / Beitrag:"
   @ 8,3 GET tlbt
   @ 10,3 SAY "Verlag / Redaktion:"
   @ 10,37 SAY "Autor:"
   @ 11,3 GET verl
   @ 11,37 GET auto
   @ 13,3 SAY "ISBN:"
   @ 13,21 SAY "Jahr:"
   @ 13,30 SAY "Ausgabe:"
   @ 13,42 SAY "Stichwort:"
   @ 14,3 GET isbn
   @ 14,21 GET jahr PICTURE "99"
   @ 14,30 GET ausg PICTURE "9999"
   @ 14,42 GET stiw PICTURE "!!!!!!!!!!"
   @ 16,3 SAY "Inhalt etc.: (Öffnen mit [CTRL]+[POS1] /;
Schließen mit [CTRL]+[ENDE])"
   @ 17,3 GET inha OPEN WINDOW inha
   @ 22,79
   READ
   SET COLOR OF NORMAL TO G+
   @ 24,0 CLEAR TO 24,79
   @ 24,2 SAY "[TASTE] ... weitere Literaturdaten erfassen;
 / [E] ... Erfassung beenden"
   SET COLOR OF NORMAL TO RG+
   SET CONSOLE OFF
   WAIT TO eing
   SET CONSOLE ON
ENDDO
SET COLOR OF NORMAL TO RG
CLEAR GETS
RELEASE eing
RELEASE WINDOW inha
DO ZOBF
RETURN
```

3.4.2 Option "Editieren"

Das Editieren der Literaturdaten wird von dem BROWSE-Kommando
unterstützt. Dieses Kommando ist, wie bei der Adressenverwaltung, einem
Fenster zugeordnet.

```
Programm: Literaturdaten editieren      Datei: ZL02.PRG


* ZL02.PRG
* Literaturdaten editieren
PROCEDURE zl02
linie = REPLICATE("=", 78)
a 1,0 SAY linie
a 2,0 CLEAR TO 22,79
DEFINE WINDOW edtn FROM 3,3 TO 21,74 NONE
USE zlit
BROWSE NOMENU WINDOW edtn
DO ZOBF
PACK
RELEASE eing
RELEASE WINDOW edtn
RETURN
```

3.4.3 Option "Selektieren"

Nach den vier folgenden Kriterien sind die Literaturobjekte zu selektieren (Bild 3-10); dem Kurztitel in Verbindung mit der Literaturart [T],
dem Stichwort und der Literaturgruppe [S], der Ausgabe und der Redaktion [A] und der ISBN [I]. Reichen diese Kriterien nicht aus, läßt sich das
Auswahlfenster um weitere zwei Schlüssel ohne Veränderung des Rahmens ergänzen. Alternativ kann natürlich auch ein weiteres oder größeres
Kriterien-Fenster definiert werden. Über die "Selektions"-Option lassen
sich außerdem Eintragungen ändern.

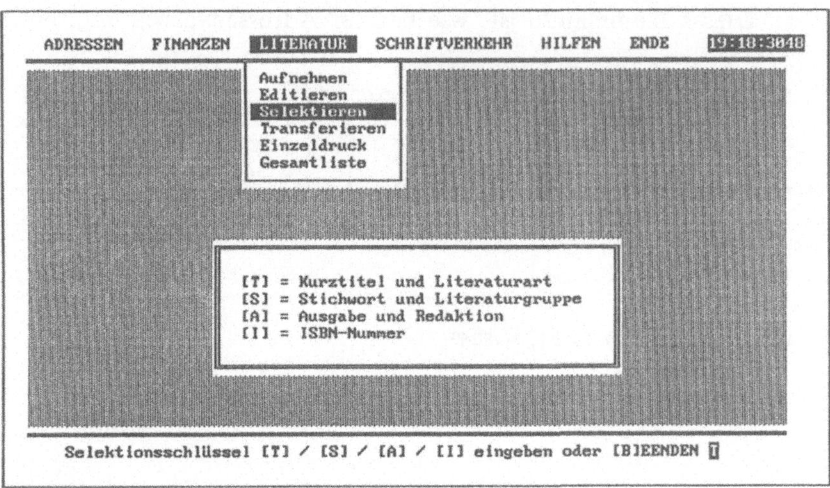

Bild 3-10

Programm: Literaturdaten selektieren   Datei: ZL03.PRG

```
* ZL03.PRG
* Literaturdaten selektieren
PROCEDURE zl03
DEFINE WINDOW inha FROM 17,3 TO 20,74 NONE
SET COLOR OF NORMAL TO RG
a 12,19 CLEAR TO 19,60
a 12,19 TO 19,60 DOUBLE
SET COLOR OF NORMAL TO RG+
a 14,22 SAY "[T] = Kurztitel und Literaturart"
a 15,22 SAY "[S] = Stichwort und Literaturgruppe"
a 16,22 SAY "[A] = Ausgabe und Redaktion"
a 17,22 SAY "[I] = ISBN-Nummer"
SET COLOR OF NORMAL TO G+
a 24,0 CLEAR TO 24,79
schl = " "
a 24,4 SAY "Selektionsschlüssel [T] / [S] / [A] / [I];
 eingeben oder [B]EENDEN" GET schl FUNCTION "M T,S,A,I,B"
READ
a 12,19 CLEAR TO 19,60
SET COLOR OF NORMAL TO RG
linie = REPLICATE("=", 78)
a 1,0 SAY linie
a 2,0 CLEAR TO 22,79
```

```
@ 2,0 TO 22,77 196,,,,218,191
DO WHILE schl <> "B" .AND. .NOT. EOF()
   IF schl = "T"
      SET COLOR OF NORMAL TO G+
      @ 24,0 CLEAR TO 24,79
      mkm1 = "                   "
      mkm2 = " "
      @ 24,2 SAY "Kurztitel eingeben"
      @ 24,40 SAY "Literaturart eingeben"
      @ 24,22 GET mkm1 PICTURE "!!!!!!!!!!!!!!!!!"
      READ
      @ 24,63 GET mkm2 FUNCTION "M A,B,H,I,P"
      READ
      USE zlit
      LOCATE FOR ktit = mkm1 .AND. lart = mkm2
      SET COLOR OF NORMAL TO RG+
   ENDIF
   IF schl = "S"
      SET COLOR OF NORMAL TO G+
      @ 24,0 CLEAR TO 24,79
      mkm1 = "          "
      mkm2 = "  "
      @ 24,2 SAY "Stichwort eingeben"
      @ 24,40 SAY "Literaturgruppe eingeben"
      @ 24,22 GET mkm1 PICTURE "!!!!!!!!!!"
      READ
      @ 24,66 GET mkm2 PICTURE "!!"
      READ
      USE zlit
      LOCATE FOR stiw = mkm1 .AND. lgru = mkm2
      SET COLOR OF NORMAL TO RG+
   ENDIF
   IF schl = "A"
      SET COLOR OF NORMAL TO G+
      @ 24,0 CLEAR TO 24,79
      mkm1 = "                          "
      mkm2 = "     "
      @ 24,2 SAY "Redation eingeben"
      @ 24,60 SAY "Ausgabe ?"
      @ 24,21 GET mkm1;
      PICTURE "!!!!!!!!!!!!!!!!!!!!!!!!!!!!!!!!!!"
      READ
      @ 24,72 GET mkm2 PICTURE "9999"
      READ
      USE zlit
      LOCATE FOR verl = mkm1 .AND. ausg = mkm2
```

```
   SET COLOR OF NORMAL TO RG+
ENDIF
IF schl = "I"
   SET COLOR OF NORMAL TO G+
   @ 24,0 CLEAR TO 24,79
   mkm1 = "                "
   mkm2 = " "
   @ 24,2 SAY "ISBN-Nummer eingeben"
   @ 24,26 GET mkm1
   READ
   USE zlit
   LOCATE FOR isbn = mkm1
   SET COLOR OF NORMAL TO RG+
ENDIF
satz1 = RECNO()
@ 4,3 SAY "Gruppe:"
@ 4,14 SAY "Art:"
@ 4,22 SAY "Ort:"
@ 4,30 SAY "Kurztitel / -beschreibung:"
@ 5,3 GET lgru PICTURE "!!"
@ 5,14 SAY lart
@ 5,22 GET lort PICTURE "!!!!"
@ 5,30 GET ktit PICTURE "!!!!!!!!!!!!!!!!!"
@ 7,3 SAY "Buchtitel / Beitrag:"
@ 8,3 GET tlbt
@ 10,3 SAY "Verlag / Redaktion:"
@ 10,37 SAY "Autor:"
@ 11,3 GET verl
@ 11,37 GET auto
@ 13,3 SAY "ISBN:"
@ 13,21 SAY "Jahr:"
@ 13,30 SAY "Ausgabe:"
@ 13,42 SAY "Stichwort:"
@ 14,3 GET isbn
@ 14,21 GET jahr PICTURE "99"
@ 14,30 GET ausg PICTURE "9999"
@ 14,42 GET stiw PICTURE "!!!!!!!!!!!"
@ 16,3 SAY "Inhalt etc.: (Öffnen mit [CTRL]+[POS1];
/ Schließen mit [CTRL]+[ENDE])"
@ 17,3 GET inha OPEN WINDOW inha
READ
satz2 = RECNO()
REPLACE lgru WITH lgru FOR satz1 = satz2
REPLACE lart WITH lart FOR satz1 = satz2
REPLACE lort WITH lort FOR satz1 = satz2
REPLACE ktit WITH ktit FOR satz1 = satz2
```

```
REPLACE tlbt WITH tlbt FOR satz1 = satz2
REPLACE verl WITH verl FOR satz1 = satz2
REPLACE auto WITH auto FOR satz1 = satz2
REPLACE isbn WITH isbn FOR satz1 = satz2
REPLACE jahr WITH jahr FOR satz1 = satz2
REPLACE ausg WITH ausg FOR satz1 = satz2
REPLACE stiw WITH stiw FOR satz1 = satz2
REPLACE inha WITH inha FOR satz1 = satz2
@ 2,0 CLEAR TO 22,79
SET COLOR OF NORMAL TO RG
@ 2,0 TO 22,77 196,,,,218,191
@ 12,19 TO 19,60 DOUBLE
SET COLOR OF NORMAL TO RG+
@ 14,22 SAY "[T] = Kurztitel und Literaturart"
@ 15,22 SAY "[S] = Stichwort und Literaturgruppe"
@ 16,22 SAY "[A] = Ausgabe und Redaktion"
@ 17,22 SAY "[I] = ISBN-Nummer"
SET COLOR OF NORMAL TO G+
@ 24,0 CLEAR TO 24,79
schl = " "
@ 24,4 SAY "Selektionsschlüssel [T] / [S] / [A] / [I];
eingeben oder [B]EENDEN" GET schl FUNCTION "M T,S,A,I,B"
READ
@ 12,19 CLEAR TO 19,60
SET COLOR OF NORMAL TO RG
ENDDO
SET COLOR OF NORMAL TO RG
CLEAR GETS
RELEASE schl, mkm1, mkm2
RELEASE WINDOW inha
DO ZOBF
RETURN
```

3.4.4 Option "Transferieren"

Identisch zur Transfer-Funktion der Adressendaten ist diese Literatur-
Transfer-Option. Auch in diesem Beispiel läßt sich die Datenbank in den
Fremdformaten ASCII-SDF (.TXT-Datei), dBASE III und Framework II
ausgeben.

Programm: Literaturdaten transferieren Datei: ZL04.PRG

```
* ZL04.PRG
* Literatur-Datei transferieren
PROCEDURE zl04
SET COLOR OF NORMAL TO G+
a 24,0 CLEAR TO 24,79
form = " "
a 24,2 SAY "Daten im [A]SCII-SDF-, [D]BASE III-,;
 [F]RAMEWORK II-Format speichern ?" GET form;
 FUNCTION "M A,D,F"
READ
USE zlit
DO CASE
   CASE form = "A"
      a 24,0 CLEAR TO 24,79
      a 24,3 SAY "Die Daten werden in das ASCII-SDF-Format;
übertragen (Datei: LITDAT.TXT)"
      COPY TO litdat TYPE SDF
   CASE form = "D"
      a 24,0 CLEAR TO 24,79
      a 24,1 SAY "Die Daten werden in das dBASE III-Format;
übertragen (Datei: LITDAT.DBF/.DBT)"
      COPY TO litdat TYPE DBMEMO3
   CASE form = "F"
      a 24,0 CLEAR TO 24,79
      a 24,1 SAY "Die Daten werden in das;
 FRAMEWORK II-Format übertragen (Datei: LITDAT.FW2)"
      EXPORT TO litdat TYPE FW2
ENDCASE
SET COLOR OF NORMAL TO RG
RELEASE form
RETURN
```

3.4.5 Option "Einzeldruck"

Für den Einzeldruck eines Datensatzes stehen die bereits unter Punkt
3.4.3 beschriebenen Selektionskriterien zur Verfügung. Es wird der Inhalt
aller Datenfelder eines Datensatz, auch des MEMO-Feldes, ausgegeben.

Programm: Einzeldruck   Datei: ZL05.PRG

```
* ZL05.PRG
* Literaturdaten - Einzeldruck
PROCEDURE zl05
DEFINE WINDOW inha FROM 10,3 TO 20,74 NONE
```

```
SET COLOR OF NORMAL TO RG
@ 12,19 CLEAR TO 19,60
@ 12,19 TO 19,60 DOUBLE
SET COLOR OF NORMAL TO RG+
@ 14,22 SAY "[T] = Kurztitel und Literaturart"
@ 15,22 SAY "[S] = Stichwort und Literaturgruppe"
@ 16,22 SAY "[A] = Ausgabe und Redaktion"
@ 17,22 SAY "[I] = ISBN-Nummer"
SET COLOR OF NORMAL TO G+
@ 24,0 CLEAR TO 24,79
schl = " "
@ 24,4 SAY "Selektionsschlüssel [T] / [S] / [A] / [I];
 eingeben oder [B]EENDEN" GET schl FUNCTION "M T,S,A,I,B"
READ
DO WHILE schl <> "B"
   IF schl = "T"
      SET COLOR OF NORMAL TO G+
      @ 24,0 CLEAR TO 24,79
      mkm1 = "                  "
      mkm2 = " "
      @ 24,2 SAY "Kurztitel eingeben"
      @ 24,40 SAY "Literaturart eingeben"
      @ 24,22 GET mkm1 PICTURE "!!!!!!!!!!!!!!!!!"
      READ
      @ 24,63 GET mkm2 FUNCTION "M A,B,H,I,P"
      READ
      USE zlit
      LOCATE FOR ktit = mkm1 .AND. lart = mkm2
      SET COLOR OF NORMAL TO RG+
   ENDIF
   IF schl = "S"
      SET COLOR OF NORMAL TO G+
      @ 24,0 CLEAR TO 24,79
      mkm1 = "            "
      mkm2 = "  "
      @ 24,2 SAY "Stichwort eingeben"
      @ 24,40 SAY "Literaturgruppe eingeben"
      @ 24,22 GET mkm1 PICTURE "!!!!!!!!!!!"
      READ
      @ 24,66 GET mkm2 PICTURE "!!"
      READ
      USE zlit
      LOCATE FOR stiw = mkm1 .AND. lgru = mkm2
      SET COLOR OF NORMAL TO RG+
   ENDIF
```

```
   IF schl = "A"
      SET COLOR OF NORMAL TO G+
      a 24,0 CLEAR TO 24,79
      mkm1 = "                              "
      mkm2 = "     "
      a 24,2 SAY "Redation eingeben"
      a 24,60 SAY "Ausgabe ?"
      a 24,21 GET mkm1;
      PICTURE "!!!!!!!!!!!!!!!!!!!!!!!!!!!!!!"
      READ
      a 24,72 GET mkm2 PICTURE "9999"
      READ
      USE zlit
      LOCATE FOR verl = mkm1 .AND. ausg = mkm2
      SET COLOR OF NORMAL TO RG+
   ENDIF
   IF schl = "I"
      SET COLOR OF NORMAL TO G+
      a 24,0 CLEAR TO 24,79
      mkm1 = "                "
      mkm2 = " "
      a 24,2 SAY "ISBN-Nummer eingeben"
      a 24,26 GET mkm1
      READ
      USE zlit
      LOCATE FOR isbn = mkm1
      SET COLOR OF NORMAL TO RG+
   ENDIF
   a 24,0 CLEAR TO 24,79
   DO WHILE .NOT. PRINTSTATUS()
      SET COLOR OF NORMAL TO G+*
      a 24,30 SAY "Drucker einschalten !"
      LOOP
   ENDDO
   a 24,0 CLEAR TO 24,79
   ACTIVATE WINDOW inha
   lini = REPLICATE("=",67)
   data = dbf()
   datu = date()
   dnum = ltrim(str(recno()))
   SET PRINTER ON
   ?
   ?
   ? "Datei: " AT 8, data, "   Datensatz: ", dnum,;
"Datum:" AT 60, datu
   ?
```

```
   ? lini STYLE "B" AT 8
   ?
   ? "Gruppe:" STYLE "U" AT 8, "Art:" STYLE "U" AT 19,;
"Ort:" STYLE "U" AT 27,;
     "Kurztitel / -beschreibung:" STYLE "U" AT 35
   ?
   ? lgru STYLE "B" AT 8, lart STYLE "B" AT 19, lort;
STYLE "B" AT 27, ktit STYLE "B" AT 35
   ?
   ? "Buchtitel / Beitrag:" STYLE "U" AT 8
   ?
   ? tlbt STYLE "B" AT 8
   ?
   ? "Verlag / Redaktion:" STYLE "U" AT 8, "Autor:";
STYLE "U" AT 41
   ?
   ? verl STYLE "B" AT 8, auto STYLE "B" AT 41
   ?
   ? "ISBN:" STYLE "U" AT 8, "Jahr:" STYLE "U" AT 26,;
"Ausgabe:" STYLE "U" AT 35, "Stichwort:" STYLE "U" AT 47
   ?
   ? isbn STYLE "B" AT 8, jahr STYLE "B" AT 26, ausg;
STYLE "B" AT 35, stiw STYLE "B" AT 47
   ?
   ? "Beschreibung:" STYLE "U" AT 8
   ?
   ? inha AT 8
   SET PRINT OFF
   EJECT
   DEACTIVATE WINDOW inha
   SET COLOR OF NORMAL TO G+
   @ 24,0 CLEAR TO 24,79
   schl = " "
   @ 24,4 SAY "Selektionsschlüssel [T] / [S] / [A] / [I];
 eingeben oder [B]EENDEN" GET schl FUNCTION "M T,S,A,I,B"
   READ
ENDDO
SET COLOR OF NORMAL TO RG
RELEASE schl, mkm1, mkm2, dnum, datu, data, lini
RELEASE WINDOW inha
DO ZOBF
RETURN
```

3.4.6 Option "Gesamtliste"

Die Option "Gesamtliste" gibt alle gespeicherten Literaturobjekte fortlaufend aus. In diesem Fall jedoch nicht den Inhalt des MEMO-Feldes.

```
Programm: Gesamtliste                    Datei: ZL06.PRG


* ZL06.PRG
* Literaturdaten - Gesamtliste
PROCEDURE zl06
DEFINE WINDOW drin FROM 10,3 TO 20,74 NONE
SET COLOR OF NORMAL TO RG
SET COLOR OF NORMAL TO G+
a 24,0 CLEAR TO 24,79
ents = "N"
DO WHILE ents = "N"
   a 24,20 SAY "Drucker eingeschaltet ?  [J]A / [N]EIN ";
 GET ents FUNCTION "M J,N"
   READ
ENDDO
USE zlit
SORT ON lgru, ktit, ausg TO zlso
ACTIVATE WINDOW drin
lini = REPLICATE("=",67)
lin2 = REPLICATE("-",67)
data = dbf()
datu = date()
seite = 1
SET PRINTER ON
USE zlso
GO TOP
DO WHILE .NOT. EOF()
   ? "Seite:" AT 8, seite, "Datum:" AT 60, datu
   ? lini STYLE "B" AT 8
   ? "GESAMTÜBERSICHT - LITERATURDATEI" STYLE "B" AT 8
   ?? data AT 60
   ? lini STYLE "B" AT 8
   ? "Gruppe:" AT 8, "Art:" AT 19, "Ort:" AT 27,;
     "Kurztitel / -beschreibung:" AT 35
   ? "Buchtitel / Beitrag:" AT 8
   ? "Verlag / Redaktion:" AT 8, "Autor:" AT 41
   ? "ISBN:" AT 8, "Jahr:" AT 26, "Ausgabe:" AT 35,;
     "Stichwort:" AT 47
   ? lini STYLE "B" AT 8
   ?
   zeile = 10
   DO WHILE zeile < 60 .AND. .NOT. EOF()
```

```
      ? lgru STYLE "B" AT 8, lart STYLE "B" AT 19, lort;
      STYLE "B" AT 27, ktit STYLE "B" AT 35
      ? tlbt STYLE "B" AT 8
      ? verl STYLE "B" AT 8, auto STYLE "B" AT 41
      ? isbn STYLE "B" AT 8, jahr STYLE "B" AT 26, ausg;
      STYLE "B" AT 35, stiw STYLE "B" AT 47
      ? lin2 AT 8
      SKIP
      zeile = zeile + 5
   ENDDO
   EJECT
   zeile = 0
   seite = seite + 1
ENDDO
SET PRINT OFF
EJECT
DEACTIVATE WINDOW drin
SET COLOR OF NORMAL TO RG
DO ZOBF
RELEASE ents, datu, data, lini, seite, zeile, lin2
RELEASE WINDOW drin
CLOSE ALL
ERASE zlso.dbf
ERASE zlso.dbt
RETURN
```

3.5 Die Schriftverkehr-/Rechnungen-Option

Sowohl Einzel- als auch Serienbriefe sowie Rechnungen (Bild 3-11) kön-
nen in diesem Arbeitsbereich erstellt und ausgegeben werden. Bei der
Texterfassung über das MEMO-Feld ist zur besseren Formatgestaltung der
Seitenumbruch bei der Erfassung zu berücksichtigen.

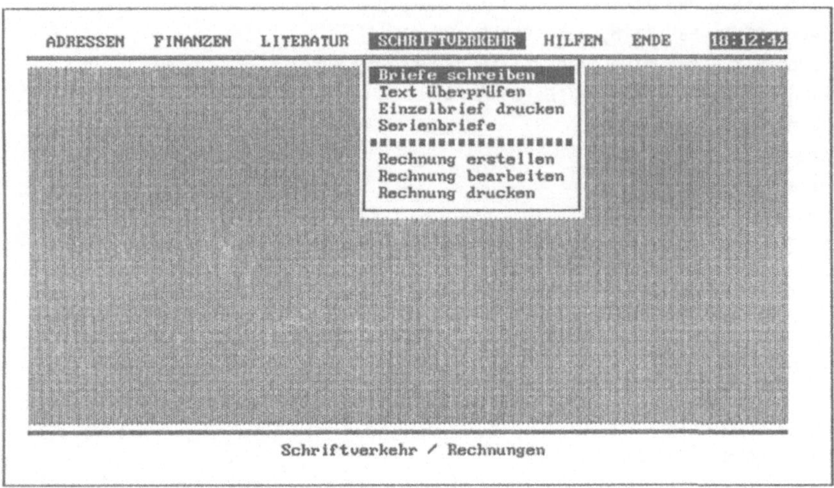

Bild 3-11

Gespeichert werden Briefe und auch Rechnungen in der Datenbankdatei
ZSVR.DBF und MEMO-Feldinhalte in der Datei ZSVR.DBT. Zur schnelleren Selektion des Textes oder einer Rechnung mittels des SEEK-Kom-
mandos sind die entsprechenden Felder TXKZ (= Textkennzeichen) und
RENR (= Rechnungsnummer) indiziert.

```
Datenbank: ZSVR.DBF


Indexdatei:   ZRNR.NDX       Schlüssel:      RENR
              ZTKZ.NDX                       TXKZ


Struktur:


Feld  Feld-Bez.  F-Typ  Länge  Dez.-St. : Feldbeschreibung
------------------------------------------------------------

 1    ART         C       1               Brief / Rechnung
 2    ERDA        D       8               Erfassungsdatum
 3    AGRU        C       2               Adressengruppe
 4    ADSL        C       6               Adressenschlüssel
 5    TXKZ        C       6               Textkennzeichen
 6    BTEX        M      10               Brieftext
 7    BETR        C      45               Betreff
 8    RENR        N       4               Rechnungsnummer
                                          Rechnungstext:
```

9	RT11	C	40		Position 1.1
10	RT12	C	40		Position 1.2
11	RT13	C	40		Position 1.3
12	FKT1	N	7	2	Faktor 1
13	MUL1	N	6	2	Multiplikator 1
14	SUM1	N	8	2	Summe Position 1
15	RT21	C	40		Position 2.1
16	RT22	C	40		Position 2.2
17	RT23	C	40		Position 2.3
18	FKT2	N	7	2	Faktor 2
19	MUL2	N	6	2	Multiplikator 2
20	SUM2	N	8	2	Summe Position 2
21	RT31	C	40		Position 3.1
22	RT32	C	40		Position 3.2
23	RT33	C	40		Position 3.3
24	FKT3	N	7	2	Faktor 3
25	MUL3	N	6	2	Multiplikator 3
26	SUM3	N	8	2	Summe Position 3
27	RT41	C	40		Position 4.1
28	RT42	C	40		Position 4.2
29	RT43	C	40		Position 4.3
30	FKT4	N	7	2	Faktor 4
31	MUL4	N	6	2	Multiplikator 4
32	SUM4	N	8	2	Summe Position 4
33	NSUM	N	8	2	Nettogesamtsumme
34	MWST	N	8	2	Mehrwertsteuer
35	BSUM	N	8	2	Bruttosumme

*) Der Inhalt des MEMO-Feldes wird in der Datei ZSVR.DBT gespeichert.

Programm: Auswahlfenster   Datei: ZHM4.PRG

```
* ZHM4.PRG
* Schriftverkehr
PROCEDURE zhm4
DEFINE POPUP hm4s FROM 1,34 TO 10,56
DEFINE BAR 1 OF hm4s PROMPT " Briefe schreiben"
DEFINE BAR 2 OF hm4s PROMPT " Text überprüfen"
DEFINE BAR 3 OF hm4s PROMPT " Einzelbrief drucken"
DEFINE BAR 4 OF hm4s PROMPT " Serienbriefe"
DEFINE BAR 5 OF hm4s PROMPT REPLICATE("•",21) SKIP
DEFINE BAR 6 OF hm4s PROMPT " Rechnung erstellen"
DEFINE BAR 7 OF hm4s PROMPT " Rechnung bearbeiten"
DEFINE BAR 8 OF hm4s PROMPT " Rechnung drucken"
ON SELECTION POPUP hm4s DO ZSVR
ACTIVATE POPUP hm4s
RETURN
```

```
Programm: Zuordnung Prozeduren         Datei: ZSVR.PRG

* ZSVR.PRG
* Programmübergabe Schriftverkehr / Rechnungen
PROCEDURE zsvr
DO CASE
   CASE BAR() = 1
      DO zs01
   CASE BAR() = 2
     DO zs02
   CASE BAR() = 3
     DO zs03
   CASE BAR() = 4
     DO zs04
   CASE BAR() = 6
     DO zr01
   CASE BAR() = 7
     DO zr02
   CASE BAR() = 8
     DO zr03
ENDCASE
RETURN
```

3.5.1 Option "Briefe schreiben"

In Verbindung mit dem dBASE-MEMO-Feld lassen sich komfortabel
Briefe schreiben und mit Adressen aus der Adressendatenbank mischen.
Zu differenzieren ist zwischen Einzel- und Serienbriefen. Der Hauptun-
terschied liegt in der Art der Adressdatenzuordnung. Bei den Einzelbrie-
fen wird eine Adresse über den Adressenschlüssel zugeordnet, den Serienbriefen eine komplette Adressengruppe. Damit lassen sich auf einfache
Weise Rundschreiben an eine bestimmte Zielgruppe verschicken. Das
Textkennzeichen dient zur schnellen Auffindung des gespeicherten Textes. Das automatisch übernommene Tagesdatum wird beim Druck des
Schreibens ausgegeben. Für jeden Brief ist außerdem ein Betreff-Zeile zu
erfassen. Über die vielfältigen Funktionen des dBASE-Texteditors lassen
sich die Eintragungen in ein MEMO-Feld individuell gestalten. Es ist
darauf zu achten, daß nach maximal 30 Zeilen auf der ersten Seite und
jeweils 60 Zeilen auf den Folgeseiten ein Seitenumbruch zu setzen ist. Das
erleichtert die spätere Ausgabe des Textes.

Programm: Briefe schreiben   Datei: ZS01.PRG

```
* ZS01.PRG
* Briefe schreiben
PROCEDURE zs01
eing = " "
DEFINE WINDOW text FROM 10,3 TO 20,74 NONE
USE zsvr INDEX ztkz
m_art = " "
m_gru = "   "
m_txkz = "        "
m_asl = "         "
m_dat = date()
linie = REPLICATE("=", 78)
a 1,0 SAY linie
a 2,0 CLEAR TO 22,79
a 2,0 TO 22,77 196,,,,218,191
SET COLOR OF NORMAL TO RG+
DO WHILE eing <> "e"
   a 4,3 SAY "Art:"
   a 4,9 SAY "Gruppe:"
   a 4,18 SAY "Schlüssel:"
   a 4,30 SAY "Textkennzeichen:"
   a 4,48 SAY "Tagesdatum:"
   a 5,3 GET m_art FUNCTION "M E,S"
   READ
   IF m_art = "S"
      a 5,9 GET m_gru PICTURE "!!" VALID m_gru <> "  "
   ELSE
      a 5,18 GET m_asl PICTURE "!!!!!!";
 VALID m_asl <> "        "
   ENDIF
   a 5,30 GET m_txkz PICTURE "!!!!!!!"
   READ
   SEEK m_txkz
   DO WHILE FOUND()
      a 24,0 CLEAR TO 24,79
      SET COLOR OF NORMAL TO G+*
      a 24,22 SAY "Textkennzeichen bereits vorhanden"
      SET COLOR OF NORMAL TO RG+
      a 5,30 GET m_txkz PICTURE "!!!!!!!"
      READ
      SEEK m_txkz
   ENDDO
   a 24,0 CLEAR TO 24,79
   a 5,48 SAY m_dat
```

```
     APPEND BLANK
     @ 7,3 SAY "Betreff: " GET betr
     @ 9,3 SAY "Text: (Öffnen mit [CTRL]+[POS1] / Schließen;
     mit [CTRL]+[ENDE])"
     @ 10,3 GET btex OPEN WINDOW text
     @ 22,79
     READ
     IF m_art = "S"
        REPLACE agru WITH m_gru
        m_gru = "  "
        @ 5,9 SAY m_gru
     ELSE
        REPLACE adsl WITH m_asl
        m_asl = "        "
        @ 5,18 SAY m_asl
     ENDIF
     REPLACE erda with m_dat
     REPLACE txkz WITH m_txkz
     @ 5,3 SAY "      "
     REPLACE art WITH m_art
     SET COLOR OF NORMAL TO G+
     @ 24,0 CLEAR TO 24,79
     @ 24,8 SAY "[TASTE] ... weitere Texte erfassen  /;
     [E] ... Erfassung beenden"
     SET COLOR OF NORMAL TO RG+
     SET CONSOLE OFF
     WAIT TO eing
     SET CONSOLE ON
ENDDO
SET COLOR OF NORMAL TO RG
CLEAR GETS
RELEASE eing, m_art, m_dat, m_asl, m_gru
RELEASE WINDOW text
DO ZOBF
RETURN
```

3.5.2 Option "Text überprüfen"

Über das Textkennzeichen lassen sich alle Briefe schnell selektieren und
die Eintragungen überprüfen. Außerdem ist der Adressenschlüssel zu ändern. Über diese Option kann ein Brief auch an mehrere Adressaten ver-
schickt werden.

Programm: Text überprüfen   Datei: ZS02.PRG

```
* ZS02.PRG
* Text überprüfen
PROCEDURE zs02
eing = " "
DEFINE WINDOW text FROM 10,3 TO 20,74 NONE
SET COLOR OF NORMAL TO G+
@ 24,0 CLEAR TO 24,79
tkz = "         "
@ 24,2 SAY "Welcher Text soll überprüft werden ? ";
 GET tkz PICTURE "!!!!!!!"
READ
SET COLOR OF NORMAL TO RG
USE zsvr INDEX ztkz
SEEK tkz
linie = REPLICATE("=", 78)
@ 1,0 SAY linie
@ 2,0 CLEAR TO 22,79
@ 2,0 TO 22,77 196,,,,218,191
SET COLOR OF NORMAL TO RG+
bear = "J"
DO WHILE bear <> "N" .AND. .NOT. EOF()
   @ 4,3 SAY "Art:"
   @ 4,9 SAY "Gruppe:"
   @ 4,18 SAY "Schlüssel:"
   @ 4,30 SAY "Textkennzeichen:"
   @ 4,48 SAY "Tagesdatum:"
   @ 5,3 SAY art
   @ 5,9 SAY agru
   @ 5,18 GET adsl PICTURE "!!!!!!!"
   @ 5,30 SAY txkz
   @ 5,48 SAY erda
   @ 7,3 SAY "Betreff:"
   @ 7,12 GET betr
   @ 9;3 SAY "Text: (Öffnen mit [CTRL]+[POS1] / Schließen;
 mit [CTRL]+[ENDE])"
   @ 10,3 GET btex OPEN WINDOW text
   @ 22,79
   READ
   REPLACE adsl WITH adsl
   REPLACE betr WITH betr
   SET COLOR OF NORMAL TO G+
   @ 24,0 CLEAR TO 24,79
   @ 24,2 SAY "Weitere Texte überprüfen ? [J]A / [N]EIN  ";
 GET bear FUNCTION "M J,N"
```

```
    READ
   IF bear = "J"
      @ 24,0 CLEAR TO 24,79
      @ 24,2 SAY "Textkennzeichen eingeben ? ";
 GET tkz PICTURE "!!!!!!"
      READ
      SET COLOR OF NORMAL TO RG+
      SEEK tkz
   ENDIF
ENDDO
SET COLOR OF NORMAL TO RG
CLEAR GETS
RELEASE tkz, bear
DO ZOBF
RETURN
```

3.5.3 Option "Einzelbrief drucken"

Der für den Druck vorgesehene Brief ist über das Textkennzeichen auszuwählen. Damit die Druckausgabe die Bildschirmdarstellung nicht verändert, wird für die Ausgabe ein Window geöffnet. Über den ALIAS lassen
sich die Werte aus zwei Dateien in einem Brief zusammenfassen. Außerdem ist über die neue AT-Option eine wesentlich einfachere Zuordnung
der Felder zu den Druckpositionen zu realisieren.

```
Programm: Einzelbrief drucken          Datei: ZS03.PRG
```

```
* ZS03.PRG
* Einzelbrief drucken
PROCEDURE zs03
DEFINE WINDOW brdr FROM 14,3 TO 20,74 NONE
SET COLOR OF NORMAL TO G+
@ 24,0 CLEAR TO 24,79
texk = "       "
@ 24,2 SAY "Textkennzeichen eingeben " GET;
 texk PICTURE "!!!!!!"
READ
SET COLOR OF NORMAL TO RG
USE zsvr INDEX ztkz
SEEK texk
SELECT B
USE zadr INDEX zasl
SEEK A->adsl
ACTIVATE WINDOW brdr
SET PRINT ON
?
```

```
?
?
?
?
?
? B->nam1 AT 8
IF B->nam2 <> " "
   ? B->nam2 AT 8
ENDIF
IF B->ansp <> " "
   ? B->ansp AT 8
ENDIF
? B->stpf AT 8
?
IF B->lkz = "CH"
   ? B->lkz AT 8, "-" AT 10, B->plz AT 11, B->ort AT 16
ELSE
   ? B->lkz AT 8, "-" AT 10, B->plz AT 12, B->ort AT 17
ENDIF
?
?
?
?
?
? A->erda AT 65
?
?
?
?
? A->betr AT 8
?
?
? "Sehr geehrt" AT 8, rtrim(B->anre) AT 19
?? ","
?
? A->btex AT 8
EJECT
SET PRINT OFF
DEACTIVATE WINDOW brdr
SET COLOR OF NORMAL TO RG
DO ZOBF
CLOSE ALL
RELEASE texk
RELEASE WINDOW brdr
RETURN
```

3.5.4 Option "Serienbriefe"

Die Serienbrief-Funktion ist fast identisch zum Einzelbriefdruck. Anders
als beim Einzelbrief wird hiermit eine beliebige Anzahl von Briefen fortlaufend ausgegeben.

```
Programm: Serienbriefe                    Datei: ZS04.PRG


* ZS04.PRG
* Serienbriefe drucken
PROCEDURE zs04
DEFINE WINDOW brdr FROM 14,3 TO 20,74 NONE
SET COLOR OF NORMAL TO G+
a 24,0 CLEAR TO 24,79
texk = "         "
a 24,2 SAY "Textkennzeichen eingeben ";
 GET texk PICTURE "!!!!!!"
READ
a 24,0 CLEAR TO 24,79
DO WHILE .NOT. PRINTSTATUS()
   SET COLOR OF NORMAL TO G+*
   a 24,30 SAY "Drucker einschalten !"
   LOOP
ENDDO
a 24,0 CLEAR TO 24,79
SET COLOR OF NORMAL TO RG
USE zadr
SELECT B
USE zsvr INDEX ztkz
SEEK texk
SELECT A
USE zadr
SET FILTER TO A->agru = B->agru
ACTIVATE WINDOW brdr
SET PRINT ON
DO WHILE .NOT. EOF()
   ?
   ?
   ?
   ?
   ?
   ?
   ? A->nam1 AT 8
   IF A->nam2 <> " "
      ? A->nam2 AT 8
   ENDIF
```

```
   IF A->ansp <> " "
      ? A->ansp AT 8
   ENDIF
   ? A->stpf AT 8
   ?
   IF A->lkz = "CH"
      ? A->lkz AT 8, "-" AT 10, A->plz AT 11, A->ort AT 16
   ELSE
      ? A->lkz AT 8, "-" AT 10, A->plz AT 12, A->ort AT 17
   ENDIF
   ?
   ?
   ?
   ?
   ?
   ? B->erda AT 65
   ?
   ?
   ?
   ?
   ? B->betr AT 8
   ?
   ?
   ? "Sehr geehrt" AT 8, rtrim(A->anre) AT 19
   ?? ","
   ?
   ? B->btex AT 8
   EJECT
   SKIP
ENDDO
SET PRINT OFF
DEACTIVATE WINDOW brdr
SET COLOR OF NORMAL TO RG
DO ZOBF
CLOSE ALL
RELEASE texk
RELEASE WINDOW brdr
RETURN
```

3.5.5 Option "Rechnung erstellen"

Neben Briefen lassen sich auch Rechnungen erstellen. Jede Rechnung
kann vier Positionen beinhalten (Bild 3-12). Zur exakten Erläuterung einer Rechnungsposition stehen jeweils drei Zeilen zur Verfügung. Die
Rechnungsnummer wird automatisch vergeben. Durch eine kleine Änderung im Programm kann sie ab einem bestimmten Wert beginnen. Jeder

Rechnung ist, wie bei einem Brief, eine Adresse aus der Adressendatenbank über einen Schlüssel zuzuordnen.

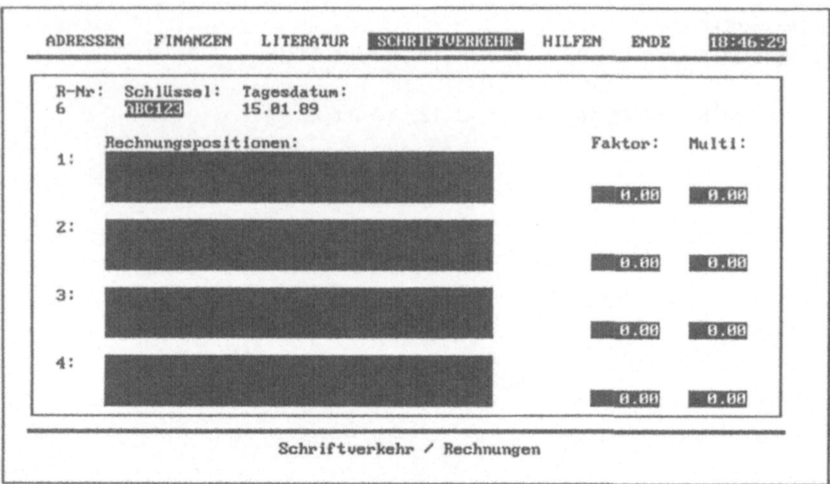

Bild 3-12

Programm: Rechnung erstellen   Datei: ZR01.PRG

```
* ZR01.PRG
* Rechnungen erstellen
PROCEDURE zr01
eing = " "
USE zsvr INDEX zrnr
GO BOTTOM
m_rn = renr
IF m_rn = 0
   m_rn = 1
ELSE
   m_rn = m_rn + 1
ENDIF
m_dat = date()
linie = REPLICATE("-", 78)
@ 1,0 SAY linie
@ 2,0 CLEAR TO 22,79
@ 2,0 TO 22,77 196,,,,,218,191
SET COLOR OF NORMAL TO RG+
DO WHILE eing <> "e"
   @ 3,3 SAY "R-Nr:"
   @ 3,10 SAY "Schlüssel:"
```

```
@ 3,22 SAY "Tagesdatum:"
m_rn2 = LTRIM(STR(m_rn))
@ 4,3 SAY m_rn2
m_asl = "       "
@ 4,10 GET m_asl PICTURE "!!!!!!!" VALID m_asl <> " "
READ
@ 4,22 SAY m_dat
APPEND BLANK
@ 6,8 SAY "Rechnungspositionen:"
@ 6,58 SAY "Faktor:"
@ 6,68 SAY "Multi:"
@ 7,3 SAY "1:"
@ 7,8 GET rt11
@ 8,8 GET rt12
@ 9,8 GET rt13
@ 9,58 GET fkt1
@ 9,68 GET mul1
@ 11,3 SAY "2:"
@ 11,8 GET rt21
@ 12,8 GET rt22
@ 13,8 GET rt23
@ 13,58 GET fkt2
@ 13,68 GET mul2
@ 15,3 SAY "3:"
@ 15,8 GET rt31
@ 16,8 GET rt32
@ 17,8 GET rt33
@ 17,58 GET fkt3
@ 17,68 GET mul3
@ 19,3 SAY "4:"
@ 19,8 GET rt41
@ 20,8 GET rt42
@ 21,8 GET rt43
@ 21,58 GET fkt4
@ 21,68 GET mul4
@ 22,79
READ
REPLACE erda WITH m_dat
REPLACE sum1 WITH fkt1*mul1
REPLACE sum2 WITH fkt2*mul2
REPLACE sum3 WITH fkt3*mul3
REPLACE sum4 WITH fkt4*mul4
REPLACE nsum WITH sum1+sum2+sum3+sum4
REPLACE mwst WITH nsum*0.14
REPLACE bsum WITH nsum+mwst
REPLACE renr WITH m_rn
```

```
  m_rn = m_rn + 1
  REPLACE adsl WITH m_asl
  @ 4,10 SAY m_asl
  SET COLOR OF NORMAL TO G+
  @ 24,0 CLEAR TO 24,79
  @ 24,8 SAY "[TASTE] ... weitere Texte erfassen  /;
 [E] ... Erfassung beenden"
  SET COLOR OF NORMAL TO RG+
  SET CONSOLE OFF
  WAIT TO eing
  SET CONSOLE ON
ENDDO
SET COLOR OF NORMAL TO RG
CLEAR GETS
RELEASE eing, m_rn, m_dat, m_rn2
DO ZOBF
RETURN
```

3.5.6 Option "Rechnung prüfen"

Jede Rechnung ist über die Option nachträglich zu ändern oder um neue,
noch nicht belegte Positionen, zu ergänzen. Selektiert wird eine Rechnung
anhand der Rechnungsnummer.

```
Programm: Rechnung bearbeiten         Datei: ZR02.PRG


* ZR02.PRG
* Rechnungen bearbeiten
PROCEDURE zr02
SET COLOR OF NORMAL TO G+
@ 24,0 CLEAR TO 24,79
rnr = 0
@ 24,2 SAY "Welche Rechnungsnummer soll bearbeitet;
 werden ? " GET rnr PICTURE "####"
READ
SET COLOR OF NORMAL TO RG
USE zsvr INDEX zrnr
SEEK rnr
linie = REPLICATE("=", 78)
@ 1,0 SAY linie
@ 2,0 CLEAR TO 22,79
@ 2,0 TO 22,77 196,,,,218,191
SET COLOR OF NORMAL TO RG+
bear = "J"
```

```
DO WHILE bear <> "N" .AND. .NOT. EOF()
   @ 3,3 SAY "R-Nr:"
   @ 3,10 SAY "Schlüssel:"
   @ 3,22 SAY "Tagesdatum:"
   @ 4,3 SAY renr
   @ 4,10 GET adsl
   @ 4,22 SAY erda
   @ 6,8 SAY "Rechnungspositionen:"
   @ 6,58 SAY "Faktor:"
   @ 6,68 SAY "Multi:"
   @ 7,3 SAY "1:"
   @ 7,8 GET rt11
   @ 8,8 GET rt12
   @ 9,8 GET rt13
   @ 9,58 GET fkt1
   @ 9,68 GET mul1
   @ 11,3 SAY "2:"
   @ 11,8 GET rt21
   @ 12,8 GET rt22
   @ 13,8 GET rt23
   @ 13,58 GET fkt2
   @ 13,68 GET mul2
   @ 15,3 SAY "3:"
   @ 15,8 GET rt31
   @ 16,8 GET rt32
   @ 17,8 GET rt33
   @ 17,58 GET fkt3
   @ 17,68 GET mul3
   @ 19,3 SAY "4:"
   @ 19,8 GET rt41
   @ 20,8 GET rt42
   @ 21,8 GET rt43
   @ 21,58 GET fkt4
   @ 21,68 GET mul4
   @ 22,79
   READ
   REPLACE sum1 WITH fkt1*mul1
   REPLACE sum2 WITH fkt2*mul2
   REPLACE sum3 WITH fkt3*mul3
   REPLACE sum4 WITH fkt4*mul4
   REPLACE nsum WITH sum1+sum2+sum3+sum4
   REPLACE mwst WITH nsum*0.14
   REPLACE bsum WITH nsum+mwst
   SET COLOR OF NORMAL TO G+
   @ 24,0 CLEAR TO 24,79
   @ 24,2 SAY "Weitere Rechnungen bearbeiten ? [J]A /;
```

```
  [N]EIN " GET bear FUNCTION "M J,N"
    READ
    IF bear = "J"
       @ 24,0 CLEAR TO 24,79
       @ 24,2 SAY "Rechnungsnummer eingeben ? ";
  GET rnr PICTURE "####"
       READ
       SET COLOR OF NORMAL TO RG+
       SEEK rnr
    ENDIF
ENDDO
SET COLOR OF NORMAL TO RG
CLEAR GETS
RELEASE rnr, bear
DO ZOBF
RETURN
```

3.5.7 Option "Rechnung drucken"

Für die Druckausgabe von Rechnungen kann sowohl eine einzelne oder
eine Gruppe (von/bis) gewählt werden.

Programm: Rechnung drucken   Datei: ZR03.PRG

```
* ZR03.PRG
* Rechnungen drucken
PROCEDURE zr03
DEFINE WINDOW redr FROM 14,3 TO 20,74 NONE
SET COLOR OF NORMAL TO G+
@ 24,0 CLEAR TO 24,79
rnr1 = 0
rnr2 = 0
@ 24,2 SAY "VON / BIS Rechnungsnummer drucken ";
 GET rnr1 PICTURE "####"
@ 24,42 GET rnr2 PICTURE "####"
READ
@ 24,0 CLEAR TO 24,79
DO WHILE .NOT. PRINTSTATUS()
   SET COLOR OF NORMAL TO G+*
   @ 24,30 SAY "Drucker einschalten !"
   LOOP
ENDDO
@ 24,0 CLEAR TO 24,79
SET COLOR OF NORMAL TO RG
USE zsvr INDEX zrnr
SEEK rnr1
```

```
USE zadr IN B
LOCATE FOR B->adsl = A->adsl
ACTIVATE WINDOW redr
SET PRINT ON
DO WHILE A->renr <= rnr2 .AND. .NOT. EOF()
   ?
   ?
   ?
   ?
   ?
   ?
   ? B->nam1 AT 8
   IF B->nam2 <> " "
      ? B->nam2 AT 8
   ENDIF
   IF B->ansp <> " "
      ? B->ansp AT 8
   ENDIF
   ? B->stpf AT 8
   ?
   IF B->lkz = "CH"
      ? B->lkz AT 8, "-" AT 10, B->plz AT 11, B->ort AT 16
   ELSE
      ? B->lkz AT 8, "-" AT 10, B->plz AT 12, B->ort AT 17
   ENDIF
   ?
   ?
   ?
   ?
   ?
   ? A->erda AT 65
   ?
   ? "RNR:" STYLE "B" AT 65, A->renr STYLE "B" AT 69
   ?
   ?
   ?
   ?
   ?
   ? "R E C H N U N G" STYLE "BU" AT 8
   ?
   ?
   ? A->rt11 AT 8
   ? A->rt12 AT 8
   ? A->rt13 AT 8, A->fkt1 AT 50, A->mul1 AT 58,;
 A->sum1 AT 65
   ?
```

```
   ? A->rt21 AT 8
   ? A->rt22 AT 8
   IF A->rt21 <> " "
      ? A->rt23 AT 8, A->fkt2 AT 50, A->mul2 AT 58,;
A->sum2 AT 65
   ELSE
      ?
   ENDIF
   ?
   ? A->rt31 AT 8
   ? A->rt32 AT 8
   IF A->rt31 <> " "
      ? A->rt33 AT 8, A->fkt3 AT 50, A->mul3 AT 58,;
A->sum3 AT 65
   ELSE
      ?
   ENDIF
   ?
   ? A->rt41 AT 8
   ? A->rt42 AT 8
   IF A->rt41 <> " "
      ? A->rt43 AT 8, A->fkt4 AT 50, A->mul4 AT 58,;
A->sum4 AT 65
   ELSE
      ?
   ENDIF
   ? "--------" AT 65
   ? A->nsum AT 65
   ? A->mwst AT 65
   ? "--------" AT 65
   ? A->bsum AT 65
   ? "========" AT 65
   ?
   ?
   ?
   ?
   ?
   ? "Zahlbar sofort nach Erhalt ohne Abzug." AT 8
   EJECT
   SKIP
   rnr1 = rnr1 + 1
   SELECT A
   SEEK rnr1
   SELECT B
   LOCATE FOR B->adsl = A->adsl
ENDDO
```

```
SET PRINT OFF
DEACTIVATE WINDOW redr
SET COLOR OF NORMAL TO RG
DO ZOBF
CLOSE ALL
RELEASE rnr1, rnr2
RELEASE WINDOW redr
RETURN
```

3.6 Arbeitshilfen

3.6.1 Verschiedene Routinen

In keiner Applikation sollte der Menüpunkt "Arbeitshilfen" fehlen. Hierunter lassen sich allgemeingültige Tätigkeiten, wie beispielsweise Datensicherung, komfortabel zusammenfassen (Bild 3-13). Beim Arbeiten mit dieser Applikation wird der freie Hauptspeicher über die MEMORY()-Funktion und der noch verfügbare Plattenspeicher über die DISKSPACE()-Funktion ermittelt. Besonders flexibel ist die Option zur Datensicherung anzuwenden. Jede beliebige Datei ist auf einem frei zu wählenden Datenträger zu speichern. Die Routine errechnet den benötigten Speicherplatz und ordnet mittels der Makrofunktion Dateien und Laufwerke zu. Da DISKSPACE() nur den Platz für das DEFAULT-Laufwerk errechnet, ist die gewählte Laufwerksvariable kurzfristig zuzuordnen und beim Kopiervorgang durch das anhand der DBF()-Funktion ermittelte Laufwerk zu ersetzen. Letztendlich lassen sich über die DOS-Option beliebige DOS-Programme von dBASE IV aus mit dem RUN oder "!"-Kommando aufrufen oder mittels LOAD und CALL Binärdateien einbinden.

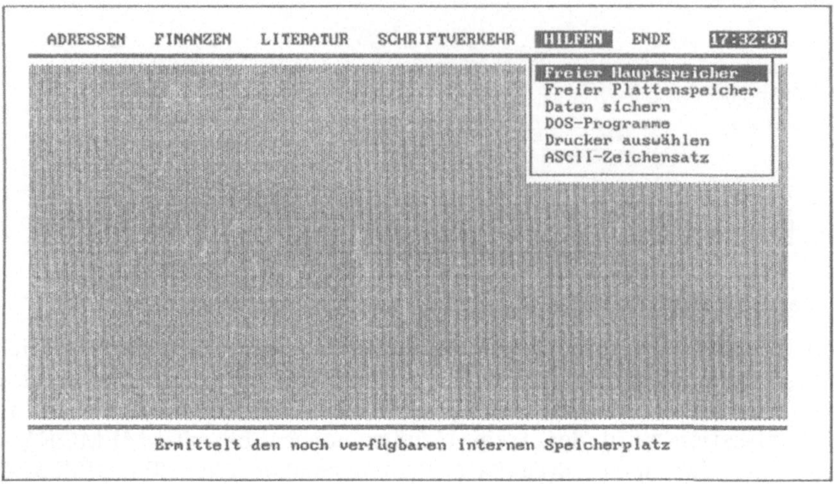

Bild 3-13

Programm: Auswahlfenster   Datei: ZHM5.PRG

```
* ZHM5.PRG
* Arbeitshilfen
PROCEDURE zhm5
DEFINE POPUP hm5h FROM 1,51 TO 8,76
DEFINE BAR 1 OF hm5h PROMPT " Freier Hauptspeicher";
 MESSAGE "Ermittelt den noch verfügbaren internen;
 Speicherplatz"
DEFINE BAR 2 OF hm5h PROMPT " Freier Plattenspeicher";
 MESSAGE "Ermittelt den noch nicht reservierten Platz;
 auf der Festplatte"
DEFINE BAR 3 OF hm5h PROMPT " Daten sichern";
 MESSAGE "Berechnet den benötigten Speicherplatz und;
 kopiert die spezifizierte Datei"
DEFINE BAR 4 OF hm5h PROMPT " DOS-Programme";
 MESSAGE "Binden Sie hier Ihre DOS-Hilfsprogramme ein"
DEFINE BAR 5 OF hm5h PROMPT " Drucker auswählen";
 MESSAGE "ASCII-, HP-Laserjet-, IBM- und NEC-Treiber stehen zur Auswahl"
DEFINE BAR 6 OF hm5h PROMPT " ASCII-Zeichensatz";
 MESSAGE "Zeigt die ASCII-Zeichen ab 33 mit Code an"
ON SELECTION POPUP hm5h DO ZHIL
ACTIVATE POPUP hm5h
RETURN
```

Programm: Zuordnung Prozeduren etc.   Datei: ZHIL.PRG

```
* ZHIL.PRG
* Arbeitshilfen
PROCEDURE zhil
DO CASE
   CASE BAR() = 1
      SET COLOR OF NORMAL TO G+
      @ 24,0 CLEAR TO 24,79
      memo = memory()
      @ 24,10
         ?? "Es sind noch", memo,;
 "KByte im Hauptspeicher verfügbar."
      SET COLOR OF NORMAL TO RG
      zahl = 1
      DO WHILE zahl < 6000
         zahl = zahl + 1
      ENDDO
   CASE BAR() = 2
      SET COLOR OF NORMAL TO G+
      @ 24,0 CLEAR TO 24,79
      plat = diskspace()
      @ 24,10
         ?? "Es sind noch", plat,;
"Byte auf der Festplatte verfügbar."
      SET COLOR OF NORMAL TO RG
      zahl = 1
      DO WHILE zahl < 6000
         zahl = zahl + 1
      ENDDO
   CASE BAR() = 3
      SET COLOR OF NORMAL TO G+
      @ 24,0 CLEAR TO 24,79
      data = "          "
      lauw = "  "
      @ 24,2 SAY "Welche Datei soll kopiert werden ? ";
GET data PICTURE "!!!!!!!!!"
      READ
      @ 24,48 SAY "und wohin ? " GET lauw;
FUNCTION "M A:,B:,C:,D:"
      READ
      data = TRIM(data)
      USE &data
      lauf = SUBSTR(DBF(),1,2)
      lang = RECSIZE()
```

```
      kopf = 32 * (RECCOUNT() + 35)
      raum = (RECSIZE() * RECCOUNT()) + kopf
      SET DEFAULT TO &lauw
      IF DISKSPACE() > raum
         SET DEFAULT TO &lauf
         COPY TO &lauw&data
         a 24,0 CLEAR TO 24,79
         a 24,18 SAY "Datei erfolgreich auf;
 Laufwerk " + lauw
         ?? " kopiert !"
         zahl = 1
         DO WHILE zahl < 6000
            zahl = zahl + 1
         ENDDO
      ELSE
         SET DEFAULT TO &lauf
         a 24,0 CLEAR TO 24,79
         a 24,8 SAY "Nicht genügend Speicherplatz;
 vorhanden - Datenträger wechseln !"
         zahl = 1
         DO WHILE zahl < 6000
            zahl = zahl + 1
         ENDDO
      ENDIF
      SET COLOR OF NORMAL TO RG
   CASE BAR() = 5
      DO ZDRU
   CASE BAR() = 6
      DO zhaz
ENDCASE
RELEASE memo, plat, lauf, lang, kopf, reum, data
RETURN
```

3.6.2 Druckertreiber auswählen

Mittels der dBASE "System-Memory-Variables" läßt sich die Druckausgabe individuell steuern und gestalten. Über die _pdrivers-Funktion sind sogar Druckertreiber, ohne das umfangreiche Änderungen am Programm notwendig werden, flexibel zuzuordnen. Die nachfolgende Auswahlroutine zeigt eine Variante, wie zwischen den Druckertreibern mittels eines dBASE-Programms zu wechseln ist. In dem Beispiel läßt sich der ASCII-Zeichensatz für die Generierung von .TXT-Dateien zur beliebigen Übertragung von Dokumenten ebenso wählen, wie die Standardzeichensätze für die Ausgabe auf einen Laser- oder Matrixdrucker (Bild 3-14). Zusätzlich kann noch ein individueller Treiber gewählt werden. Diese Option bietet sich zur Einbindung des persönlichen Druckertreibers besonders an.

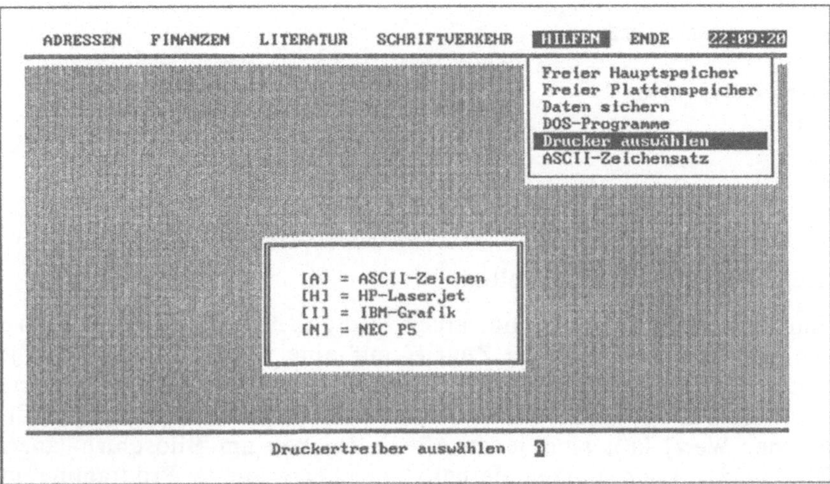

Bild 3-14

Programm: Drucker auswählen   Datei: ZDRU.PRG

```
* ZDRU.PRG
* Druckertreiber auswählen
PROCEDURE zdru
SET COLOR OF NORMAL TO RG
@ 12,24 CLEAR TO 19,50
@ 12,24 TO 19,50 DOUBLE
SET COLOR OF NORMAL TO RG+
@ 14,28 SAY "[A] = ASCII-Zeichen"
@ 15,28 SAY "[H] = HP-Laserjet"
@ 16,28 SAY "[I] = IBM-Grafik"
@ 17,28 SAY "[N] = NEC P5"
SET COLOR OF NORMAL TO G+
@ 24,0 CLEAR TO 24,79
schl = " "
@ 24,25 SAY "Druckertreiber auswählen  ";
 GET schl FUNCTION "M A,H,I,N"
READ
DO CASE
   CASE schl = "A"
      _pdriver = "ASCII.PR2"
   CASE schl = "H"
      _pdriver = "HPLAS100.PR2"
```

```
    CASE schl = "I"
        _pdriver = "IBMGP.PR2"
    CASE schl = "N"
        _pdriver = "NECP5.PR2"
ENDCASE
SET COLOR OF NORMAL TO RG
CLEAR GETS
RELEASE schl
DO ZOBF
RETURN
```

3.6.3 Zeichensatz farbig darstellen

Nicht immer besteht beim Layout einer Bildschirmmaske, eines Window-
Rahmens oder eines Dokuments Zugriff auf eine ASCII-Tabelle. Um jedoch bestimmte Grafikzeichen in die Gestaltung einzubeziehen, ist es un-
umgänglich deren Code zu kennen. Über die Tastenkombination [ALT] +
[Numerischer Wert] läßt sich jedes ASCII-Zeichen am Bildschirm anzeigen (Bild 3-15). Viele nutzen deshalb speicherresidente Programme mit
entsprechenden ASCII-Tabellen um den Code abzulesen. Da jedoch
dBASE IV exakt 397,9 KByte internen Speicherplatz benötigt, ist das ein
sehr gewagtes Vorgehen. Wesentlich besser ist diese Problemstellung mittels eines dBASE-Programmes zu lösen. Das nachfolgende Programm listet
die ASCII-Zeichen ab 33 und deren Code am Bildschirm auf. Zur besseren Übersicht sind die Spalten durch unterschiedliche Farben und eine
Linie getrennt. Die nachfolgende Routine verändert sämtliche Farbeinstellungen in der CONFIG.DB-Datei. Es ist deshalb auch beim Einzelbetrieb
des Programms notwendig die COLOR-Parameter wieder in die Original-
stellung zu bringen. Dazu sind diese am Ende des Programmes anzuhän-
gen und damit die vorgegebenen Einstellungen zu ändern.

```
ADRESSEN   FINANZEN   LITERATUR   SCHRIFTVERKEHR   HILFEN   ENDE        22:16:25

 33 !   54 6   75 K   96 `   117 u   138 è   159 ƒ   180    201    222    243 ≤
 34 "   55 7   76 L   97 a   118 v   139 ï   160 á   181    202    223    244 ⌠
 35 #   56 8   77 M   98 b   119 u   140 î   161 í   182    203    224 α  245 ⌡
 36 $   57 9   78 N   99 c   120 x   141 ì   162 ó   183 ⏐  204    225 ß  246 ÷
 37 %   58 :   79 O  100 d   121 y   142 Ä   163 ú   184    205 =  226 Γ  247 ≈
 38 &   59 ;   80 P  101 e   122 z   143 Å   164 ñ   185    206    227 π  248 °
 39 '   60 <   81 Q  102 f   123 {   144 É   165 Ñ   186    207    228 Σ  249 ·
 40 (   61 =   82 R  103 g   124 |   145 æ   166 ª   187    208    229 σ  250
 41 )   62 >   83 S  104 h   125 }   146 Æ   167 º   188    209 ┬  230 µ  251 √
 42 *   63 ?   84 T  105 i   126 ~   147 ô   168 ¿   189    210    231 τ  252 ⁿ
 43 +   64 @   85 U  106 j   127     148 ö   169 ⌐   190 ┘  211    232 Φ  253 ²
 44 ,   65 A   86 V  107 k   128 Ç   149 ò   170 ¬   191 ┐  212    233 θ  254 ■
 45 -   66 B   87 W  108 l   129 ü   150 û   171 ½   192 └  213 ╒  234 Ω  255
 46 .   67 C   88 X  109 m   130 é   151 ù   172 ¼   193 ┴  214    235 δ
 47 /   68 D   89 Y  110 n   131 â   152 ÿ   173 ¡   194 ┬  215    236 ∞
 48 0   69 E   90 Z  111 o   132 ä   153 Ö   174 «   195 ├  216    237 ø
 49 1   70 F   91 [  112 p   133 à   154 Ü   175 »   196 ─  217 ┘  238 €
 50 2   71 G   92 \  113 q   134 å   155 ¢   176      197 ┼  218    239 ∩
 51 3   72 H   93 ]  114 r   135 ç   156 £   177      198    219 █  240 ≡
 52 4   73 I   94 ^  115 s   136 ê   157 ¥   178 ▓  199    220 ▄  241 ±
 53 5   74 J   95 _  116 t   137 ë   158 ₧   179 │  200    221    242 ≥

          Zeigt die ASCII-Zeichen ab 33 mit Code an
```

Bild 3-15

Programm: ASCII-Zeichensatz   Datei: ZHAZ.PRG

```
* ZHAZ.PRG
* ASCII-Zeichensatz listen
PROCEDURE zhaz
SET COLOR OF NORMAL TO RG
linie = REPLICATE("=", 78)
@ 1,0 SAY linie
STORE 1 TO COL, SPAL
ROW = 2
N = 33
@ 2,0 CLEAR TO 22,79
SET COLOR OF NORMAL TO W+/BG
DO WHILE N < 256
   @ ROW, COL SAY STR(N,3)+" "+CHR(N)+"   "
   N=N+1
   ROW=ROW+1
   IF ROW = 23
      ROW = 2
      COL = COL + 7
      SPAL = SPAL + 1
      IF SPAL = 7
      SPAL = 1
      ENDIF
```

```
      DO CASE
      CASE SPAL = 1
      SET COLOR TO G+/BG
      CASE SPAL = 2
      SET COLOR TO RG+/BG
      CASE SPAL = 3
      SET COLOR TO B/BG
      CASE SPAL = 4
      SET COLOR TO R/BG
      CASE SPAL = 5
      SET COLOR TO RB/BG
      CASE SPAL = 6
      SET COLOR TO BG+/BG
      ENDCASE
   ENDIF
ENDDO
WAIT ""
DO ZCOL
@ 2,0 CLEAR TO 22,79
DO ZOBF
RETURN
```

3.7 Die Anwendung verlassen

Die Applikation kann entweder kurzfristig oder endgültig verlassen werden. Kurzfristig ist zum dBASE IV Regie-Zentrum zu wechseln und jederzeit wieder in die Applikation zurückzukehren. Soll vom Regie-Zentrum aus mit den dBASE-Generatoren gearbeitet werden, ist vorher der
SET-Parameter SET DESIGN OFF im Hauptmenü auf SET DESIGN ON
zu setzen.

```
Programm: Endeprozedur                Datei: ZHM6.PRG


* ZHM6.PRG
* Ende-Routine
PROCEDURE zhm6
antw = " "
ende = " "
@ 24,0 CLEAR TO 24,79
SET COLOR OF NORMAL TO G+
@ 24,1 SAY "Wollen Sie die Applikation wirklich;
 verlassen ? [J]A / [N]EIN " GET antw FUNC "M J,N"
READ
IF antw = "J"
   @ 24,0 CLEAR TO 24,79
   @ 24,1 SAY "Wollen Sie auch dBASE IV verlassen ?;
```

```
  [J]A / [N]EIN " GET ende FUNC "M N,J"
    READ
    IF ende = "J"
       CLEAR
       QUIT
    ELSE
       * Verzweigt zum dBASE IV-Regie-Zentrum
       DO ZCOL
       ASSIST
       * Kehrt zur Applikation zurück
       DO ZOBF
    ENDIF
ENDIF
SET COLOR OF NORMAL TO RG
RETURN
```

4 Codieren, Testen und Compilieren

4.1 dBASE IV Editor ersetzt TEDIT-Funktion

Nur zur Definition kleinster Programmroutinen war der in den bisherigen
dBASE-Versionen integrierte Programmeditor einzusetzen. Lediglich 4000
Zeichen durfte eine Programmdatei maximal beinhalten. Es bestand nicht
einmal Zugriff auf die wichtigsten Grundfunktionen zur Textbearbeitung.
Das hat sich mit dem in dBASE IV integrierten Editor vollkommen geändert. Alle Funktionen, die für das Codieren und Editieren von Programmen notwendig sind, umfaßt der Texteditor. Außerdem können die Programmdateien nunmehr fast beliebig groß sein. Maximal 32.767 Befehlszeilen mit einer Länge von jeweils bis zu 1.024 Zeichen kann eine Datei
umfassen. Lediglich der verfügbare externe Speicherplatz oder das Be-
triebssystem (max. 32 MByte) setzen hier die Grenze.

Entweder über verschiedene dBASE IV-Arbeitsbereiche (z.B. Debugger,
Programmgenerator) oder wie bisher mit der Anweisung

```
MODIFY COMMAND <Programmname>
```

von der Befehlsebene aus, wird der Programmeditor aktiviert. Der neue
Editor ist vollkommen menügesteuert. Anhand von Pull-Down-Fenstern
sind die einzelnen Funktionen auszuwählen. Am unteren Bildschirmrand
wird permanent eine Statuszeile angezeigt. Diese gibt Auskunft über das
gerade editierte Programm, die Zeilen- und Spaltenposition des Cursors
sowie den Tastaturmodus. Zusätzlich läßt sich in der zweiten Bildschirmzeile alternativ ein Zeilenlineal einblenden (Bild 4-1). Das Zeilenlineal
zeigt auch die Tabulatorenmarkierung an. Bei konventionellen Textsyste-
men dient diese Voreinstellung als Hilfestellung für das Erstellen von Tabellen. Etwas anders ist das beim dBASE IV-Editor. Diese Funktion wird
benötigt zum gleichmäßigen Einrücken bei Programmschleifen und -ver-
zweigungen. Mit dem entscheidenen Vorteil, daß bei Betätigung der Zei-
lenschaltung der Cursor nicht an den Anfang der nächsten Zeile, sondern
an die markierte Stelle springt. Erst die Betätigung der Tabulatortaste
hebt die Position wieder auf.

```
  Layout   Words   Go To   Print   Exit                          23:01:46
 []·······▼1·····▼··2····▼···3··▼·····4▼·······▼5·····▼··6···▼···7··▼·······
 ₩ I B F . P R G
 ₩
 SET TALK OFF
 SET STAT OFF
 SET COLOR TO W+/BG
 STORE 1 TO COL, SPAL
 ROW = 2
 N = 33
 CLEAR
 DO WHILE N < 256
    @ ROW, COL SAY STR(N,3)+" "+CHR(N)+" |"
    N=N+1
    ROW=ROW+1
    IF ROW = 23
       ROW = 2
       COL = COL + 7
       SPAL = SPAL + 1
       IF SPAL = 7
          SPAL = 1
       ENDIF
 Program ||C:\d4d\IBF          ||Line:1 Col:1    ||       ||       ||    Ins
```

Bild 4-1

Üblicherweise wird bei Schleifen und Verzweigungen drei Stellen einge-
rückt. Mit der Anweisung

    _tabs = "3, 6, 9, 12, 15, 18"

von der dBASE IV-Befehlsebene aus, werden die Spalten 3, 6, 9, 12, 15
und 18 mit Markierungen versehen.

Aufzuheben sind alle Voreinstellungen mit dem Kommando

    _tabs = ""

Um von der Texteingabe in das Menüsystem zu verzweigen, ist die Funktionstaste [F10] zu betätigen. Zusätzlich sind einige Funktionstasten und
auch Tastenbelegungen mit wichtigen Funktionen hinterlegt. Diese werden
über die entsprechenden Tastenkombinationen aktiviert. Gleich der Fra-
mework-Textverarbeitung wird mit den Funktionstasten

    [F6] ein Textbereich markiert

    [F7] ein Textbereich verschoben

    [F8] ein Textbereich kopiert.

Ähnlich der Tastenbelegung in Wordstar und Word sind Kommandos wie

    [CTRL] + [K] + [R]   zum Einlesen einer Textdatei.

    [CTRL] + [K] + [W]   zum Übergeben eines Textes.

    [CTRL] + [N]   zum Einfügen einer Zeile.

[CTRL] + [T]   zum Löschen eines Textes bis zum Ende
                                eines Wortes.

[CTRL] + [Y]   zum Löschen einer Zeile.

Nach bestimmten Eintragungen zu suchen, und diese gegebenenfalls zu
ändern, ist mit folgenden Tastenkombinationen zu realisieren:

[SHIFT] + [F3]   Wiederholtes Suchen nach einer Eintra-
                                gung (Vorwärts)

[SHIFT] + [F4]   Wiederholtes Suchen nach einer Eintra-
                                gung (Rückwärts)

[SHIFT] + [F5]   Definition einer Suchbedingung

[SHIFT] + [F6]   Suchen nach und Ersetzen von Eintragun-
                                gen.

Ohne den Editor verlassen zu müssen, läßt sich ein weiteres Programm
codieren oder editieren. Wird der Editor in Verbindung mit dem dBASE
IV-Debugger aktiviert, ist zwischen Debug- und Editier-Modus direkt zu
wechseln.

Vielfältig sind die Funktionen zur Druckausgabe eines Programmes (Bild
4-2). Unter den bis zu vier voreingestellten Druckertreibern ist zu wählen. Individuell kann die Start- und Endeseite deklariert werden. Die Anzahl der Kopien ist frei festzulegen, ebenso der Rand und die Seitenlänge.
Bei dem Zeilenabstand ist zwischen ein-, zwei- oder dreizeilig zu vari-
ieren.

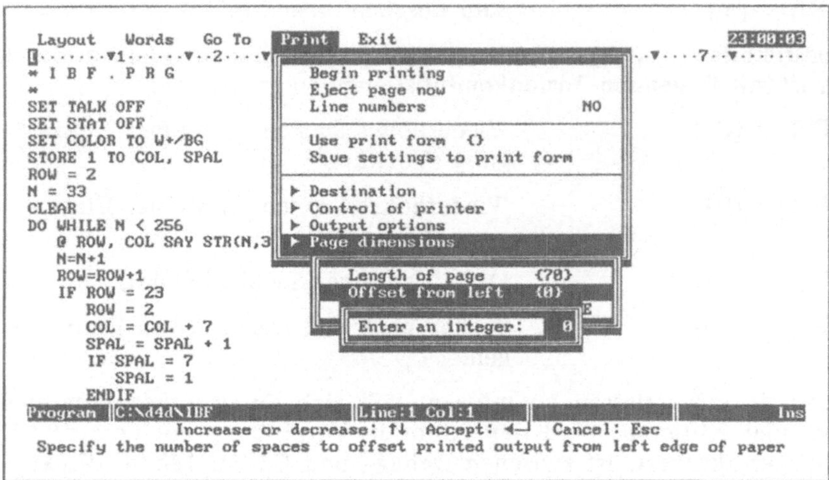

Bild 4-2

Ein dBASE IV-Befehlssatz kann mit maximal 1024 Zeichen viermal länger als bei einer der Vorgängerversionen sein. Mußte bisher spätestens in der 72 Spalte in die neue Zeile gewechselt werden, so ist das mit dBASE IV nicht mehr notwendig. Um jedoch weiterhin lange Befehlssätze in mehrere Zeilen umzubrechen, unterstützt auch dBASE IV die Semikolon-Option.

Wer trotz dieser Vorteile auch in Zukunft nicht auf seinen gewohnten Editor verzichten möchte, der hat weiterhin die Möglichkeit mittels der TEDIT-Funktion diesen in dBASE IV einzubinden. In der dBASE-Konfigurationsdatei CONFIG.DB ist hierfür lediglich der Eintrag

```
TEDIT = <Kommando zur Editor-Aktivierung>
```

vorzunehmen.

4.2 Der dBASE IV-Debugger

Bereits der Befehlsumfang von dBASE III PLUS beinhaltet zahlreiche Funktionen zum Testen von Programmen und zur Analyse von Fehlerquellen. Kommandos wie

- SET ECHO ON =   Anzeige aller ausgeführten Befehle am
                          Bildschirm

- SET STEP ON =   Schrittweise Ausführung von Befehls-
                          zeilen

- SET DEBUG ON =   Bestimmt die Ausgabe der mit SET
                           ECHO erzielten Anzeige auf einen Druk-
                           ker (ON) oder den Bildschirm (OFF)

- SET TALK ON =   Bewirkt die Bildschirmanzeige von Pro-
                           grammoperationen

- RESUME / SUSPEND =   Hilft ein Programm zu unterbrechen,
                           ohne das der aktuelle Zustand verloren
                           geht

- ON ERROR DO =   Läßt ein Unterprogramm zur Anzeige des
                           aktuellen Status aktivieren

- ERROR() =   Anzeige der Fehlernummer

stehen auch beim Einsatz von dBASE IV weiterhin zur Verfügung. Lediglich aus Kompatibilitätsgründen im Befehlsumfang von dBASE IV enthalten, jedoch ohne Funktion, ist der dBASE III PLUS-Parameter

       SET DOHISTORY

der die Dokumentation der ausgeführten Befehle in eine Textdatei ablegt, wenn der Schalter auf ON gesetzt war.

Als zusätzliche Funktion enthält dBASE IV einen komplexen Debugger, der den Test und die Analyse von Programmen wesentlich vereinfacht. Informationen über das aktivierte Programm werden in vier Fenstern (Bild 4-3)

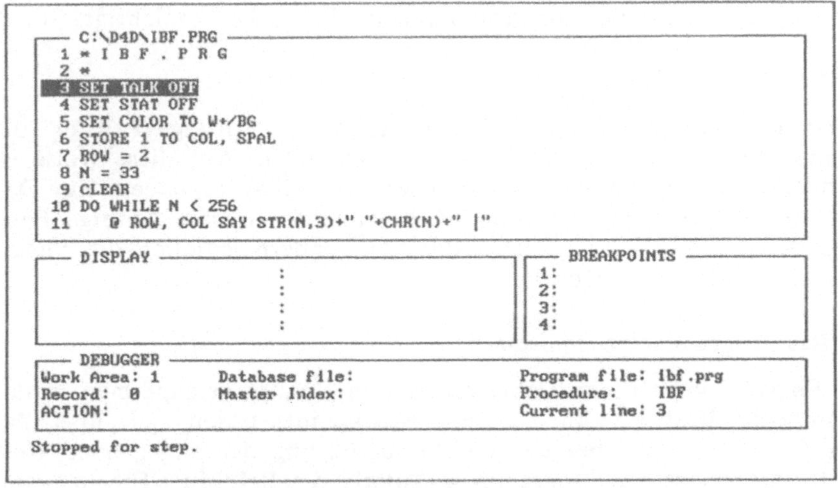

Bild 4-3

- <Programm-Name>   =   Editier-Fenster

- DISPLAY   =   Anzeige-Fenster

- BREAKPOINTS   =   Programmstop-Fenster

- DEBUGGER   =   Status-Fenster

ausgegeben. Es lassen sich Programmstops setzen, die Ergebnisse in Variablen anzeigen und die Programmausführung kontrollieren. Aktiviert wird der Debugger von der dBASE IV-Befehlsebene aus mit dem Kommando

```
DEBUG <Programm-Name>
```

Automatisch wird beim Auftreten eines Fehlers die Programmausführung unterbrochen und in den Debugger verzweigt, wenn der Parameter

```
SET TRAP
```

auf ON gesetzt ist. Außerdem läßt sich durch Betätigung der [ESC]-Taste jederzeit in den dBASE IV-Debugger verzweigen, wenn zusätzlich der Parameter SET ESCAPE auf ON gesetzt ist.

4.2.1 Das Editier-Fenster

Das "Editier-Fenster" zeigt die einzelnen Programmzeilen mit Nummern versehen an. Um in den Editiermodus zu gelangen, ist über das "Debugger-Fenster" ein "E" einzugeben. Anschließend verläßt dBASE IV den Debugger und verzweigt in den Editor, von wo aus die Änderungen und Ergänzungen am Programmcode durchzuführen sind. Nach dem Verlassen des Editors kehrt dBASE IV wieder in den Debugger zurück. Die am Source-Code vorgenommen Veränderungen werden allerdings erst nach erneuter Compilierung bei der Programmausführung berücksichtigt.

4.2.2 Das Anzeige-Fenster

Während der Ausführung einer Routine zeigt das "Anzeige-Fenster" die sich ändernden Zustände von bis zu zehn Variablen. Auf diese Weise ist eine fehlerhafte Programmkonstruktion sehr schnell zu erkennen. Zur Definition der Felder wird mit dem "D"-Kommando in das "Anzeige-Fenster" gewechselt. Keine kompletten Befehle, sondern lediglich die Variablen-Namen sind einzutragen.

4.2.3 Das Programmstop-Fenster

Durch Eingabe von "B" am Debugger Action-Prompt gelangt man in das "Programmstop-Fenster". Bis zu zehn Breakpoints lassen sich über das Fenster vorgeben. Wird bei der Befehlsausführung der angegebene Wert erreicht, unterbricht das Programm selbsttätig die Befehlsausführung und verzweigt in den Debugger. So kann auf einfache Weise schnell nachvollzogen werden, warum beispielsweise ein Programm nach Erreichen der

Zeile 70 kein Signal zum Blattvorschub an den Drucker sendet oder eine andere Aktion nicht ausführt. Weiterhin ist mit den neuen Funktionen LINENO() und PROGRAMM() die Programmausführung beim Erreichen einer bestimmten Programmzeile beziehungsweise eines Unterprogramms anzuhalten.

4.2.4 Das Status-Fenster

Über das "Status-Fenster" werden programmspezifische Informationen angezeigt. Dazu gehören die Anzeige des gerade aktivierten Arbeitsbereiches, der Name der geöffneten Datenbankdatei und des im Zugriff befindlichen Datensatzes sowie der Index-Datei. Desweiteren wird der Name des aktivierten dBASE-Programms, der Prozedur und die Nummer der aktuellen Programmzeile ausgegeben. Außerdem erfolgt über dieses Fenster die Befehlseingabe zur Steuerung des Debuggers am Action-Prompt. Neben den Kommandos

E   Wechseln in das Editier-Fenster,

D   Wechseln in das Anzeige (Display)-Fenster und

B   Wechseln in das Programmstop (Breakpoint)-Fenster

sind auch folgende Anweisungen von hier aus einzugeben:

L   Ausführung eines Programmes von einer bestimmten Befehlszeile aus

N   Ausführung einer Befehlszeile

P   Hintergrundinformationen zur Befehlsausführung

R   Führt ein Programm so lange aus bis ein Fehler auftritt oder ein Breakpoint gesetzt ist

S   Hat die gleiche Funktion wie SET STEP ON in dBASE III PLUS und führt das Programm schrittweise aus.

4.3 RunTime-Dateien generieren

Mit dBASE IV erstellte Applikationen lassen sich auch unabhängig vom Gesamtsystem einsetzen. Zur Interpretation des Programmcodes ist allerdings ein Runtime-System erforderlich. Dieses ist nunmehr erstmals bereits im dBASE IV-Lieferumfang (Entwickler-Version) standardmäßig enthalten. Für den unabhängigen Einsatz von dBASE IV-Applikationen kann es beliebig oft kopiert werden. Damit kann auch derjenige mit dBASE-Applikationen arbeiten, der über keine dBASE-Version verfügt. Die Runtime-Version umfaßt die Dateien

```
RUNTIME.EXE
RUNTIME.RES
RUNTIME1.OVL
RUNTIME2.OVL
RUNTIME3.OVL
RUNTIME4.OVL.
```

Wird der Zugang zu Applikationen über das Paßwortsystem PROTECT geschützt, findet außerdem noch die Datei

```
RPROTECT.OVL
```

Verwendung. Zur Installation des Runtime-Systems muß mindestens ein MByte externer Speicherplatz zur Verfügung stehen. Der für die Applikation zusätzlich benötigte Platz kommt zu diesem Wert noch hinzu. Das Runtime-System beansprucht nur ein Drittel des von dBase IV benötigten Speicherplatzes. Das hat seinen Grund darin, daß mit der Runtime-Version kein Zugriff auf die Generatoren und sonstigen interaktiven Funktionen von dBASE IV besteht. Wesentlich geringer ist der Unterschied beim internen Speicherbedarf. Statt 397,9 KByte, wie dBASE IV benötigt, beansprucht Runtime nur 373,5 KByte des Arbeitsspeichers. Der Aufruf einer "Runtime-Applikation" geschieht mit der Anweisung

```
RUNTIME <Applikationsname>.
```

Wem diese Eingabe zu umfangreich ist, der kann mittels des MS-DOS-Kommandos REN (= Rename) die Dateibezeichnung auch ändern. Beispielsweise in "DO", gleich dem Aufruf einer Applikation vom dBASE-Dot-Prompt aus, oder dem Firmenkürzel (z.B. HPH). Um eine dBASE-Applikationen mit der Runtime-Version starten zu können, muß die Anwendung als dBASE Object-Datei (.DBO) vorhanden sein. Ist das nicht der Fall, erscheint am Bildschirm eine Fehlermeldung "File does not exist", und die Programmausführung ist abzubrechen.

Der Programmcode wird nach dem Codieren, beziehungsweise Editieren automatisch in eine Source-Datei mit der Dateierweiterung .PRG, wie bisher mit dBASE III beziehungsweise dBASE III PLUS, gespeichert. Änderungen am Programm sind über diese Datei vorzunehmen. Bei der erstmaligen Ausführung eines Programmes oder nach Änderungen pre-compiliert dBASE IV automatisch das Programm und legt zusätzlich eine Object-Datei (.DBO) an. Im Gegensatz zu den Vorgängerversionen kann dBASE IV nur noch Object-Dateien ausführen. Wird aber eine Applikation außerhalb von dBASE IV entwickelt oder nicht unter dBASE IV getestet, entfällt die Pre-Compilierung. In diesem Fall kann der Vorgang auch über die dBASE-BUILD-Funktion ausgeführt werden. Außerdem lassen sich mit BUILD zahlreiche Module einer Applikationen zu einer komplexen Anwendung menügesteuert zusammenfassen.

Das Modul ist von der DOS-Befehlsebene aus mit BUILD zu starten und
meldet sich mit einem Pull-Down-Menüsystem (Bild 4-4). Zur Erstellung
einer Applikation ist im ersten Schritt (Compile) der Name des Hauptprogramms vorzugeben. Es kann sich dabei sowohl um ein reines dBASE-
Programm (.PRG) oder ein Programm mit dBASE- und SQL-Statements
(.PRS) handeln. Eine Programmdatei mit der gleichnamigen Bezeichnung
muß bereits vorhanden sein und wird beim Compilieren nicht erst angelegt. Über die zweite Option LINK ist dem System mitzuteilen, ob mehrere Dateien zu einer Datei zusammengefaßt werden sollen. Alternativ ist
der dBASE-Linker dBLINK auch unabhängig von BUILD aufzurufen. Im
nächsten Schritt ist das Laufwerk und das Verzeichnis, in das die pre-
compilierten Programme auszugeben sind, zu benennen. Erfolgt keine
Eintragung, werden alle Dateien in das aktuelle Verzeichnis gespeichert.

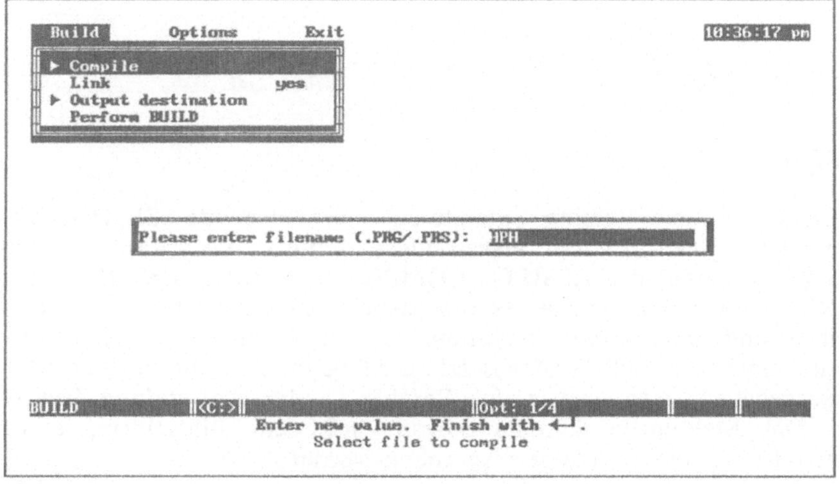

Bild 4-4

Wesentlich detailliertere Angaben zur Compilierung der Applikation sind
über das OPTIONS-Menü (Bild 4-5) anzugeben. Beinhaltet eine der zu
linkenden Programmdateien SQL-Anweisungen, ist die vorgegebene Dateierweiterung von .PRG auf .PRS zu wechseln. Sind in der Anwendung
zahlreiche benutzerdefinierte Funktionen (UDF's) implementiert, läßt sich
über die "Search for new functions"-Option überprüfen, ob diese Funktionen gleiche Bezeichnungen wie dBASE IV-Befehle tragen. Ist das der
Fall, wird statt der benutzerdefinierten Funktion das gleichnamige dBASE
IV-Kommando ausgeführt. Wird der Schalter auf "Yes" gesetzt, gibt das
System bei der Compilierung eine Liste der gleichlautenden Kommandos
aus. Auf diese Weise sind nachträglich gezielt Änderungen vorzunehmen.
Die Benutzung dieser Option ist insbesondere dann von Vorteil, wenn
Programme außerhalb von dBASE IV entwickelt wurden.

Die Benutzung dieser Option ist insbesondere dann von Vorteil, wenn Programme außerhalb von dBASE IV entwickelt wurden.

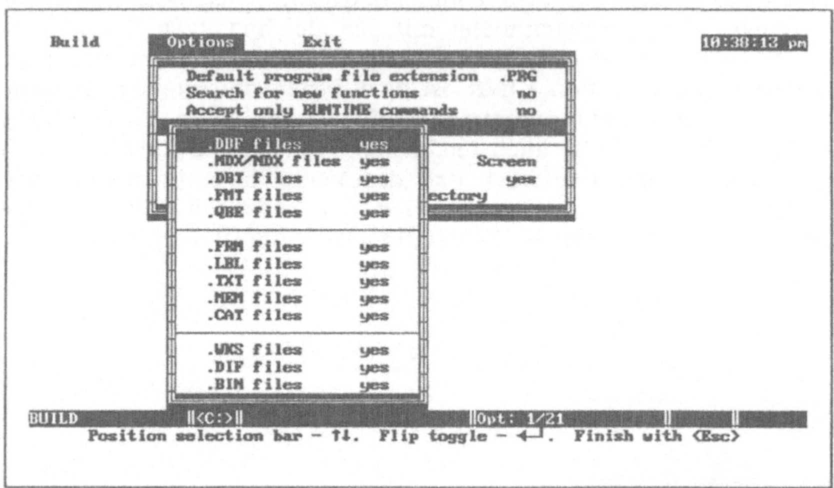

Bild 4-5

Die dBASE-Runtime-Version unterstützt verschiedene dBASE IV-Kommandos nicht. Dazu gehören insbesondere Makros, die CREATE- und MODIFY-Varianten, das ASSIST-, COMPILE-, HELP-, HISTORY- und SUSPEND-Kommando sowie verschiedene SET-Parameter zum Programmtest und interaktiven Arbeiten. Ist der Parameter "Accept only Runtime commands" auf "Yes" gesetzt, wird beim Compilieren eine Meldung ausgegeben, wenn einer der Befehle in der Anwendung benutzt wurde. Die Meldungen können sowohl auf dem Bildschirm, einem Drucker oder in eine Textdatei ausgegeben werden.

Keinerlei Einfluß auf den Compiliervorgang selbst, sondern auf den nachfolgenden Kopiervorgang, hat die "Include file types"-Option. Alle hier ausgewählten Dateitypen werden nach Beendigung der Compilierung in das voreingestellte Verzeichnis kopiert. Mittels der "Copy runtime"-Option lassen sich auch selbsttätig alle Runtime-Dateien in das voreingestellte Verzeichnis oder einen Datenträger übertragen. Letztendlich kann BUILD auch mitgeteilt werden, wo die Runtime-Dateien gespeichert sind.

5 Externe Hilfen für dBASE-Programmierer

Bei den nachfolgend aufgeführten Programmen handelt es sich um Systeme, die sowohl mit dBASE III PLUS als auch mit dBASE IV einzusetzen sind. Sie gehören nicht zum Lieferumfang von dBASE IV oder einer der Vorgängerversionen und sind extra zu erwerben. Alle Routinen bieten jedoch zusätzlichen Komfort und erhöhen die Effizienz bei der Entwicklung von Applikationen auf der Basis der dBASE-Sprache.

5.1 CLEAR - Diagramm-Generator

Insbesondere bei komplexen Programmen mit zahlreichen Verzweigungen geht die Übersicht schnell verloren. Spätestens, nachdem beim Testen der erste Fehler auftritt, beginnt eine zeitaufwendige Fehlersuche. Abhilfe schafft hier ein Hilfsprogramm mit der Bezeichnung CLEAR (= Clarify Logic for Enhancement, Analysis and Review). Damit lassen sich Verknüpfungen in einer Applikation analysieren und als Baumdiagramm darstellen. Anhand eines Flußdiagramms wird die Verzweigung innerhalb von Programmen visualisiert.

Die Benutzeroberfläche ist klar strukturiert. Auf die einzelnen Funktionen besteht Zugriff über Pull-Down-Menüs und Pop-Up-Fenster (Bild 5-1). Ein umfassendes und sehr aussagekräftiges, kontex-sensitives Hilfesystem liefert zu jeder Zeit die notwendigen Informationen. Bereits nach wenigen Minuten kann ein geübter Programmierer erfolgreich mit CLEAR arbeiten. Es sind lediglich die Programmroutinen auf die Festplatte zu kopieren und die Hardware-Parameter (Bildschirm, Drucker) individuell zu konfigurieren. Für eine bestmögliche Darstellung der Diagramme unterstützt CLEAR alle gängigen Grafikkarten (MGC, HGC, CGA, EGA, VGA). Außerdem stehen zahlreiche Druckertreiber zur Auswahl. Darunter auch der HP LaserJet-Mode und Treiber für verschiedene 24-Nadel-Drucker. Danach ist nur noch CLEAR zu starten, ein beliebiges Programm für die Auswertung zu selektieren und der gewünschte Analysetyp zu aktivieren.

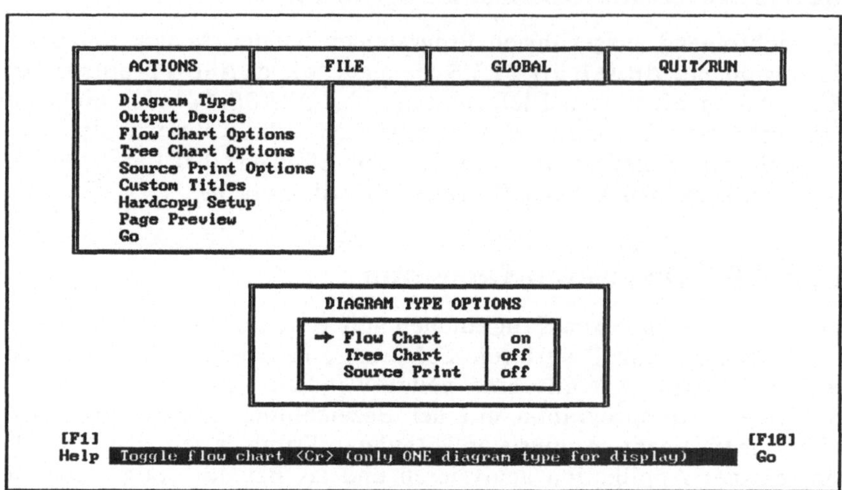

Bild 5-1

Zugriff besteht auf jedes gespeicherte dBASE-Programm. Über ein Hilfsmenü werden lediglich der entsprechende Pfad und eventuell das Unterverzeichnis angegeben. Unerheblich ist der Ort an dem die Datei gespeichert ist. Der physikalische Zugriff muß gewährleistet sein. Ausgewählt
wird das zu analysierende Programm, indem der Cursor auf den Dateinamen bewegt wird.

Sofort beim Einlesen der Programmdatei prüft CLEAR den Befehlscode
auf logische Fehler. Obwohl CLEAR sehr schnell arbeitet, kann die Analyse umfangreicher Programme längere Zeit in Anspruch nehmen. Deshalb
wird der Status der Aktivitäten optisch dargestellt. Der Benutzer bleibt
dadurch nicht im unklaren, ob das System noch arbeitet oder vielleicht
"abgestürzt" ist.

Mittels CLEAR lassen sich Programme auf drei Arten darstellen. Als
Baumdiagramm, Flußdiagramm oder direkt der Befehlscode mit Zeilennummern und Kennzeichnung der Programmschleifen. Jeder Bericht kann
mit individuellen Daten wie Name des Programmierers, Programm- und
Projekttitel sowie Datum und Uhrzeit versehen werden. Für die Dokumentation von Programmen ist das besonders hilfreich. Dritte können so
leichter in ein Projekt "einsteigen". Außerdem sind nachträgliche Änderungen wesentlich schneller durchzuführen. Ein Hilfsbildschirm gibt jederzeit eine Übersicht über die vorgenommenen Definitionen (Bild 5-2).

```
 Updated: 00/00/00 00:00:00                        Page x of xx
 Printed: 01/01/89 22:02:44                         NOT SELECTED

                         H.-P. HERBERT

  DEVICE:              HP LaserJet+      FLOW CHART:
                                         Mode              full
  RESOLUTION:          low               Character Size    standard
                                         *$(Comments)      on
  DIAGRAM:                               &&+               on
   Flow Chart          on               TREE CHART:
   Tree Chart          off              Number of Levels  8
   Source Print        off              Shading           on
  SOURCE PRINT:                         *&(Comments)      off
   Block Lines              on          RUN               on
   Characters per Line      74          CALL              on
   Left Margin              5           DO                on

  Project: Personal-Informationssystem
  Programmer: H.-P. HERBERT
  Description: Struktur-Diagramm
  Company: H.-P. HERBERT                                 No Legend

      Page Preview / Press any key to get back
```

Bild 5-2

Alle Verknüpfungen und Abhängigkeiten des aktivierten Programms zu
anderen Programmen werden bei der Darstellung als Baumdiagramm (Bild
5-3) berücksichtigt. Über- und Unterordnungen sowie Verschachtelungs-
tiefen lassen sich daraus sehr gut erkennen. Die Darstellung kann sowohl
auf einem Monitor als auch über einen Drucker erfolgen. Bei der Bildschirmdarstellung läßt sich ein Diagramm beliebig am Monitor verschieben. Zur klaren Darstellung verwendet CLEAR die maximale Auflösung
des konfigurierten Grafiktreibers. Wenn es die Größe des Diagramms erforderlich macht, erfolgt die Druckausgabe sogar über mehrere Seiten.

Updated: 01/26/87   05:43:48
Printed: 01/01/89   22:20:09
File:
MENUE.PRG
Page 1 of 1.
H . - P .   H E R B E R T
MENUE
in menue.prg
MENUE2
in menue2.prg
MENUE3
in menue3.prg
MENUE4
in menue4.prg
Project: Personal-Informationssystem
Programmer: H.-P. HERBERT
Description: Struktur-Diagramm
Company: H.-P. HERBERT

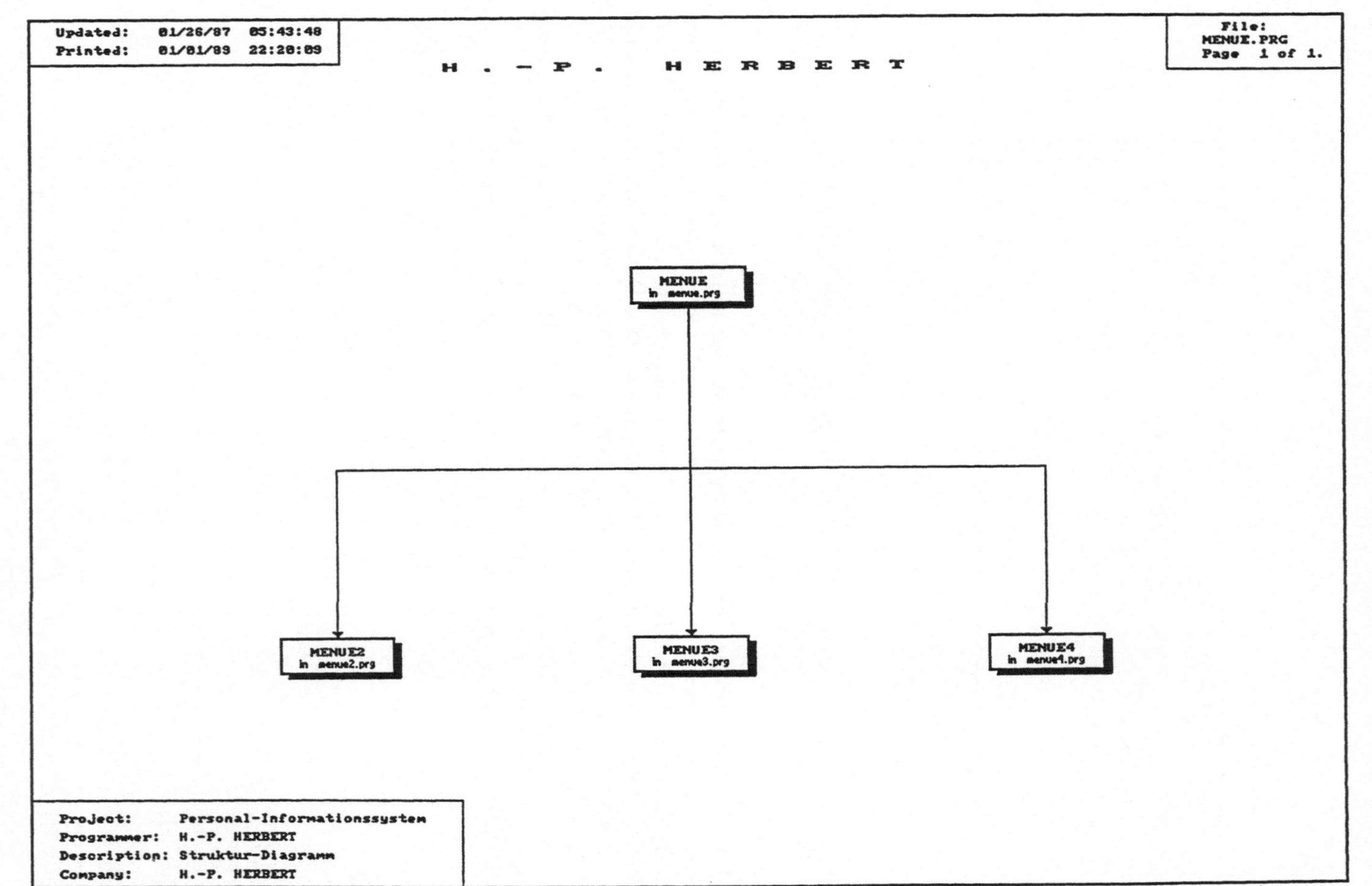

Bild 5-3

Updated: 12/27/88 14:36:18
Printed: 01/01/89 21:28:04
H . - P . H E R B E R T
IBF in IBF.PRG
Page 1 of 2.
STORE 1 TO COL, SPAL
6
C
DO WHILE N < 256
13
NO
A
YES
IF ROW = 23
14
NO
YES
IF SPAL = 7
18
NO
YES
SPAL = 1
19
DO CASE
21
B
SPAL = 1
22
SET COLOR TO G+/BG
23
SPAL = 2
24
SET COLOR TO RG+/BG
25
SPAL = 4
28
SET COLOR TO R/BG
29
SPAL = 3
26
SET COLOR TO B/BG
27

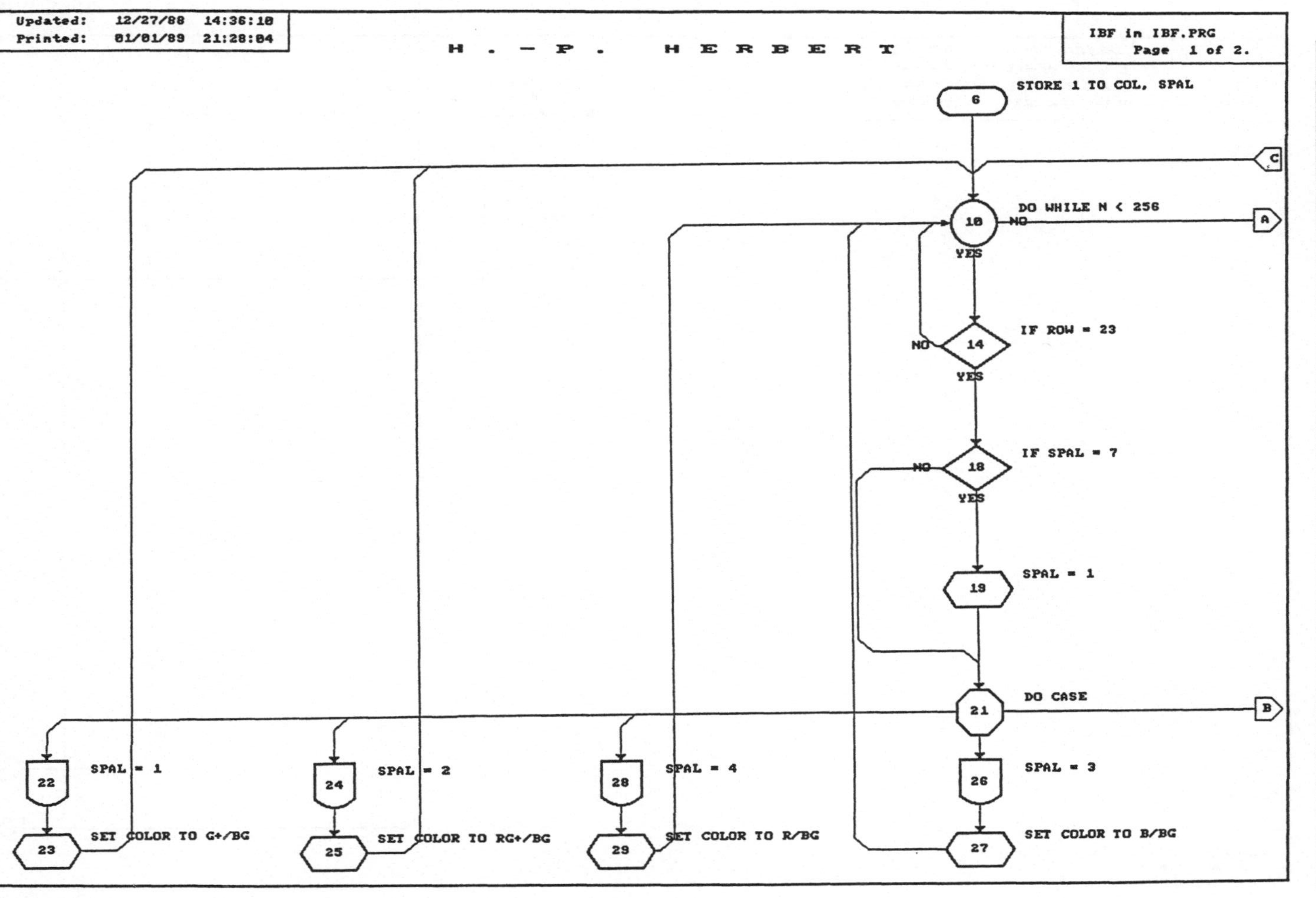

Bild 5-4a

IBF in IBF.PRG
Page 2 of 2.
C
A
37
WAIT " "
46
RETURN
B
30
SPAL = 5
32
SPAL = 6
31
SET COLOR TO RB/BG
33
SET COLOR TO BG+/BG
Project: Personal-Informationssystem
Programmer: H.-P. HERBERT
Description: Struktur-Diagramm
Company: H.-P. HERBERT

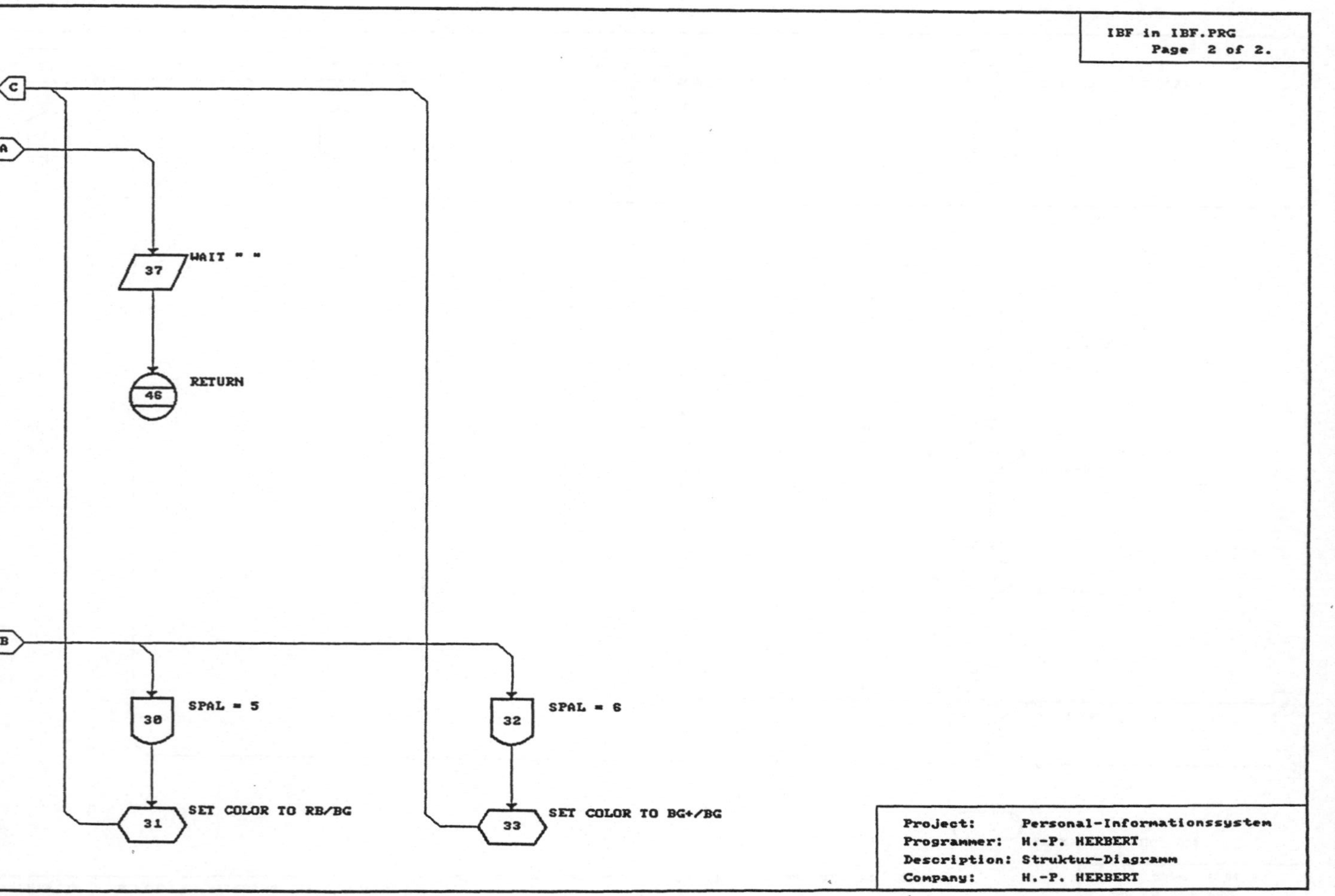

Bild 5-4b

Eine wahre Fundgrube an Informationen ist das Flußdiagramm. Bei manueller Vorgehensweise würde es wohl mehrere Tage dauern, um die in wenigen Minuten gewonnenen Informationen zu erhalten. Jede Verzweigung und Schleife in einem Programm wird ermittelt und aussagekräftige Zeichnungen ausgegeben (Bild 5-4a/b). Zusätzlich wird jedem Symbol die dBASE-Anweisung entsprechend dem Programmcode zugeordnet.

Auch Flußdiagramme sind sowohl temporär am Bildschirm darzustellen, als auch zur Dokumentation über einen Drucker auszugeben. Auch die Druckausgabe umfangreicher Programme wurde dabei berücksichtigt. Sowohl vertikal als auch horizontal verteilt es ein Netz aus Linien und Symbolen auf mehrere Seiten. Anhand von Konektoren stellt es automatisch die Verbindung zur nächsten Seite her. Wer die Bedeutung der einzelnen Symbole nicht kennt, kann diese der auf der letzten Seite automatisch ausgedruckten Beschreibung entnehmen. Außerdem sind die verwendeten Symbole im Handbuch ausführlich beschrieben und die betreffenden dBASE-Befehle zugeordnet.

Um das analysierte Programm sofort zu berichtigen, muß CLEAR nicht verlassen werden. Per Voreinstellung ist dBASE alleine oder gemeinsam mit der Applikation zu aktivieren. Das spart kostbare Zeit, da nicht ständig Verzeichnisse zu wechseln und Programmnamen einzugeben sind. Auch der üblicherweise für die Befehlscodierung eingesetzte Editor läßt sich in CLEAR einbinden.

Der dBASE Flowchart-Generator gehört zu der Gruppe der ganz besonders hilfreichen dBASE-Utilities. Das Programm wurde hervorragend programmiert und sehr gut dokumentiert. Dieses Utility ist eine echte Hilfe für den dBASE-Anwendungsentwickler.

5.2 SCAN-A-LYZER - Datei-Analyse und -Dokumentation

Eine dBASE-Applikation kann bekanntlich aus einer Zusammenstellung verschiedenster Dateien bestehen. Informationen sind in Datenbank- und Datenbanktextdateien gespeichert, die Schlüsselfelder in Index-Files, Programme in Source- und Object-Dateien und die Formate in Screen-, Report- und Label-Dateien. Desweiteren Abfragen in Query-, die Variablen in Memory- und der Datenkatalog in CAT-Dateien. Alle Dateien haben eine direkte oder indirekte Auswirkung auf die Ausführung von Applikationen. Ein Fehler in der Programmdatei oder ein fehlender Eintrag in der Datenbank können zum Programmabbruch führen. Bei der Analyse von Programm-, Datenbank-, Index-, Report-, Screen-, Label-, und Memory-Dateien unterstützt Scan-A-Lyzer. Der wesentliche Vorteil dieses superschnellen Programmes ist die übersichtliche Darstellung von Dateistrukturen. Dadurch wird der Aufwand für die Fehlersuche inner-

halb von Applikationen und deren Dokumentation entscheidend mini-
miert.

Obwohl es nur wenige KByte groß ist, offeriert es einen gewaltigen Leistungsumfang. Zwölf verschiedene Auswertungen sind vorzunehmen. Die
wohl aufwendigste und hilfreichste Funktion ist die Ermittlung von Quer-
verbindungen. Hierfür ordnet das Programm als erstes jeder Programmzeile eine Zeilennummer zu. Anschließend ermittelt es alle in der Applikation verwendeten Variablen. Letztendlich werden alle Variablen in einer
Cross-Reference-Tabelle (Bild 5-5) unter Zuordnung der Zeilennummern
der sie aufrufenden Programmsequenz gelistet. Auf diese Weise läßt sich
schnell ermitteln, warum eine Aktion nicht zu dem gewünschten Ergebnis
führt. So kann es beispielsweise sein, daß eine Variable vor dem Rücksprung gelöscht wird.

```
XREF Table

BG               5    23   25   27   29   31   33   33   40   43   45
BOX             45
GR              40   45
HIGHLIGHT       40
INFORMATION     44
MESSAGES        41
N                8    10   11   11   12   12   41   43
NORMAL          39
OF              39   40   41   42   43   44   45
R               29   42
RB              31
RG              25   39
SPAL             6    17   17   18   19   22   24   26   28   30   32
TITLES          42
W                5    44


 ┌─────────────────────────────────────────────┐
 │  Files processed:              1             │
 │  Done.                                       │
 └─────────────────────────────────────────────┘


C:\D4D->
```

Bild 5-5

Eine weitere Option analysiert Programmschleifen und Verzweigungen,
und vergibt hierbei für jede Befehlszeile eine Zeilennummer. Zur besseren Übersicht rückt es Befehlszeilen ein und markiert mittels einer Linie
Anfang und Ende einer DO WHILE-Schleife beziehungsweise IF/ENDIF-
Anweisung. Ist eine DO WHILE-Schleife oder IF-Verzweigung nicht
abgeschlossen, erfolgt ein Hinweis. Damit gehört der Einsatz von Mar-
kierstiften und das Blättern durch endlose Programmlistings der Vergangenheit an.

Die Zuordnung einzelner Programme zu bestimmten Menüebenen analysiert die Tree-Option. Anhand eines Baumdiagramms werden die Zusammenhänge visualisiert. Mit einer weiteren Variante läßt sich exakt für ein

Programm feststellen, welche Programm-, Format- und Datenbankdateien von diesem aus wann aufgerufen werden. Auch die in einem Programm benutzten externen Dateien werden dokumentiert.

Besonders hilfreich ist auch die übersichtliche Dokumentation des Inhalts einer Memory-Datei. Mittels einer Tabelle wird neben dem Namen der Variable auch deren Typ, die Klasse (z.B. Public) und der Inhalt ausgegeben. In Verbindung mit dem Cross-Referenz-Verzeichnis und dem Programmlisting gibt diese Information Aufschluß darüber, wie sich eine Anweisung an einer bestimmten Stelle verhält.

Auch die Struktur einer Datenbankdatei läßt sich mit dem Scan-A-Lyzer analysieren und dokumentieren. Zusätzlich zum Feldnamen, -typ und -größe wird auch die Anfangs- und Endeposition eines Feldes ermittelt. Ebenso die Zusammensetzung des Schlüssels einer dBase-Index-Datei (NDX), allerdings noch nicht der neuen Multi-Index-Datei (MDX), läßt sich ermitteln.

Eine weitere Referenzliste beschreibt den Aufbau einer mit dem Maskengenerator kreierten Formatdatei. Anhand der Spalten- und Zeilenwerte wird die Position eines Feldes exakt lokalisiert und dokumentiert. Wichtig beispielsweise, um gezielt den Bildschirm füllen oder löschen zu können. Außerdem werden die Voreinstellungen einer Etiketten- und Berichtsdatei analysiert.

Die Auswertungen lassen sich sowohl gezielt für eine, als auch mehrere Dateien gleichzeitig durchführen. Dabei spielt es keine Rolle, ob diese im aktuellen oder in einem anderen Verzeichnis gespeichert sind. Die Ausgabe der Daten kann sowohl auf den Bildschirm, in eine editierbare ASCII-Datei oder über den Drucker erfolgen. Die Breite und Länge des Papierformats ist individuell zu wählen. Lediglich P für Drucken, gefolgt von der entsprechenden Anzahl Spalten und Zeilen, ist einzugeben (z.B. P76/70 = Ausgabe auf einem Laserdrucker). Von Vorteil ist auch, daß jeweils das Datum der letzten Änderung einer Datei mit ausgegeben wird. Veränderungen während der Programmentwicklung lassen sich auf diese Weise wesentlich einfacher zurückverfolgen.

Auch der Scan-A-Lyzer zeichnet sich durch einfachste Bedienung aus. Lediglich SCAN, gefolgt von einem Dateinamen oder Wildcards, ist von der MS-DOS-Befehlsebene aus einzugeben. Optional sind noch ein halbes Dutzend Schalter, beispielsweise für die Druckausgabe oder Ausgabeumleitung in eine Textdatei, zu setzen. Um welche es sich dabei handelt, zeigt der Hilfebildschirm auf nur einer Seite (Bild 5-6). Eine wesentlich ausführlichere Dokumentation ist in einer Textdatei gespeichert und läßt sich beliebig oft ausdrucken.

```
              SCAN-A-LYZER! (tm) * The Dbase System Analyzer
          Copyright (c) 1987,88   TECH III Inc., All Rights Reserved

    Documents your Report, Label, Screen, Database, Index, Program, Vue & Mem
    files.  Does treecharts, listings, cross-ref's, & program reformatting.

    USAGE:        SCAN [filespec] <switch> <print option> <DOS redirection>

      FILESPEC:  Use a filename, or wildcards * ? ,  ie:  SCAN *.*
      SWITCHES:  T  = Tree chart. Must specify full PRG file name, no wildcards.
         L  or L2 = List PRG file w/line #'s, indents & recasing: style 1 or 2.
         R  or R2 = Reformat PRG file with indentation & recasing: style 1 or 2.
                    Style 1 is lowercase keywords, uppercase variables.
                    Style 2 is the opposite.
              X  = Cross reference variables with line numbers.
         (none) = Standard documentation on each file matching the filespec.

      PRINT OPTION: P with/without other switches, ie: SCAN *.* P, SCAN *.PRG X P
               OR: P followed by page width, ie: SCAN *.* P132
               OR: P followed by page width & length, ie: SCAN *.* P132/72
      DOS REDIRECT: to files and other DOS devices ie:  SCAN *.* > doc.txt

                              (press any key)
```

Bild 5-6

5.3 BENCHTEST - Hilfe bei der Fehlersuche

Um BENCHTEST gleichzeitig mit dBASE betreiben zu können, wird es
speicherresident vor dem Aufruf von dBASE IV geladen. Bereits beim
Laden sind die Farben für die Darstellung des Kommandoeingabe-Fen-
sters (BT -c<Vorder-/Hintergrundfarbe>) zu bestimmen. Die Bedienung
von BENCHTEST ist sehr flexibel. Die elf verschiedenen Kommandos (=
Buchstaben) werden in Kombination mit der [ALT]-Taste aktiviert. Fin-
den die Funktionen des Hilfsprogrammes keine Verwendung, hält es sich
im Hintergrund auf und verringert lediglich den verfügbaren internen
Speicherplatz um 48,3 KByte. Zu Aktivieren ist das Programm fast von
jeder dBASE IV-Konstellation aus. Wird BENCHTEST nicht mehr benötigt, läßt es sich mit dem Kommando "BT -r" wieder aus dem Arbeitsspeicher entfernen. Dank dieses Kommandos ist kein Neustart des gesamten Systems notwendig.

BENCHTEST arbeitet in den drei Modi, Recording, Playing und Transpa-
rent. Im Aufzeichnungs-Modus (Recording) speichert es alle Tastatur-
Eingaben in einer Programm-Datei. Beim Wiedergabe-Modus (Playing)
werden die in einer Programmdatei (Script-File) gespeicherten Anweisungen ausgeführt. Im Transparent-Modus findet weder eine Aufzeichnung
noch die Programmausführung statt. Alle Eingaben werden über Pop-Up-
Windows vorgenommen, die eine Applikation überlagernd eingeblendet
werden.

Den Kern des BENCHTEST-Konzepts bilden die Script-Files. Mit ihnen
lassen sich Test-Routinen entwickeln, Fehler-Situationen simulieren beziehungsweise wiederherstellen und sogar Benutzereingaben während der
Ausführung von dBASE-Anwendungen erzwingen. Bei den Script-Dateien
(Bild 5-7) handelt es sich um reine ASCII-Dateien, die mit den meisten
populären Programmeditoren zu bearbeiten sind. Auf diese Weise sind
Scripts bei Änderungen an der dBASE-Applikation problemlos zu aktualisieren und weiter zu verwenden.

```
C:\D4D->type vieweg
dir<CR>
use pred<CR>
disp stru<CR>
list off all titl, pl<Bksp><Bksp>ort<CR>
disp til = "C"<CR>
disp titl<Bksp><Bksp><Bksp><Bksp>all titl = "m<Bksp>M"<CR>
   list all or<Bksp><Bksp>plz = "8000"<CR>
clea all<CR>
select a<Bksp><Bksp><Bksp><Bksp><Bksp><Bksp><Bksp><Bksp>use hcfh<CR>
<CR>
use pred<CR>
browse<CR>
r<ESC>

C:\D4D->
```

Bild 5-7

Für den Anwendungsentwickler ist BENCHTEST sowohl bei der Pro-
grammerstellung als auch Anwenderbetreuung besonders hilfreich. Für
den Test einer Applikation lassen sich mittels der Script-Dateien Anwen-
dungssituation simulieren. Durch Aufzeichnung der Bedienereingaben
wird automatisch eine Vordokumentation der Befehlsfolge erstellt. Diese
ist anschließend nur noch um erklärenden Text zu ergänzen. Oft treten
nach der Auslieferung einer Applikation Probleme auf, die nur sehr
schwer nachzuvollziehen sind. Wird BENCHTEST im Hintergrund geladen, zeichnet das Programm die Bedienereingabe auf, und der Programm-
fehler ist problemlos zu lokalisieren. Script-Dateien lassen sich so organi-
sieren, daß ein Script ein anders Script (z.B. Fehlerroutine) aufruft. Auf
diese Weise ist mit BENCHTEST eine komplexe Testumgebung schaffen.

5.4 Die Ashton-Tate dBASE Tools

Über die CALL-Schnittstelle der dBASE-Sprache lassen sich Binärdateien
laden und damit der Funktionsumfang von dBASE erweitern. Inzwischen
gibt es zahlreiche Anbieter entsprechender Tools. Auch vom dBASE-Her-
steller selbst werden solche Erweiterungen angeboten. Für Software-Entwickler ganz besonders hilfreich sind die "dBASE Tools for C: The Programmer's Library", die "Pascal Programmer's Library" und die "dBASE
Tools for C: The Graphic's Library".

Alle Tools umfassen Funktionen zur Erweiterung des dBASE-Leistungs-
umfangs. Kenntnisse in PASCAL oder der C-Programmiersprache sind
für den Einsatz der Routinen nicht erforderlich. Wer über diese Kenntnisse jedoch verfügt, der kann mit Unterstützung dieser Tools eigene
Funktionen sowohl in "C" als auch PASCAL der dBASE-Sprache hinzufügen.

Der Ladevorgang ist bei allen drei Programmen identisch. Bevor dBASE
gestartet wird, ist von der DOS-Befehlsebene aus die jeweilige Bibliothek
(EXE-Datei) speicherresident zu laden. Das geschieht mit der Anweisung

```
C:>DCT1        (= C-Tools)

C:>DP          (= PASCAL-Tools)

C:>DCTGRAF     (= Grafik-Tools).
```

Ist das Arbeiten mit Arrays beim Einsatz der Tools geplant, sind die
.EXE-Dateien von dBASE IV aus zu starten. Das geschieht entweder über
die DOS-Funktionen des Regie-Zentrums oder direkt von der Befehlsebene mit dem RUN (bzw. "!")-Kommando. Mit Hilfe dieser Kommandos
lassen sich die Tools auch aus einer Applikation heraus aufrufen.

Wichtig ist für den Einsatz der Tools, daß mindestens 640 KByte Arbeitsspeicher physikalisch zur Verfügung stehen. Die C-Tools belegen permanent 78,1 KByte Speicherplatz, die PASCAL-Routinen 85,9 KByte und
die Grafik-Funktionen sogar 140,3 KByte. Beim Einsatz der Grafikfunk-
tionen kann es bei 640 KByte etwas eng werden. Bereits 397,9 KByte benötigt nämlich dBASE IV. Andere speicherresidente Programme sind deshalb beim Arbeiten mit den Tools auf jeden Fall zu löschen, oder es besteht Zugriff auf EMS- beziehungsweise EEMS-Speichererweiterungskar-
ten.

Um auf die im Arbeitsspeicher abgelegten Routinen mit dBASE zugreifen
zu können, ist das LOAD-Kommando zu verwenden.

```
LOAD CFUNC     (Laden der C-Tools)

LOAD PFUNC     (Laden der Pascal-Tools)

LOAD GFUNC     (Laden der Grafik-Tools)
```

Anschließend sind die einzelnen Funktionen mit dem CALL-Befehl zu übergeben. Der Aufbau der Anweisung ist bei allen Funktionen gleich. Eine C-Funktion wird geladen mit

```
CALL CFUNC WITH "<Individueller Parameter>".
```

Eine PASCAL-Funktion wird geladen mit

```
CALL PFUNC WITH "<Individueller Parameter>".
```

Eine Grafik-Funktion wird geladen mit

```
CALL GFUNC WITH "<Individueller Parameter>".
```

Die C- und PASCAL-Bibliothek

Die dBASE-C-Library und die dBASE-PASCAL-Library sind im Funktionsumfang fast identisch. Die bereits im Leistungsumfang der Tools enthaltenen Funktionen setzen sich aus finanzmathematischen, trigonometrischen, statistischen, Array- und speziellen Funktionen zusammen. Insgesamt besteht Zugriff auf 45 C- und 43 PASCAL-Funktionen.

Die optimale Verwendung der Zusatzfunktionen hängt entscheidend vom verfügbaren internen Speicherplatz ab. So lassen sich beispielsweise mehrdimensionale Arrays mit theoretisch bis zu 64.000 Elementen definieren, wenn der entsprechende Speicherplatz vorhanden ist. Das über die Zusatztools angebotene Array-Volumen ist wesentlich komplexer als die in dBASE IV enthaltenen Array-Funktionen.

Zahlreiche Funktion der C- und PASCAL-Tools wurden inzwischen auch in den dBASE IV-Sprachumfang implementiert. Interessant ist deshalb besonders die Funktion zur Generierung eigener Routinen (Binär-UDF's) mittels der beiden Programmiersprachen. Hierzu ist die benötigte UDF (= User Defined Function) in der jeweiligen Sprache zu codieren und dann zu compilieren. Unterstützt werden die C-Compiler von Lattice (Version 2.15 oder 3.0), von Microsoft (Version 3.0 - Large Memory Model) und Manx Aztec (Small Memory Model). Für die Generierung von PASCAL-Routinen wird der Turbo Pascal-Compiler von Borland ab Version 3.0 unterstützt.

Die Grafik-Funktionen

Mit der Chart-Master-Bridge bietet dBASE IV ein hervorragendes Werkzeug zur Datendeklaration für die Ausgabe im hauseigenen Grafiksystem. Mit Unterstützung der Grafik-Bibliothek-Funktionen lassen sich alternativ direkt aus dBASE IV, Informationen mittels Diagrammen darstellen. Neben speziellen System-, Kontroll- und Array-Funktionen stehen für sogenannte High- und Low-Level-Grafiken insgesamt 27 Funktionen zur Verfügung. Unterstützt werden Geschäftsgrafiken wie Kreis-, Balken-, Aufgesetzter-Balken, Linien-, Punkt- und XY-Diagramme. Mit Darstellung sowohl im Plus- und Minus-bereich. Außerdem lassen sich Bögen, Kästen, Kreise, Punkte, Linien oder Polygone nach individuellen Vorstellungen anordnen.

Den Einsatz der Graphic-Library unterstützt ein dBASE-Programm, daß auch die unterschiedliche Konfiguration der Grafiktreiber durchführt. Anzusprechen sind einfache und hochauflösende Farb- oder Monochromgrafikkarten.

SACHWORTVERZEICHNIS